深埋长大隧道施工
风险分析与控制技术研究

赵延喜　著

中国建筑工业出版社

图书在版编目（CIP）数据

深埋长大隧道施工风险分析与控制技术研究/赵延喜
著. —北京：中国建筑工业出版社，2018.9
ISBN 978-7-112-22660-3

Ⅰ. ①深… Ⅱ. ①赵… Ⅲ. ①深埋隧道-长大隧
道-隧道施工-风险分析-研究②深埋隧道-长大隧道-隧道
施工-风险管理-研究 Ⅳ.①U459.9

中国版本图书馆 CIP 数据核字（2018）第 205405 号

　　本书是作者课题研究的成果总结。全书共包括：绪论、深埋长大隧道
施工风险识别研究、深埋长大隧道施工风险估计研究、深埋长大隧道施工
风险评价研究、深埋长大隧道施工风险应对研究、超长水底隧道火灾及结
构安全风险评估等内容。
　　全书适合隧道工程专业的施工、设计、科研等专业人员阅读。

　　责任编辑：张伯熙
　　责任校对：王　瑞

深埋长大隧道施工风险分析与控制技术研究
赵延喜　著

*

中国建筑工业出版社出版、发行（北京海淀三里河路9号）
各地新华书店、建筑书店经销
霸州市顺浩图文科技发展有限公司制版
北京圣夫亚美印刷有限公司印刷

*

开本：787×960 毫米　1/16　印张：14　字数：242 千字
2018 年 8 月第一版　　2018 年 8 月第一次印刷
定价：**65.00** 元
ISBN 978-7-112-22660-3
（32774）

作者简介

赵延喜，1980 年 11 月生，河南南阳人，河海大学博士，东南大学博士后，国家注册土木（岩土）工程师、一级注册建造师。现任南京工程学院市政工程系主任，岩土及地下工程学科带头人。

主要从事岩土工程、隧道与地下结构风险分析和地下工程与周边环境相互影响等相关的教学与科研工作。目前，已参与国家自然科学基金项目 2 项，主要完成国家"十一五"科技支撑计划项目 1 项，主持江苏省自然科学基金项目 1 项、校级项目 2 项，同时主持和参与多项横向课题。已在《Advances in Civil Engineering》、《岩土力学》、《岩石力学与工程学报》、《中国矿业大学学报》等期刊上发表学术论文 20 余篇，其中被 SCI、EI 检索论文 7 篇。主编教材 1 本，授权专利 4 项。2016 年受资助赴美国德州大学阿灵顿（UTA）分校访学，现兼任全国高等学校城市地下空间工程专业规划教材编委会委员。

前　言

随着我国经济建设进程的加快，为解决在能源、交通、矿产等方面的极大需求，在地形、地貌及地质条件复杂的西部地区，修建了越来越多的深埋长大隧道，在隧道建设过程中面临极大风险。目前风险分析与管理理论在工程中得到了大量应用，取得了巨大成就，许多方法已经比较成熟，如概率风险分析等。在这方面，国外研究较早且应用广泛，在国内，风险技术也逐渐得到了业界的普遍认可。对于深埋隧道工程，目前的研究比较倾向于风险管理，即通过定性方法对隧道前期工作、合同、设计、施工等各个阶段遇到的风险进行分析、评价，还未形成比较系统的定性与定量分析方法。特别是对于深埋长大隧道施工风险研究较少，对于施工过程中的失效模式、失效机理、系统综合失事风险、风险接受准则等研究更少。

开展深埋长大隧道施工风险研究，研究其主要失效模式及机理，对隧道施工风险识别、风险估计、风险评价模型及系统综合风险进行分析、评价，为风险决策、预警提供支持，具有重要的理论价值和学术意义。有鉴于此，徐卫亚教授成功申请了国家科技支撑计划课题"西线超长隧道TBM施工关键技术问题研究（2006BAB04A06）"，针对上述问题的研究意义进行了阐述。自此，在徐卫亚教授的指导下，本书作者完成了"深埋长大隧道TBM施工风险理论研究及其工程应用"博士学位论文的课题研究，温森博士和徐茜硕士也结合该课题相继完成了学位论文。为了让该课题能够继续研究，本书作者于2009年完成博士学位论文内容的研究后，相继成功地申请了江苏省自然科学基金和南京工程学院校级科研基金的资助，继续开展隧道建设过程风险理论及其工程应用的研究。因此，该专著的主要研究成果参考了徐卫亚教授、加上温森博士（现就职于河南大学）和徐茜硕士在研究生学习期间及毕业后工作期间的部分研究成果。在此，作者对一系列课题资助的相关部门一并表示感谢！同时，作者以此专著的出版对徐卫亚教授给以本课题开创性的指导工作和大力支持表示深深的感谢！

在本书涉及的课题研究过程中，得到了江苏省自然科学基金项目

（BK20150726）、南京工程学院高层次引进人才科研启动基金项目（YKJ201430）、江苏省学位与研究生教育学会立项课题（XYH032）的资助，得到了天津城建大学刘中宪教授的支持和鼓励。本书的出版也得到了南京工程学院科技处、人事处、建筑工程学院的大力支持，对此表示衷心的感谢！

　　作者虽长期从事隧道工程风险分析领域的科学研究与工程实践，但限于知识面的局限性，书中难免存在缺点和错误之处，敬请读者批评赐教指正。

赵延喜

2018 年 7 月于南京

目　录

第1章 绪 论

1.1 课题研究背景和意义

随着我国经济建设进程的加快，为解决在能源、交通、矿产等方面的极大需求，在地形、地貌及地质条件复杂的西部地区，修建了越来越多的深埋长大隧道。如锦屏二级水电站引水隧道，全长约 17.10km，最大埋深 2525m。目前，深埋隧道的施工方法主要有钻爆法（Drill Blast，DB）、隧道掘进机法（Tunnel Boring Machine，TBM）及二者相结合的方法。由于 TBM 具有快速、高效等施工优点，在工程中得到越来越多的应用。但是 TBM 对于地质适应性较差，由于工程区的地理条件特殊，掘进过程中不良的地质条件易导致大量灾害发生，如高压涌水、岩溶、断层、膨胀岩、高地应力等，以及 TBM 选型失误、通风设备选择不当等，这些不确定的因素都将成为引发隧道工程事故的风险因子，严重威胁掘进机的安全与工程的顺利进行，导致各类风险事故发生，例如：

1987 年，位于意大利—奥地利边界的戈森萨斯隧道，当导坑掘进到1284m 时，发生了坍塌，大量地下水涌入，直接导致掘进机后配套系统部分被埋，使得工程停工两个月。

1975 年，法国 Coche 输水隧道施工过程中，在断层处发生大涌水，长达 100 多米隧道受淹，清理隧道和掘进机花费 8 个月时间。

我国天生桥二级水电站引水隧道在施工中，多次发生岩爆、涌水、塌方、大变形等地质灾害。

1999 年，我国引黄工程南干线 5 号隧道南段施工的掘进机，遇到天然大溶洞而被迫停机，处理工作花费 10 天时间。在南干线 7 号隧道掘进过程中，磨沟岭断层遇到大范围的破碎带，拱顶发生严重坍塌，人块岩体将刀盘和护盾卡住而被迫停机，处理工作花费 3 个月。

2006 年，我国大伙房引水工程掘进机通过不良地质地段，岩体非常破碎，多次塌方，刀盘埋入，出现多次停机事故。

由此可见，深埋长大隧道 TBM 施工存在着高风险。

当前，欧美国家在隧道工程的风险管理方面走在前列，我国也取得了部分成果，但对于深埋长大隧道 TBM 施工风险，无论国内或国外都仅仅是从定性方面进行初步的探讨，缺乏系统的研究和定量的分析。因此将风险理论运用于深埋长大隧道 TBM 的施工过程中，对 TBM 施工进行风险分析、风险评价以及风险管理，无疑是工程安全与稳定的充分条件和必要保障，对于深埋长大隧道工程的施工安全具有十分重要意义。

深埋长大隧道工程的所有问题最终都归结于围岩变形及围岩稳定性，如果隧道围岩变形过大，或者围岩不稳定，必然导致工程失效，深埋长大隧道围岩变形与稳定性问题严重地影响着工程的技术可行性和经济合理性。而且，埋深的增加使得高地应力问题日益突出，例如，拉西瓦水电站地下厂房洞室群最大主应力为 29.7MPa；锦屏一级水电站地下厂房区最大主应力值达到 37.5MPa；锦屏二级水电站的引水隧道实测最大主应力值高达 42.4MPa；南水北调西线工程隧道埋深最大埋深达到 1150m，开挖时可能会遇到 40.0MPa 左右的高水平挤压应力。

由于深埋隧道在施工过程中存在大量的不确定性因素，一切不确定性因素是风险存在的根源。TBM 施工是个极其复杂的系统工程，不确定性不可避免，使得隧道存在失事和破坏的风险，严重影响 TBM 施工顺利进行。基于此，将风险理论应用于 TBM 施工中，对 TBM 施工系统进行风险分析和风险评价，开展深埋长大隧道 TBM 施工风险研究，研究不同洞段 TBM 施工失效模式及其机理，研究其对 TBM 施工的影响，深入分析不同失效模式风险计算模型及系统综合风险，为风险处理、风险决策、预警提供支持，具有重要的理论价值和学术意义。

1.2　国内外工程风险研究现状

1.　风险的概念

风险有许多定义，风险是由不确定性因素产生的某种程度损失的机会，风险包括的范围很广，涉及经济、安全、社会等各个领域，不同的领域所指的风险是不同的。但基本上风险包括两个方面：风险事件发生的概率和该事件导致的后果。即：风险＝概率×后果。

风险分析是通过对施工中存在的风险进行识别、对风险概率和后果进行估计的过程，风险管理则是通过研究风险识别、风险估计、风险评价、风险处理与决策、风险监控，完成对整个风险的管理，是一个系统的流程，图 1.2-1 为一般风险管理流程。

图 1.2-1　风险管理流程

目前主要的风险分析方法有：定性分析法、定量分析法、定性定量综合分析法。定性分析法主要是结合专家调查，专家依靠自身的经验，对风险发生概率和损失进行定性打分，虽然方便，但难以准确量化，主要的方法包括：智暴法、德尔菲法、外推法、安全检查表法等。

定量法主要依靠试验数据或历史统计数据，通过建立数学模型，采用不确定分析方法，对分析进行准确量化，又可称为概率风险分析法（Probability Risk Analysis，PRA），但现实中数据收集往往比较困难，且计算过程复杂。定量分析法主要有：蒙特卡罗法、敏感性分析法、随机有限元法等。

为了解决定性方法和定量方法的缺点，可采用定性定量相结合的方法来进行风险分析，该方法有两种：定性半定量法，如风险矩阵分析法、层次分析法、模糊综合评价法；定量半定性法，如 CIM 模型和影响图法等。

2. 国内外工程风险研究现状

国外将风险分析技术引入到工程应用的时间较早，已经在工程实践中得到大量应用，许多学者也根据不同的工程实例，从不同方面提出了相应的研究方法、分析模型。风险分析其实是对不确定性的研究，R. G. van der Vegt（2018）[1]对澳大利亚液化天然气的风险管理和风险治理过程进行了回顾性分析。R. G. van der Vegt（2017）[2]针对地震工程的风险，提出了风险管理框架。H. S. B. Duzgun 等（2002）[3]通过深入研究不连续岩体剪切强度中存在的不确定性，提出了一个用于估计岩质边坡非连续剪切强度的不确定性分析模型。H. S. B. Duzguna & K. K. Panthi（2004，2007）[4-5]研究了工程中存在的不确定性。V. Kreinovicha & S. A. Ferson（2004）[6]认为处理不确定性问题时，往往需要大量的数据，但是在现实中缺少足够的统计数据，因此，提出了一个新的黑箱技术来处理工程中遇到的不确定性。Azm S. Al-Homouda & Najat Tanash（2004）[7]考虑到堤防坝基的不确定性、空间的可变性、抗剪强度参数的相关性以及孔隙水压力的不确定性，提出了一个评价大坝稳定性的三维可靠度边坡分析模型。T. Nilsena & T. Avenb（2003）[8]分析了风险分析中的模型不确定性，并对模型不确定性进行了准确定义，提出了如何量化模型不确定性的方法。Abdallah I. Husein Malkawi 等（2000）[9]分别采用两种不确定分析方法，即一次二阶矩法和蒙特卡洛法来分析边坡稳定的可靠度，并与常规的四种极限平衡方法进行对比，得出了有益的结论。其他学者也针对可靠度、模糊数学在工程中的应用进行了分析[10-17]。

　　Jason Michael Woodruf（2005）[18]认为英国的健康和安全风险半定量评价与实际存在差异，建议不去量化风险，而是考察风险是否落入不可容忍区、可容忍区，或可接受区，用相应的准则去评价这些风险。风险评价是制定决策的必要步骤，合理的风险评价方法可以减少业主的花费，Freija H. van Duijne 等（2008）[19]详细分析了风险管理的前期阶段，并说明了风险管理后面阶段的难点，提出了比较合理的风险管理准则。为了改善意大利和奥地利之间的交通，修建了连接 Fortezza 和 Innsbruck 的隧道，由于该地区地质条件复杂，Andrea Bistacchia 等（2008）[20]建立了一个分析该隧道变形稳定的三维不确定性地质模型。Qihu Qian 和 Peng Lin（2016）[21]对中国地下工程安全风险管理的进展、挑战与对策进行了分析。Hou Zhiqiang 和 Zeng Yamei（2016）[22]对港口工程重大危险源风险评估技术进行了研究。

　　传统的失效模式和后果分析方法（FMEA）需要准确确定各失效模式的发生概率、严重程度及可被检测程度，事实上很难在操作中实现[23-36]。因此 Ying-ming Wang 等（2008）[37]提出用模糊权重几何平均数来描述这些参数，并用一个数值案例来证明其实用性。Matthew J. Purvis（2008）等[38]将水位视为不确定性因子，提出一个用于估计沿海发生洪水风险概率的计算方法。中国香港地区的 Tuen Mun Road 高速公路扩宽工程存在岩质高边坡，要求进行风险设计，将不同截面的可接受风险水平、不同边坡破坏模式考虑到边坡安全设计中，R. J. Pine & W. J. Roberds（2005）[39]介绍了相关设计方法。对于风险接受准则、风险应对方法，很多学者也做出了有益的尝试[40-104]。

　　张驰等（2013）[105]以深基坑施工为例，基于模糊数学的相关理论建立了深基坑施工对周边环境影响的模糊风险评估模型。井文君等

(2012)[106]基于可靠度方法对盐岩地下储气库腔体收缩风险进行了分析。冯平等（2007）[107]以可靠度为基础，计算了串联系统引水工程交叉建筑物的综合风险，并以南水北调中线工程河北省北段为例进行了分析。徐卫亚等（2006）[108]建立了超标洪水下堤防失事风险概率综合模型，并提出了相关计算方法。姚怡文等（2007）[109]采用模糊综合评定法与可信性风险分析方研究了非开挖工程的总体风险。王多全（2007）[110]研究了风险管理在建筑现场安全管理中的实际应用。陈在铁（2006）[111]建立了基于结构可靠度理论的高拱坝失效概率故障树模型。龙小梅和陈龙珠（2005）[112]应用故障树分析法对基坑排桩支护结构体系和放坡开挖体系进行了研究。也有的学者在建筑工程深基坑、地震等方面进行了探索[113-118]。王宏伟等（2007）[119]将全面风险管理理念引入到大型工程项目管理中。徐卫亚等（2006）[120]对堤防失事风险分析和风险管理进行了研究。廖少明等（2006）[121]以地铁基坑工程大量监测数据为基础，通过数据挖掘方法提供了一种发现和控制工程风险的办法。姜树海和范子武（2007）[122]以渗流随机量的时变特性分析为例，论证了采用 Bayes 方法对时变随机量进行定量评估的可行性和适用性。对于可靠度的研究，也有许多成果[123-125]。何锡兴等（2006）[126]对上海某深基坑采用 WBS 与故障树法建立风险清单，采用模糊综合评判模型进行风险评估。边亦海和黄宏伟（2006）[127]对深基坑开挖引起的建筑物破坏开展了风险评估。张贵金和徐卫亚（2005）[128]对岩土工程存在的风险进行了分析，研究了岩土工程不确定性的根源及分析方法、降低不确定性的途径等。

1.3 国内外隧道工程风险研究现状

国外进行隧道工程风险研究较早。Cardarelli 等（2003）[129]利用综合的地质方法对隧道稳定性进行了评价。A. C. W. M. Vrouwenvelder&A. H. M. Krom（2004）[130]对隧道结构易出现的灾害和后果进行了详细分析研究。H. Einstein 等（1994）[131]对瑞士 Alder 隧道工程风险进行了分析。H. H. Einstein（1996）[132]对岩石工程中遇到的风险进行了分析，并基于相应的案例进行了应用说明。

而在国内虽然对于隧道工程风险研究较晚，但也取得了很多成果。张生学（1994）[133]研究了宜（昌）万（州）铁路岩溶隧道施工中存在的风险。安政翔和季玉国（1994）[134]对大型泥水盾构隧道施工安全与施工风险进行详细全面分析，指出了存在的施工安全风险。周红波等（1994）[135]结合上海地铁 7 号线工程，对地铁盾构法隧道工程建设风险进行了识别，研究了盾构法隧道些典型风险的应对措施。陈亮等（1994）[136]结合盾构隧道施工风险管理软件的研发情况，对数据库的概念模型、物理模型设计工作进行了详细描述。田林钢和吴迪利（1994）[137]采用层次分析法对南水北调中线工程西甘池隧道施工风险进行了分析。

隧道及地下工程建设风险管理的主要难点、风险分类及影响要素众多[138~144]。陈龙和黄宏伟（1994）[145]通过统计数据对软土地铁盾构隧道施工期所产生的事故损失进行了统计分析。张贵金和杨松林（1994）[146]以南水北调西线工程深埋大直径无压引水隧道为例，研究了围岩流变风险。王玉喜（1994）[147]研究了大包电气化改造六座新建双线铁路隧道工程的安全风险。毛儒（1994）[148]介绍了国外隧道工程风险分析的方法和措施。胡群芳和黄宏伟（1994）[149]分析和讨论了隧道及地下工程风险接受准则制定方法，建立了统一的风险接受准则计算模型。黄宏伟（1994）[150]针对隧道及地下工程建设中的特点，对风险的定义、风险发生的机理、目前国内外研究进展、当前实施风险管理中存在的主要问题、以及风险管理研究的发展等进行了讨论。郭明香等（1994）[151]针对静态风险分析中存在的缺陷，提出了实现动态分析的方法。张云飞和赵云胜（1994）[152]从动态系统风险管理的观点出发，建立了隧道施工期的风险管理体系。路美丽等（1994）[153]对隧道与地下工程风险评估方法进行了分析探讨。周建昆和吴坚（1994）[154]利用事故树理论分析了岩石公路隧道塌方风险。张少夏和黄宏伟（1994）[155]针对影响隧道工期的风险事件进行了定性定量分析。王燕等（1994）[156]利用故障树模型对钻爆法施工隧道塌方风险进行了分析。朱合华等（1994）[157]运用风险分析方法，分析了饱和软土地层中施工管幕法隧道时在管幕顶进精度、管幕顶进阻力等方面存在的风险，得出了工程的总体风险水平。闫玉茹等（1994）[158]对大连湾海底隧道钻爆法施工风险进行了评估，并提出了相应的建议。侯艳娟和张顶立（1994）[159]利用模糊数学综合评价法对浅埋大跨隧道穿越复杂建筑物安全风险进行了分析和评估。姚浩等（1994）[160]采用模糊综合评价模型，对软土地区土压式盾构掘进施工风险进行了研究。付磊等（1994）[161]运用层次分析风险评估法，对隧道工程可行性研究阶段的地质风险进行了评估。陈龙和黄宏伟（1994）[162]借鉴日本等国家 20 年来有关岩石隧道事故灾害的统计资料，对目前岩石隧道建设过程中的风险因素进行了分析。赵延喜等（2015）[163] 对南水北调西线工程深埋隧洞岩爆风险进行了分析及预测。赵延喜和徐卫亚（2010）[164] 采用模糊随机方法，推导出了大变形隧洞稳定的模糊概率模型。温森等（2014）[165] 对隧洞变形引起的 TBM 施工事故综合风险进行了深入分析。

1.4 研究课题的提出及本书研究内容

1. 研究课题的提出

通过对国内外风险分析与管理技术在不同工程中应用的理论与方法的回顾，对隧道工程风险分析与管理的内容、方法、模型研究进展的详细综述与分析，可以看出风险分析与管理理论已经在工程中得到大量应用，取得了巨大的成就，许多方法已经比较成熟。相比较来说，国外研究较早且应用广泛，在国内，风险技术也逐渐得到了业界的普遍认可。对于隧道工程，目前的研究比较倾向于风险管理，即通过定性的方法对隧道前期工作、合同、设计、施工等各个阶段遇到的风险进行分析、评价，研究各风险承担者的责任和应对措施，还未形成比较系统的定性定量分析方法。特别是对于深埋长大隧道的施工风险研究较少，对于施工系统失效模式、失效机理、系统综合失事风险、风险接受准则等的研究更少。

深埋长大隧道施工风险研究存在的不足：

（1）仅是针对工程某一段进行研究，缺乏基于 TBM 施工的深埋隧道施工风险理论研究。

（2）不同岩性组合失效模式及失效机理研究成果较少。

（3）不同岩性组合失效概率及失事后果理论缺乏研究。

（4）隧道施工的风险接受准则及风险评价理论研究比较匮乏。

2. 本书主要内容

针对深埋长大隧道建设过程中存在的风险，尤其是施工中存在的风险，基于风险理论的基本原理，对深埋长大隧道施工风险理论进行较为系统的研究，主要从以下几个方面展开研究：

第 2 章研究了深埋长大隧道施工风险识别理论。给出了深埋长大隧道施工风险的定义，研究施工风险的来源。通过收集整理国内外隧道施工地质灾害，结合工程特殊的环境，初步识别出 TBM 施工主要风险。依据失效模式分析，提出深埋长大隧道施工系统最大可能失效模式。提出以故障树方法（Fault Tree Analysis，FTA）对施工中遇到的风险进行识别，运用层次分析法（Analytic Hierarchy Process，AHP）确定主要风险因子，为进一步风险分析及类似工程风险识别提供参考依据。

第3章研究了深埋长大隧道施工风险估计模型与理论。基于可靠度理论，分别建立了深埋长大隧道施工中各分项失效模式的风险概率模型。基于故障树分析的"或门"和"与门"，建立了单元洞段综合失事风险概率模型。根据本书研究对象，提出了风险概率计算方法。针对现有风险后果损失估计的不足，考虑 TBM 施工特点，对 TBM 施工风险后果损失进行划分，提出基于 TBM 施工的风险后果损失估计综合模型。

第4章对深埋长大隧道施工风险综合评价方法进行了研究。通过深入研究国内外风险接受准则并分析其不足，提出风险概率分级标准，风险损失分级标准，并根据风险矩阵法，提出基于 TBM 施工的定性定量相结合的风险接受准则及风险决策方法。针对施工中存在的大量不确定性因素，采用层次分析法（AHP）计算各风险因子权重，利用模糊集法确定风险等级的隶属函数，提出基于层次分析—模糊综合评判的 TBM 施工风险评价方法。

第5章介绍了深埋长大隧道施工风险处置措施。具体给出了 TBM 施工过程中岩爆、涌水、大变形、塌方、高地温、有害气体和膨胀围岩等的规避或减缓措施。工程中常用的风险应对措施有：风险规避、风险转移、风险缓解、风险自留和风险利用，以及它们的组合，可以为 TBM 施工提供参考。

第6章介绍了超长水底隧道火灾风险及运营安全风险。以江苏地区苏锡常南部高速公路跨太湖段全隧方案为例，分析了隧道运营通风、疏散及防灾风险，从工程设计角度系统考虑通道建设防灾需求。为了分析隧道结构的安全性，以江苏南京长江隧道为例，对隧道标准段进行了整体计算，确定其内力分布及承载能力，研究结果表明，隧道结构安全风险在可控范围。

第2章　深埋长大隧道施工风险识别研究

2.1　引言

风险识别（Risk Identification）是风险管理的第一步，是指在风险事件发生前运用各种方法系统地认识面临的各种风险以及风险事件发生的潜在原因。由于风险具有隐蔽性、复杂性、多变性，所以风险识别非常复杂且艰巨。在工程风险管理中，风险识别是最基础，也是非常关键的环节，在大多数情况下风险不是显而易见的，其往往隐藏在工程项目实施的各个环节，或被种种假象掩盖。如果识别不全面，则风险分析起不到应有的效果，很容易酿成工程风险事故。深埋长大隧道施工从准备到工程竣工时刻都存在风险，识别工作的好坏将直接影响对风险的估计和评价，进而影响决策者对风险的回避和防范措施，关系到整个项目的成败，在识别中应尽量做到不漏项，同时又重点突出。

风险源的研究实质上是对研究对象的不确定性进行研究，一切不确定性因素是事物存在风险的根源。不确定性通常用来描述对某事件或人的确定性的匮乏程度，它包含随机性（Random）、模糊性（Fuzzy）、灰色性（Grey）以及未确知性（Uncertainty），它广泛存在于工程系统中，是工程系统本质特性之一。不确定性知识的表示及其度量方法对风险的辨识、风险的估计有着重要意义，不确定性分类很复杂，从不同角度会产生不同的不确定性分类。但总的来说，不确定性可以有两个来源：一是自然过程的固有变异性，即固有不确定性；二是知识的不完备性，即认知不确定性。这种分类亦可分别称为客观不确定性和主观不确定性。表2.1-1为描述不确定性的术语。

描述不确定性分类术语　　　　　　　　　　表 2.1-1

变异类型来源	描述术语	变异类型来源	描述术语
固有不确定性	偶然不确定性 外部不确定性 客观不确定性 随机不确定性	认知不确定性	知识不确定性 函数不确定性 内部不确定性 主观不确定性

对于岩土工程来说，不确定性的分类更为细致，工程中不确定性分类如图 2.1-1 所示。

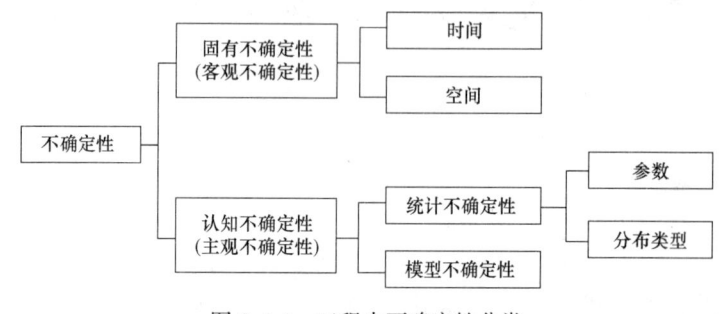

图 2.1-1   工程中不确定性分类

隧道工程领域不确定性往往涉及多方面，通过分析，认为深埋长大隧道施工中不确定性应包括地质条件不确定性、地震因素不确定性、结构和施工因素的不确定性以及运行管理的不确定性等。在计算分析深埋长大隧道施工风险时需要全面考虑上述各个方面的不确定性，收集、分析不确定性因素的历史统计资料以及勘测试验资料，推断和验证不确定性因素的随机特性。

2.2   风险发生机理及风险识别

1. 风险发生机理

根据国内外风险研究现状，可知风险主要包括三个要素：风险因子、风险事故、风险损失。

风险因子：指引起不希望出现的事故的因素，它增加风险事故发生概率、导致事故损失增加，是风险事故发生的直接或间接原因。对于隧道施工来说，风险因子主要是指施工中遇到的不利地质条件（如断层及其破碎带、软弱地层等）以及人为性风险因素（如机械选型失误、通风措施不当等）。

风险事故：是指人们不希望出现的事件，工程中称为风险事故，该事故可以引起工程各种损失，是造成损失的原因。隧道施工中，软岩大变形、塌方、岩爆、突（涌）水等都是风险事故。

风险损失：是指由于风险事故发生后而造成的各种损失，包括经济上的、环境上的、人身安全上的以及工期方面的损失，也可称为风险后果。

风险三要素可以用图来表示，如图 2.2-1 所示。

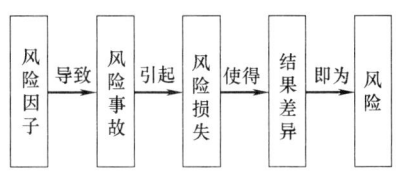

图 2.2-1　风险发生机理

2. 风险识别

风险识别是指在整个隧道施工过程中，会有哪些部位、哪些环节和因素存在风险。需要通过对国内外深埋长大隧道施工相关资料的收集与统计，并结合拟分析工程特点，识别所有可能影响隧道施工安全的潜在风险源和对应风险点，列出对隧道施工影响较大的风险因素及事故。

风险识别需要解决以下几个问题：

（1）有哪些风险应当考虑？

（2）引起这些风险的主要因素是什么？

（3）这些风险所引起后果的严重程度如何？

构造风险分析问题的完备空间是风险分析与管理的基础，过去的研究从风险源的角度提出风险详细分类表，形成"风险检测表"，由于建设环境的不确定性，相对固定的风险检测表难以反映工程实际，因此，风险识别应侧重于对风险形成的机理进行辨识，研究风险源、施工活动、风险损失形式之间的关系。

3. 风险识别的一般步骤

风险识别主要包括收集资料、分析不确定性、确定风险事件、编制风险识别报告等，如图 2.2-2 所示。

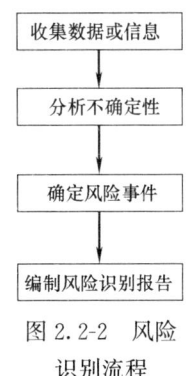

图 2.2-2　风险
识别流程

（1）收集数据或信息

① 工程项目环境方面的数据资料

主要是相关的自然和社会环境。自然环境方面的气象、水文、地质等对工程项目的实施有较大的影响；社会环境方面的政治、经济、文化等对工程建设也有重要影响。

② 类似工程的有关数据资料

类似工程资料包括以前经历的工程项目资料以及类似工程项目的数据资料，包括过去建设中的档案记录、工程总结、工程验收资料、工程质量与安全事故处理文件以及工程变更、施工索赔、项目财务资料等，在资料比较匮乏情况下，应该对相关文献进行收集整理。

③ 工程设计文件、施工文件

工程设计文件、施工文件规定了工程的结构布置、形式、尺寸，以及采用的材料、规程规范和质量标准，这些内容的改变均可能引来风险。

（2）分析不确定性

① 不同建设阶段的不确定性

工程建设有明显的阶段性，而在不同建设阶段，不论是不确定事件种类，还是不确定性事件的不确定程度均有很大的差别，应将不同建设阶段的不确定性进行分别分析。

② 不同目标的不确定性分析

工程建设有进度、质量和费用3个目标，影响这3个目标的因素既有相同处，又有不同的地方，要从工程实际出发，对不同目标的不确定性应作出客观的分析。

③ 工程结构的不确定性分析

不同的工程结构，其特点不同，影响不同工程结构的因素不同，即使相同其程度也可能有差别。

④ 工程建设环境的不确定性分析

工程建设环境是引起各种风险的重要因素，应对建设环境进行较为详尽的不确定性分析，进而分析由其而引发的工程项目风险。

（3）确定风险事件，并将风险归纳、分类

在分析不确定性的基础上，进一步分析这些不确定因素引起的风险，初估大小，并归纳分类。

（4）编制风险识别报告

列出风险清单并对风险事件进行描述，应包括：风险发生概率，可能影响范围，风险发生的可能时间、范围，可能带来的损失。

4. 常用风险识别方法

在风险识别过程中一般要借助于一些技术和工具，这不但会提高风险识别的效率，而且操作规范、不易产生遗漏。原则上，风险识别可以从原因查结果，也可以反过来找原因。在具体应用过程中应结合项目的具体情况，组合运用这些工具和技术。目前，在国内工程项目风险识别中用到的较为有效的方法主要有：专家调查法、核查表法、分解分析法、故障树分析法、因素分析法、层次分析法等。

（1）专家调查法：风险识别阶段的主要任务是找出各种潜在危险并作

出对其后果的定性估量，不要求作定量估计，而且有些危险很难在短时间内用统计方法、实验分析方法或因果关系论证得到证实。该方法主要包括两种：集思广益法和德尔菲法（Delphi）。主要依靠专家的直观能力对风险进行识别，即通过调查意见逐步集中，直至在某种程度上达到一致，故又叫专家意见集中法。其基本步骤为：

① 由项目风险管理人员提出风险问题调查方案，制定专家调查表；

② 请若干专家阅读有关背景资料和项目方案设计资料，并回答有关问题，填写调查表；

③ 风险管理人员收集、整理专家的意见，并把汇总结果反馈给各位专家；

④ 请专家进行下一轮咨询填表，直到专家意见趋于集中。

（2）核查表法

将以前类似工程项目中可能出现的风险因素及成功的经验和失败的教训进行归纳、总结，把这些资料列成表，然后将当前工程项目各方面因素与其进行比较，分析可能出现的风险。核查表也存在一定局限性，如日常使用检查表是根据一般工程项目情况编制的，对于特定工程项目，其可能存在特殊风险因素，使用常规核查表难以揭示出这些风险因素；使用核查表只能揭示出潜在风险因素，难以确定实际风险事故的起因及影响范围。

（3）分解分析法（WBS-RBS）

分解分析法是指从工程施工作业和工程风险两个角度分别进行分解。WBS（Work Breakdown Structure）是指作业分解树，作业树中每个独立的单位就是一个作业包（Work Package）；RBS（Risk Breakdown Structure）是指风险分解树。

其分析步骤为：

① 构建作业分解树。进行作业分解时，按照各层次作业包在施工工艺和工程结构上的关系，将作业包逐级分解，一直分解到出现最佳的风险识别单元为止（所谓最佳的风险识别单元就是指最底层的作业包规模比较适合于风险识别，能够借鉴其他类似工程项目的子作业包风险分析资料和风险识别经验，对目标作业包进行风险识别）。

② 构建风险分解树。根据风险识别的工程风险状况，预测可能存在的风险，将风险逐层分解，一直细化到各类风险的属性为止。

③ 将两者交叉构建 WBS-RBS 矩阵。把作业分解树最下层作业包和

风险分解树的最下层风险分别作为矩阵的列或行，构建风险识别矩阵。

（4）故障树法（FTA）

故障树分析（Fault Tree Analysis）由顶事件开始，可以找出引发此事件的各种风险组合，寻找项目失败的可能方式。此方法不仅能识别出导致事故发生的风险因素，还能计算出风险事故发生的概率。既可以做定性分析，也可以做定量分析。

（5）因素分析法/因子分析法（Factor Analysis Approach）

因素分析法是把一些具有错综复杂关系的变量归结为少数几个无关的新的综合因子的一种多变量统计分析方法。其基本思想是根据相关性大小对变量进行分组，使得同组的变量之间相关性较高，不同的变量相关性较低。

（6）层次分析法（AHP）

用层次分析法（Analytic Hierarchy Process）做系统分析，首先要把问题层次化。根据问题的性质和达到的总目标，将问题分解为不同的组成因素，并按照因素间的相互关联、影响以及隶属关系将因素按不同层次聚集组合，形成一个多层次的分析结构模型，并最终把系统分析归结为最低层（供决策的方案措施等）相对于最高层（总目标）的相对重要性权值的确定或相对优劣次序的排序问题。

AHP的基本方法和步骤：

① 分析系统中各因素之间的关系，建立系统的递阶层次结构；

② 对同一层次的各元素关于上一层次中某一准则的重要性进行两两比较，构造两两比较判断矩阵；

③ 由判断矩阵计算被比较判断元素对于该准则的相对权重；

④ 计算各层元素对系统目标的合成权重，并进行排序。

工程风险识别是通过对工程基本风险空间的搜索，确定对工程施工及运营有重大影响的主要风险。其目的是通过搜索风险空间，确定具有支配地位的、影响举足轻重的主要风险因子。由于建设环境的不确定性，相对固定的风险检测表难以反映工程实际情况。对风险形成机理进行辨识，研究风险因子（风险源）、施工活动（风险作用对象）、风险损失形式（风险的结果），此三方面互为因果、相互影响，以之构建三维风险空间，只有如此才能反映风险问题的普遍性与具体工程的特殊性，为风险分析奠定基础。

根据以上分析，常用的风险识别方法主要归纳为以下两种类型：

（1）定性识别方法

该方法主要是依靠分析人员的洞察力和分析能力，借助工程经验或专家意见进行风险识别的一类方法，如专家调查法、头脑风暴法、德尔菲法、幕景分析法、核对表法、风险树法、工作结构分解法等。该种方法的优点是不受统计数据限制，简单而又节约时间和资源，是工程中应用最多的一种方法，但该方法的缺点是易受主观因素影响，因缺乏数字依据而说服力不强。

（2）定量识别方法

该方法主要是通过数学计算或科学实验等手段，以量化的指标来进行风险识别的一类方法，如层次分析法、故障树法等。该种方法的优点是完全以客观、定量的数据为依据，消除了主观因素的影响，具有较大的科学性和可靠性。缺点是难度较大、不易求解，有些内容难以量化，同时因较为复杂而占用或耗费大量的时间和资源，因此该方法在工程中应用较少。

总之，每种风险识别方法都有其各自的适用范围和优缺点，都不是万能的，也没有一种方法适合于所有的风险识别。因此，选取风险识别方法时，应具体问题具体分析，选取的方法必须与使用该方法的模型和环境相适应。通常同时运用几种方法，才能收到良好的效果。因此，对隧道工程的风险源进行识别，目前所有方法只能根据专家经验作一些定性的研究，如何结合工程背景、有限样本、风险理论建立一套系统的风险识别方法，以及风险源识别的可视化，还有待研究。

2.3 深埋长大隧道施工风险识别研究

深埋长大隧道工程，尤其是处于西部山区的隧道往往交通不便，气候恶劣，工程范围广，地表覆盖严重，开展地面地质工作困难，地下围岩评价存在准确性不高、评价原理局限等问题，这些都给隧道施工带来潜在风险。与一般隧道工程相比，深埋长大隧道具有超长、大埋深、地质条件复杂、施工环境恶劣、施工洞段长等特点，还存在一系列目前没有解决，或者没有工程实例的技术难关。由于相关资料极度匮乏，国内亦未经历如此巨大挑战，采用现有方法进行准确风险识别面临极大困难，迫切需要结合传统方法，建立一种新的、比较实用的风险识别理论与方法。

1. 深埋长大隧道施工风险定义

依据历史资料的调研、分析，统计国内外已建、在建深埋长大隧道工程施工中存在的风险因素，并结合工程地质、水文地质条件及施工方案，确定出深埋长大隧道施工风险定义为：隧道在复杂赋存环境下，由于高地应力、高地温、断层破碎带、设备选型、人员组织等因素的影响，从而使得隧道施工过程中，工程施工安全受到威胁，从而产生人员伤亡、机械设备损毁、工期拖延等损失。

2. 深埋长大隧道施工风险来源

根据风险分析的目的和阶段不同，需要考虑的风险因素也不同。在项目立项时，由于需要对项目有一个全面的把握，从而作出正确的决策，因此应该考虑到方方面面的风险，包括政策、经济、环境社会、技术、效益、设计、施工等各个方面。而对于施工期间，为了工程的顺利完成，减少事故的发生，侧重点就在施工风险上。在运营过程中，则主要表现在效益风险，以及重大安全事故风险。因此对于风险的认识，一方面要有全局性，另一方面要有阶段性。

在各阶段的风险分析中，施工期的风险由于其事故的高发性而成为风险分析研究的焦点。施工阶段的工程风险总的来说分为安全性风险和影响环境风险两大类，归纳起来，项目的风险因素可分为 6 大类：即政治风险、社会风险、经济风险、自然风险、技术风险和管理风险等因素。结合深埋长大隧道特点，本研究主要侧重于施工安全，因此风险主要来源于自然风险及设备风险，如自然界气候的变化、灾害的发生和项目选址、经常遇到的不良地质条件等不确定性因素，是每个项目都无法避免的，这些都是项目风险的来源。

由于风险源的研究实质上是对研究对象的不确定性进行研究，深埋长大隧道施工风险主要来自于以下不确定性。

（1）工程地质条件的复杂性

深埋长大隧道工程区的自然条件相对恶劣，具有复杂的地形地貌、岩性和区域构造背景，地质条件较为复杂，岩性组合随机性较大，厚度巨大、挤压紧密，褶皱强烈，地层大多呈陡倾角，而且尚有大部地区未曾探明。跨越的工程地质单元多，水文工程地质条件复杂，其介质特性表现出很大的随机变异性，这给隧道施工带来许多难以预料的困难。隧道存在着诸多复杂的工程地质问题，如活动性断层对洞室稳定的影响、高地应力与岩爆、高压水头与涌水、高地温问题、有害气体等。可以说，一般隧道工程常遇的地质问题在深埋长大隧道工程中都可能遇到，同时还有一些特有的地质问题，这些问题的存在不仅影响洞线的布置，更重要的是影响到工期和造价，这些复杂因素给深埋长大隧道工程建设带来了巨大风险和挑战。

（2）机械设备、技术人员和技术方案复杂

工程建设中，建设队伍、机械设备、施工操作技术水平等对工程的建设风险都有直接影响。由于隧道施工技术方案与工艺流程复杂，且不同工法又有不同的适用条件，贸然采取某种方案、技术和设备势必会产生风险。同时，整个工程的建设周期长、施工环境条件差，这些对施工单位人员都很容易产生不良影响，容易导致出现各种意外风险事故。

（3）自然环境恶劣

工程区的自然条件往往相对恶劣，许多深埋长大隧道工程都处于西部山区或高原，如在云贵、青藏高原建设隧道，存在海拔高、地面气压低等不利因素。低压、缺氧和寒冷使得工程的勘测、规划、设计工作困难重重，极大降低施工人员和机械的工作效率。

（4）工程建设决策、管理和组织方案复杂

在项目的施工过程中，最主要的问题就是建设的决策、管理和组织。深埋长大隧道与其他工程项目相比，由于具有隐蔽性、复杂性和不确定性等突出特点，工程投资风险很大，无论是哪个阶段，都会遇到很多决策、管理和组织问题。特别是施工阶段，如何选择合理的技术方案、如何减少工程对周围环境的影响、如何评估工程建设的经济效益和社会效益等，每一个问题的决策与执行都需要综合各种风险和效益，如果施工控制计划不完善，施工控制计划可操作性差，组织机构人员不落实，施工控制信息不畅通，有效控制方法落后，管理人员素质差，组织不力，必将给工程带来巨大风险。

2.4　深埋长大隧道风险识别主要内容

深埋长大隧道风险识别的主要内容为：结合深埋长大隧道复杂的地质条件、自然条件、环境条件及经济技术条件，归纳和总结国内外有关隧道工程事故灾害的资料，研究影响隧道施工的致险因子。

2.5 国内外隧道施工灾害统计

隧道工程从设计到开挖成洞，人们一直把开挖期间与运营期间围岩的稳定性及安全问题作为一个十分重要的课题进行研究。研究表明，影响隧道围岩的稳定性有8大主控因素：地层岩性、地质构造、原岩应力场、地下水、地质工程环境、隧道设计结构、开挖工艺方法与支护体系等。其中前5大因素为客观地质因素，后3大因素为人为因素且受控于前5大因素。由于地质灾变而引起的隧道稳定性问题在国内已不为鲜见，以铁路建设为例，据不完全统计，我国1992年以前已建成的铁路隧道中，有五分之四的铁路隧道在施工中不同程度地发生过涌水灾害，其中有30余座隧道属大型涌水。在成昆线全线有427座隧道，总长341km，施工开挖期间约有25%的隧道发生过大型塌方，93.5%的隧道发生了不同程度的水害，其中涌水量超过10000m³/d的有8座，同时有多座隧道出现了塌陷、岩爆等灾害。京广线长达6.06km的南岭隧道，总涌水量最大达81000 m³/d，成昆线沙木拉达隧道（长6.379km），总涌水量达19550m³/d。穿越于地形、地质条件复杂的秦岭、大巴山、云贵高原等山区的宝成、襄渝、贵昆、川黔、湘黔、枝柳等铁路都修建了大量隧道工程，这些隧道在建设和运营中都发生过规模不等的塌方，许多隧道洞身也遭受偏压以及地表塌陷等地质灾害。衡广复线、大秦铁路等也有许多隧道发生了较严重的地质灾害，著名的大瑶山隧道中段地表塌陷、F9断层上盘压碎岩段有大量塌方和涌水，遇到0.5m³/s的突水，射程达8~10m。军都山隧道岩体破碎段施工中发生罕见的地下泥砂石流和大量的塌方灾害。家竹箐隧道在1995年的建设中，洞内多处发生岩溶管道涌水，水量达80000m³/d，由于涌水发生在高洞口端而无法自行流向洞口排放，致使几次淹没隧道迫使停工。草庵隧道是南昆线威舍至昆明段的一座单线隧道，于1995年贯通，在施工中地下水量增大，出现几次较大规模涌水，并伴有塌方，涌水量最大时为6500m³/d。公路隧道地质灾害也时有所见，如华蓥山隧道穿越了煤层断层、石油气层、高地应力区等复杂地层，开挖中遭遇涌水、涌泥、瓦斯突出、断层坍塌、岩爆及大变形等地质灾害。川藏公路二郎山隧道高地应力引起了岩爆，中梁山隧道与缙云山隧道在开挖不到一年发生较大坍塌8次，雅砻江锦屏二级水电站，长探硐3次遇到特大型突水。

为了对比分析深埋长大隧道施工风险，表 2.5-1 和表 2.5-2 列出了国内外部分深埋长大隧道主要施工灾害。

我国深埋隧道及其主要开挖地质灾害   表 2.5-1

性质	名称	长度 （km）	最大埋 深（m）	位置	主要开挖地质灾害
铁路隧道	大瑶山隧道	14.3	800	衡广复线	涌水
	秦岭隧道	18.4	1700	西康铁路	岩爆
	长梁山隧道	12.8	360	朔黄铁路	涌水、软岩塌方
	东秦岭隧道	12.3	580	西宁铁路	软岩塌方
	圆梁山隧道	12.1	800	渝怀铁路	涌水、突泥
	乌鞘岭隧道	20.1	1100	兰新铁路	软岩大变形
水工隧道	天生桥电站 引水隧道	10	760	贵州	岩爆
	太平驿电站 引水隧道	10.6	＞300	四川	岩爆
	锦屏电站 引水隧道	18.0	2500	四川	涌水、岩爆
	福堂电站 引水隧道	19.3	700	四川	岩爆
公路隧道	中梁山隧道	3.2	500	成渝高速公路	瓦斯
	潭峪沟隧道	3.5	300	八达岭高速公路	涌水
	九顶山隧道	3.2	450	楚大高速公路	断层破碎带及涌水
	二郎山隧道	4.2	760	川藏公路	岩爆
	华蓥山隧道	4.7	770	广渝高速公路	特大涌水、突泥
	大箐隧道	3.0	688	大保高速公路	软岩大变形
	尖三子隧道	4.0	400	愈合高速公路	瓦斯、高地应力
	大风垭口隧道	3.3	330	元磨高速公路	涌水、突泥
	雁门关隧道	5.2	600	新原高速公路	涌水、软岩
	鹧鸪山隧道	4.4	1000	317国道	软岩大变形
	新七道梁隧道	4.1	＞500	兰临高速公路	断层破碎带
	终南山隧道	18.0	1640	西康高速公路	岩爆
	雪山隧道	12.9	750	中国台湾	涌水、断层破碎带

部分国外深埋隧道主要工程地质问题   表 2.5-2

性质	名称	长度 （km）	最大埋 深（m）	国家	主要工程地质问题
铁路隧道	丹那隧道	7.807	1500	日本	地震
	新清水隧道	13.5	1700	日本	岩爆、涌水
	辛普隆隧道	19.8	2140	瑞士	高地温、涌水
	圣哥达隧道	14.98	1706	瑞士	高地温
	列奇堡隧道	14.6	1640	瑞士	高地温
	仙尼斯峰隧道	12.84	1610	法意	高地温
	勃朗峰隧道	12.60	2480	法意	高地温、岩爆
	亚平宁隧道	18.5	2000	意大利	涌水、瓦斯

性质	名称	长度 (km)	最大埋 深(m)	国家	主要工程地质问题
水工隧道	玻尔曼隧道	80	100	瑞典	涌水
	阿尔帕—谢万隧道	43	400	俄罗斯	高地温
公路隧道	安房隧道	4.35	700	日本	高地温、涌水
	陶恩公路隧道	6.4	1000	奥地利	大变形
	惠那山公路隧道	8.3	400	日本	大变形
	阿尔贝格	13.98	740	奥地利	大变形

根据上面的实例可以看出，深埋长大隧道施工中遇到的灾害主要有：涌水、突水、突泥、岩爆、软岩大变形、断层破碎带、高地温、瓦斯、塌方、地震等。

2.6　深埋长大隧道施工风险失效模式研究

对深埋长大隧道施工系统进行概率风险分析，首先需要对系统失效模式进行分析。隧道的开挖，相当于在一定空间范围内改变了系统的边界（对于岩体）或增加了输出边界（对于流体），其结果是系统本身必然按其固有运动规律对此做出反应，具体表现则为隧道附近一定范围内的围岩破坏，水、瓦斯气向隧道排泄，从而导致系统失效，给地下洞室围岩的稳定性和施工安全带来严重威胁。为研究深埋长大隧道施工对围岩的影响规律，根据不同地质情况，可以选择典型地段进行分析，对深埋长大隧道施工主要失效模式和失效机理进行深入分析，对确保工程安全、顺利、快速向前推进具有十分重要的意义。

1. 失效模式定义

失效的概念由来已久，广义上可定义为"物体丧失应有的功能"，用在工程上则失效可表示为工程结构在规定条件、规定时间内丧失其应有的功能。失效分析是判断结构失效模式，查找失效机理和原因，提出预防失效对策的过程。所谓失效模式，是指失效的外在宏观表现形式和过程规律，一般可理解为失效的性质和类型。失效模式可分为一级失效模式、二级失效模式等。

对深埋长大隧道来说，由于隧道施工系统是一个复杂的系统，可能的失效模式多达几个或几十个，失效模式非常复杂，通过寻找所有的可能失效模式不太现实且没有必要。失效分析中最主要的目的是找出对整个结构体系失效概率贡献最大的失效模式，即最大可能失效模式，也可称为主要失效模式。所谓主要失效模式，是指它的失效概率要比别的失效模式概率大得多，对于深埋长大隧道，主要失效模式不仅要考虑其失效概率较大，而且需要考虑该失效模式对工程安全是否具有重大影响，因此深埋长大隧道失效分析与一般工程的失效分析有很大不同，应根据工程实际进行有针对性的研究。

由于深埋长大隧道的所有问题最终都归结到围岩变形与稳定性问题，隧道围岩变形过大，或者围岩不稳定，必然导致工程失效，因此，研究深埋长大隧道施工系统的失效模式，可将重点放在隧道围岩稳定性研究上，或者对工程影响较大的事件上。

因此，隧道施工系统主要失效模式为具有以下特征的事件：

（1）妨碍隧道施工完成的事件；

（2）对隧道安全造成威胁的事件；

（3）造成隧道严重经济损失的事件。

符合以上任何一项特征的事件，可视为深埋长大隧道施工系统的主要失效模式。

2. 最大可能失效模式

隧道施工系统在工作中受到各种因素作用，可能存在多种失效模式，如围岩失稳、大涌水、挤压大变形等，这些失效模式都将引起施工系统失效，因此，研究隧道施工系统失效实质上是对其周围环境系统失效模式的研究，研究对施工影响较大因子的失效模式及其机理，以及这些失效对隧道施工的影响。

综上所述，隧道施工系统主要失效模式有：施工停工，施工设备受损或人员安全受到威胁，具体来说，主要失效模式有：

（1）施工过程中遇到较强岩爆而停工、超挖严重、机械受损以及引起人员伤亡。

（2）在软弱挤压地层施工时，由于围岩大变形导致卡机、衬砌被压坏，以及隧道塌方机器被埋等。

（3）在断层、断层破碎带、岩溶带施工时，遇到大涌水、突水而使系统停工，严重时淹没机械，造成重大人员伤亡。

（4）在深埋隧道中施工，由于地温急剧升高，恶化施工作业环境，降低劳动生产率，并严重威胁到施工人员的健康和安全。

（5）施工中遇到有毒有害气体，而造成瓦斯突出、爆炸，人员中毒，恶化作业环境，系统停工。

（6）高寒、缺氧的空气使得机械设备及施工人员作业效率严重降低，工作人员健康受到影响。

（7）TBM 选型不当而导致工程失败。

（8）通风措施不当而导致施工无法正常进行。

（9）地震影响使得工程损毁。

2.7　基于 FTA-AHP 的隧道施工风险识别模型

项目风险识别是对项目基本风险空间的搜索，其目的是通过搜索风险空间，确定具有支配地位的、影响举足轻重的主要风险因子。过去的研究主要从风险源角度提出风险详细分类表，形成"风险检测表"，这是根据经验对预计的或曾经发生的风险汇总。由于建设环境的不确定性，相对固定的风险检测表难以反映工程实际情况。对岩土工程的风险源识别，目前所用方法如专家调查法、核查表法、分解分析法等，只能根据专家经验作一些定性研究。如何结合工程背景、有限样本、风险理论建立一套系统的风险识别方法，以及风险源识别的可视化，还有待研究。

基于此，通过分析深埋长大隧道施工风险来源，研究深埋长大隧道失效模式，提出以故障树方法（Fault Tree Analysis，FTA）对施工中遇到的风险进行识别，运用层次分析法（Analytic Hierarchy Process，AHP）确定主要风险因子，为进一步风险分析及类似工程风险识别提供参考依据。

1. 故障树风险识别模型

故障树是一种逻辑归纳分析方法，它将给定的顶事件按总体至部分的规律从上至下逐步细化，分析顶事件的最基本原因，并能进行定量计算。故障树分析技术（FTA）是综合识别和度量风险的有力工具，由美国贝尔电话实验室的 Watson 和 Meams 等人，于 1961～1962 年期间在分析和预测民兵导弹发射控制系统安全性时，首先提出并采用。基于布尔代数和概率论的故障树分析方法作为广泛应用于复杂系统的可靠性和安全性计算的一种方法，是一种从结果到原因来描述事件发生的有向逻辑树方法，是一种图形演绎分析方法，是故障事件在一定条件下的逻辑推理方法，能够有效地对深埋长大隧道施工系统失事破坏类型和机理进行分析。

该方法既可以定性分析，又可以定量计算，它的主要任务之一是寻找导致系统事故的全部事件，即从某一特定的事故（如隧道失稳）开始，运用逻辑推理方法逐层分解，找出各种可能引起事故的原因，也就是识别出各种潜在因素，其中发生概率最大的基本事件就是系统的薄弱环节，对其采取有效措施，从而减小这种事故模式的发生概率以提高系统可靠性。

（1）故障树符号

故障树是由各种事件符号和它们相互连接的逻辑门组成的，事件是树的节点，逻辑门是表示节点与其他节点连接性质的符号，根据本文研究情况，仅介绍几种常用的、最基本的符号。

① 矩形符号

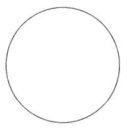

矩形符号表示顶上事件或中间事件，也就是需要往下分析的事件。将事件扼要记入矩形方框内，由于故障树分析是对具体系统进行具体分析，顶上事件一定要明确定义，顶上事件是不希望发生的事件。因此应当考虑的事件有：妨碍完成任务的事件——系统停工，丧失大部分功能；对安全构成威胁的事件——造成人员伤亡，或导致财产的重大损失；严重影响经济效益的事件。该符号需要在方框内记入文字。

② 圆形符号

是表示基本原因的事件，或称为基本事件，可以是人的差错，也可以是机械、设备元件的故障，或环境不良因素等，它表示最基本的、不能再继续往下分析的事件，而不是抽象的事故原因。该符号需要在圆圈内记入文字。

③ 与门（AND）符号

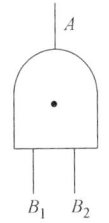

"与门"连接表示下面的输入事件 B_1、B_2 同时发生的情况下，输出事件 A 才会发生，有若干输入事件时也是如此。

④ 或门（OR）符号

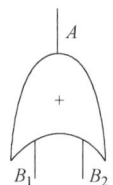

"或门"连接表示下面的输入事件 B_1、B_2 中任何一个事件发生时都可以使事件 A 发生的逻辑连接关系，在有若干输入事件时也是如此。

（2）故障树分析过程

故障树分析的一般步骤如下：

① 熟悉分析对象

在建立故障树之前，需要对隧道施工系统有比较深入的了解，包括工程地质条件、工作程序、各种重要参数等。对类似工程进行调查，统计有关事故，包括已经发生的事故，也包括未来可能发生的事故，既包括本系统发生的事故，也包括同类系统发生的事故。

② 选定顶事件

建立故障树的前提是要选定一个顶事件，该项事件应该是系统不希望发生的事件，对于深埋长大隧道施工来说，顶事件为具有以下特征的事件：妨碍完成任务的事件——隧道施工系统停工，或丧失大部分功能；对安全造成威胁的事件——造成人员伤亡，或导致财产的重大损失。

③ 故障树的建立与简化

对事故进行调查，分析产生原因的各种因素，包括不利地质、机械故障、设备损坏等因素。根据上述资料，从顶上事件做起，一级一级找出引起事故的原因事件，直到最基本的原因事件为止。

④ 定性分析

FTA 的定性分析主要用于寻找事故原因或原因的组合。而最小割集法往往用于故障树定性分析，所谓割集，是故障树底事件集合中满足下述条件的子集：设该子集为 $\{X_{i1}, X_{i2}, \cdots, X_{iL}\}$，其中，$i = 1, 2, \cdots, K$（$K$ 为割集数），当该子集所含的底事件全部发生时，顶事件 T 必然发生。若将该割集所含的底事件任意去掉一个即不成为割集，这样的割集就是一个最小割集。故障树所包含的最小割集越多，系统就越危险。最小割集可以直观地告诉人们事故发生的严重程度，如何采取措施控制事故发生，以及优选的事故控制方案。本研究就采用故障树分析中的最小割集法，分析引起隧道施工风险的原因。

⑤ 定量分析

定量分析主要是确定基本事件的发生概率，进而求出各原因事件的发生概率，最后根据这些数据确定顶上事件的发生概率。

所谓故障树顶上事件发生概率的计算，是在已知故障树各基本事件故障概率的条件下进行的，主要通过建立各基本事件—分项失效模式的概率计算模型。故障树的基本事件，一般情况下，设各事件在统计上是彼此独立的，即为独立事件。假设故障树各基本事件的发生概率为 q_1，q_2，$\cdots$，q_n，则顶上事件发生的概率为：

对单一"与门"故障树，如图 2.7-1 所示，其顶上事件发生概率为

$$g(q) = p(x_1)p(x_2)\cdots p(x_n) = \prod_{i=1}^{n} q_i \qquad (2.1)$$

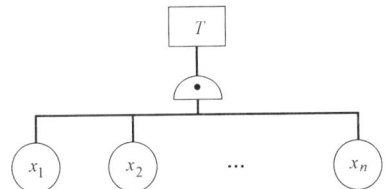

图 2.7-1 "与门"故障树

对单一"或门"故障树，如图 2.7-2 所示，其顶上事件发生概率为

$$g(q) = p(x_1 + x_2 \cdots + x_n) = 1 - \prod_{i=1}^{n}(1 - q_i) \qquad (2.2)$$

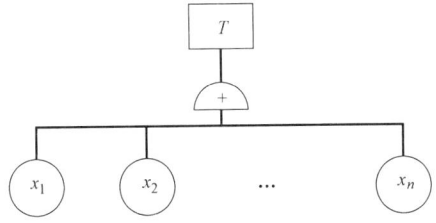

图 2.7-2 "或门"故障树

除了顶上事件概率分析外，故障树分析还包括结构重要度分析和概率重要度分析，相关计算可参考故障树书籍。

（3）深埋长大隧道工程施工风险故障树分析

深埋长大隧道施工是一个复杂的系统工程，由于特殊的地理条件，在隧道施工中会出现一些不可预见的地质灾害，如涌水、岩溶、瓦斯、断层、膨胀岩、高地应力以及围岩大变形等，这些不确定因素成为引发隧道工程事故的直接风险影响因子。

故障树顶上事件选取：本研究将深埋长大隧道施工风险作为顶上事件。引起隧道施工风险的中间事件有 16 个，而基本事件有 36 个，则构造的故障树如图 2.7-3 所示，识别出的风险为所有可能存在的风险，不一定都存在，具体工程分析时应根据不同地段深入研究。

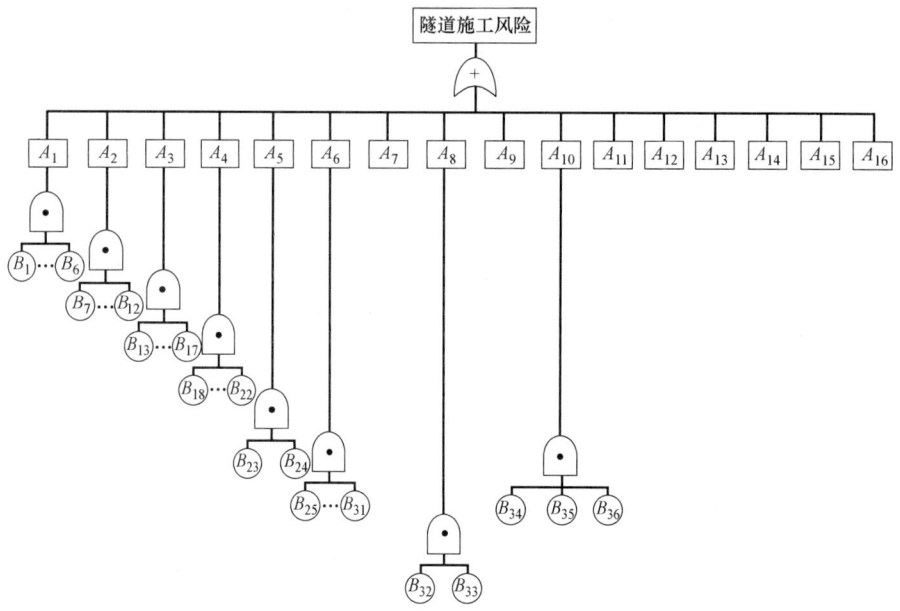

图 2.7-3　深埋长大隧道施工风险故障树

图 2.7-3 中，各符号代表的事件为：

A_1—岩爆；A_2—涌水、突水、突泥；A_3—围岩大变形；A_4—高地温；A_5—地震震害问题；A_6—有害气体中毒或爆炸；A_7—断层及其破碎带；A_8—塌方；A_9—TBM 选型可靠性及适用性；A_{10}—膨胀性围岩挤出；A_{11}—溶洞；A_{12}—通风不当；A_{13}—高寒、缺氧；A_{14}—硬岩开挖困难；A_{15}—岩层软硬不均；A_{16}—地质勘察准确性。

B_1—高地应力；B_2—坚硬脆响岩体；B_3—岩体完整；B_4—干燥；

B_5—距掌子面一定距离；B_6—埋深大；B_7—岩体比较破碎；B_8—地下水位较高；B_9—构造破碎带顺河发育；B_{10}—构造破碎带顺山谷出露；B_{11}—遇岩溶；B_{12}—强透水岩层；B_{13}—强度低；B_{14}—高应力；B_{15}—开挖；B_{16}—流变；B_{17}—扩容膨胀；B_{18}—埋深较大；B_{19}—地温梯度高；B_{20}—地下水较少；B_{21}—岩性坚硬致密；B_{22}—遇高温地下水；B_{23}—通过活断层；B_{24}—支护措施不当；B_{25}—煤系地层；B_{26}—油气地层；B_{27}—有机物地层；B_{28}—背斜构造岩体断裂带；B_{29}—节理裂隙密集带；B_{30}—活动火山活动源处；B_{31}—剧烈的地表活动；B_{32}—强度不足；B_{33}—围岩失稳；B_{34}—膨胀岩；B_{35}—地下水较多；B_{36}—高应力。

由于深埋长大隧道施工风险因子众多，对每一个风险因子进行详细分析是不太现实的，这就需要通过一定方法找出主要风险因子，忽略次要因子，而层次分析法给我们提供了帮助。

2. 风险识别清单

前述已经识别出工程中遇到的主要风险因子，在此基础上，可以列出工程项目风险识别清单，如表 2.7-1 所示。

深埋长大隧道施工风险清单　　　　　　　表 2.7-1

风险事件名称	风险事件描述	风险影响因子	风险产生后果
高地温	随埋深增加或遇地下热水，地温升高，引起热害	埋深、地温梯度、岩性坚硬致密程度、地下水活动	恶化作业环境，降低劳动效率，威胁施工人员安全，机械故障，影响隧道稳定
高地应力岩爆	高地应力条件下，硬脆性围岩因开挖卸荷而破裂或爆裂破坏	应力、岩性、岩体结构、地下水、与掌子面距离、埋深、发生时间	砸伤工作人员，破坏设备，损坏刀具，机体掩埋，卡机事故
高地应力软岩塑性挤出	应力发生重分布，围岩应力超过其强度，引起塑性破坏，变形不断发展	应力、岩性、岩体强度、地下水、岩体结构	卡住机体，掌子面挤出，使机体后退，混凝土管片衬砌变形、破损
涌水、突水、突泥	隧道工程通过富水地带、松散断层破碎带等将造成大量涌水、突水或突泥	透水性、岩性构造、岩溶、地下水赋存、地下水补给、断层出露情况	掌子面坍塌，机械系统故障，突发大涌水，淹没机体，导致塌方
地震震害问题	隧道通过活断层或区域活断层处于强震区，受到较强烈的震害	活断层	断层错开，隧道发生错动

续表

风险事件名称	风险事件描述	风险影响因子	风险产生后果
有害气体问题	隧道通过煤系地层,或其他含油气地层,将在施工中引起缺氧空气、可燃性瓦斯、有毒瓦斯等	煤系底层、油气地层、有机物地层、背斜构造岩体断裂带、节理裂隙密集带、活动火山活动源处或剧烈的地表活动	瓦斯突出、爆炸,人员中毒,恶化作业环境
塌方	围岩失稳造成的突发性坍塌	发生于断层带,不整合接触面,侵入岩接触带及岩体结构面的不利组合地段,围岩强度不足	卡机,掩埋 TBM、盾构,落石损伤机械,支撑靴不能到达壁面,壁面受挤压处崩落
膨胀性围岩挤出	围岩遇水膨胀,变形过大	岩性、地下水有关、地应力	盾构被箍住不能掘进,掌子面挤出不能掘进,刀盘黏附黏土不能开挖,刀头磨损异常,支撑靴挤压力不足
溶洞溶孔	可溶岩段沿断层破碎带发育溶孔、溶隙	地下水、碳酸岩	发生大涌水、承载力不足、轴线下沉、管片开裂、坍塌
TBM 选型可靠性	TBM 选型不当造成进度缓慢甚至工程失败	地层条件、地下水、隧道长度及线形、埋深、工作环境等	影响施工进度、开挖面坍塌、涌水、TBM 损毁等
通风不当	长隧道通风措施不当导致中毒、火灾等事故	施工通风模式、通风方式、系统设计和通风布置方案等	人员健康受损、中毒、机械效率下降等
高寒、缺氧	寒冷、缺氧地区使得工作人员及机械效率极大下降	海拔、季节	劳动能力下降,机械功率降低,人员健康受影响
岩层软硬不均及复杂地层掘进	围岩不能太软或太硬,太软塌方,硬岩开挖困难掘进效率不高	地质勘察准确性,TBM选型适用性	掘进中岩层的多变性严重影响 TBM 的掘进速度和刀头的寿命,节理密集带易坍塌、涌水

3. 基于层次分析法的风险识别方法

层次分析法(Analytic Hierarchy Process，AHP)是指标权重确定的一种有效方法,它将相互关联的要素按隶属关系划分为若干层次,建立层次清晰的指标体系结构,利用数学方法综合调查访问所得各方面意见,给出各层次各要素的相对重要性权重。

权重的确定采用层次分析法，这一过程可由一组专家对所调查的因素进行评判，即把同级各个因子两两相互比较（包括因子自身比较），把比较结果在一个九标度表中进行仿数量化，各因子数量值构成一个"构造判断矩阵"，进而用和法求矩阵的特征向量和特征根，并通过一致性检验后，具有满足一致性的判断矩阵对应的特征向量的各分量，即为各个指标所对应的权重，由此可辨识出主要风险因子，剔除次要因素。表 2.7-2 为九标度各因子重要性大小比较。

九标度各因子重要性大小比较仿数量化表 表 2.7-2

标度	两两因子重要性比较结果说明
1	i 因子与 j 因子完全一样重要,或 i 与 i, j 与 j 自身比较;
3	i 因子比 j 因子稍微重要一点;
5	i 因子比 j 因子明显重要;
7	i 因子比 j 因子重要得多;
9	i 因子比 j 因子极为重要;
2,4,6,8	两两因子重要性比较介于上述标度两值之间;
倒数	上述重要性相反情况,即 j 比 i 重要的情况。

（1）层次分析法步骤

① 定义问题，确定要完成的目标。

② 从最高层（管理目标），通过中间层（判断准则）到最低层（方案）构成一个层次结构矩阵。

③ 构造一系列下层各因素对上一层准则的两两比较判断矩阵。

④ 在第 3 步里建立判断矩阵所需要的 $n \times (n-1)/2$ 个判断。

⑤ 完成所有两两比较，输入数据，计算最大正特征值，计算一致性指标 CR。

⑥ 对各层次完成第 3、4、5 步的计算。

⑦ 层次合成计算。

⑧ 若整个层次综合一致性不通过，要对某些判断做适当改善。

（2）判断矩阵

假设有 n 个风险因子，给定一个准则，利用上面的相对重要度比例标度方法，对于元素 C_i 和 C_j 作相互比较判断，可获得一个表示相对重要度的数字 a_{ij}，构成 n 阶判断矩阵：

$$A = \begin{bmatrix} a_{11} & a_{12} & \cdots & a_{1n} \\ a_{21} & a_{22} & \cdots & a_{2n} \\ \cdots & & & \\ a_{n1} & a_{n2} & \cdots & a_{nn} \end{bmatrix} \qquad (2.3)$$

根据相互比较特点，有

$a_{ij} > 0$，$a_{ij} = 1/a_{ji}$，$a_{ii} = 1$，i，$j = 1$，2，$\cdots$，n。

（3）计算特征向量

计算特征向量采用规范列平均法，计算步骤为：

① 计算每一列规范化

$$\bar{a}_{ij} = \frac{a_{ij}}{\sum\limits_{k=1}^{n} a_{kj}} \tag{2.4}$$

② 求规范列的平均

$$w_i = \frac{1}{n} \sum_{j=1}^{n} a_{ij} \tag{2.5}$$

向量$\bar{w} = (w_1，w_2，\cdots，w_n)^{\mathrm{T}}$为所求的特征向量。

③ 计算最大特征值

$$\lambda_{\max} = \frac{1}{n} \sum_{i=1}^{n} \frac{(A\overline{W})_i}{\overline{w}_i} \tag{2.6}$$

式中：$(A\overline{W})_i$为向量$A\overline{W}$的第i个元素。

④ 一致性检验

为了测试评判指标的可靠性或一致性，建立一致性指标。

$$CI = \frac{\lambda_{\max} - n}{n - 1} \tag{2.7}$$

当阶数大于 2 时，判断矩阵一致性指标 CI 和同阶平均随机一致性指标 RI 之比称为随机一致性比率，记作 CR。

$$CR = \frac{CI}{RI} \tag{2.8}$$

若 $CR < 0.1$，则认为具有满意的一致性，RI 的取值见表 2.7-3。

RI 的取值　　　　　　　　　　　　　　　　表 2.7-3

n	1	2	3	4	5	6	7	8	9	10
RI	0.00	0.00	0.53	0.90	2.12	2.21	2.32	2.41	2.45	2.49

根据层次分析法原理，将隧道施工风险视为目标层，表 2.7-1 中所列风险因子为递阶因素，则风险因子权重排序见图 2.7-4。

由图 2.7-4 可以看出，层次分析法能很好地反映各因子的相对重要度，深埋长大隧道施工最主要风险为涌突水、TBM 选型、岩爆、塌方、

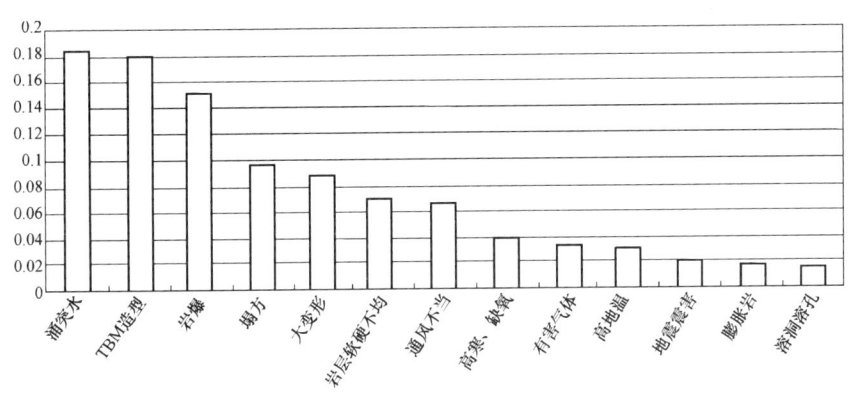

图 2.7-4 层次分析法风险因子权重排序

大变形、岩层软硬不均、通风不当等,其他几个影响较小。

4. 实例分析

(1)施工情况

某水电站工程枢纽由首部拦河闸、引水系统、尾部地下厂房三大部分组成,其中四条引水隧道穿越高山连接闸坝与厂房枢纽,电站引水系统采用 4 洞 8 机布置形式。其中 1 号和 3 号隧道采用 TBM 工法施工,1 号隧道采用美国 robbins 公司生产 TB401-319 型掘进机,目前是中国唯一的敞开式直径最大的 TBM,隧道总长 14.14km,开挖直径为 12.4m。3 号引水隧道采用德国 HK 公司的 S-405 型 TBM 设备,掘进总长 13.40km,直径 13.0m。

(2)隧道地质条件

引水隧道由四条平行、直径 12.8m 的引水隧道组成,1～4 号引水隧道长度为 16.662～16.682km,洞向 S58°E,引水隧道最大埋深为 2525m,全洞平均埋深约 1610m,埋深大于 1500m 的洞段长度为 12540～12729m,占全洞长度的 75.2%～76.4%,各隧道地质及水文地质等条件相差不大。

引水隧道线路区的地层主要为三叠系大理岩、灰岩、砂岩、板岩及少量绿泥石岩、绿片岩等,围岩类别以Ⅲ、Ⅱ类围岩为主,地质构造为近南北向展布的紧密复式褶皱和走向断层,引水隧道线路区除通过 F_5、F_6 二条Ⅰ级结构面及部分Ⅱ级结构面外,一般均为Ⅲ级或Ⅲ级以下构造,且断层宽度较小。线路区地处西南高地应力区,据三维初始地应力场反演回归分析成果,隧道线高程的最大和最小主应力值分别为 70.1MPa 和

30.1MPa，以自重应力为主。

（3）隧道施工中主要风险

根据《某工程二级水电站可行性研究报告》：

引水隧道施工主要风险是断层带的涌水，岩溶地带的高压涌水、突水，大埋深地区的岩爆问题，高地温、有害气体、地震等对隧道施工影响不大。

① 涌突水

工程区的岩溶赋存有丰富的地下水，引水隧道开挖过程中将遇突水及突泥现象，且具有水压力大、突发性的特点。长探洞内曾发生瞬时涌水量$\geqslant 0.1m^3/s$ 的突水点 10 处，最大瞬时涌水量达 $4.91m^3/s$。辅助洞内至目前曾发生瞬时涌水量$\geqslant 0.1m^3/s$ 的突水点 16 处，最大瞬时涌水量达 $7.3m^3/s$。涌水具有突发性，涌水初期均携带有大量砂黏土，造成洞内淤积。

② 围岩破坏

较软弱岩（白云质挤压夹层）、断层带的变形破坏引起掉块、坍塌等，但一般规模不大。高地应力和岩爆问题严重，长探洞及辅助洞内出现的岩爆等级以轻微～中等为主，辅助洞段曾发生强烈岩爆，其形式为剥落、松脱、弹射。岩爆是引水隧道掘进过程中可能遇见的主要岩体破坏现象之一。引水隧道除因高地应力所产生的岩体脆性变形破坏以外，高外水压力对隧道围岩稳定和施工将产生较大影响，也可能是引水隧道将遇到的地质灾害问题。

5. 隧道施工主要风险因子分析

（1）涌水突水

隧道涌水是指地下水从掌子面的地质体孔隙或裂隙中大量涌出，影响正常施工；当伴有碎屑物等固体物质时，则称为突泥。在隧道掘进过程中，必然破坏含水或潜在含水围岩，揭露部分导水通道，使地下水或与之有水力联系的其他水体（地表水、地下暗河及溶洞水等）突然涌入，发生涌水突水灾害。与其他地质灾害相比，隧道涌水具有以下特点：

① 发生概率高。由于地下水的高度流动性，在地壳表层中分布的普遍性及大多数隧道都处于地下水富集带或其以下附近，只要存在导水通道，就有可能发生涌水，据不完全统计，在我国 1996 年前以建成运营的 4800 余座铁路隧道中，约 1/3 发生过涌水问题。

② 一旦发生大规模涌水，不仅施工本身会严重受阻，而且可能引起

浅层地下水及地表水枯竭等环境地质问题。

由于隧道涌水突水的高发性及强危害性，因此对涌水突水灾害进行风险分析很有必要。深埋隧道涌突水发生的条件可以归纳为岩性构造条件、区域地下水赋存条件和水文气象条件。

岩性构造条件。基岩地下水赋存取决于控制基岩裂隙发育的地层岩性条件和地质构造条件，通常的裂隙富水带有：含水带穿越脆性岩层或可溶性岩层地段、褶曲轴部的张力带或转折端、断层交叉带或主支断层的汇合带，张性断层的构造带，压性断层两盘的影响带及大断层的影响带等。

区域地下水赋存条件。隧道高程高于地下水，则一般不会发生涌水，只有在雨季可能会发生暂时性涌水；若隧道高程低于地下水位，将可能发生涌（突）水甚至碎屑流，涌突水量的大小取决于破碎岩石的透水性、涌水点与地下水的相对高差及涌水点所处破碎带岩石含水带的相对位置。

水文气象条件。水文气象条件决定了地下水的补给条件，在研究工程区水系分布、年径流量年内分布的同时，还应分析区域内地形特征，尤其是断层破碎带出露的地形特征，汇水条件及汇水面积。断层带顺河发育，易大涌水，构造破碎带顺山谷出露，会有涌水。出现在山坡时，不可能发生涌水。

在西南地区，隧道线路区赋存的松散类孔隙水、冻结层水、风化带网状基岩裂隙水因洞室埋深大，对周围稳定影响甚微，影响较大者主要为构造裂隙水。

（2）塌方

1994～2010 年间 300 例隧道塌方事故的统计分析结果显示，公路隧道、铁路隧道、地铁隧道事故比例分别为 69.3%、26%、4.7%。塌方事件成为影响隧道工程安全的首要问题。隧道塌方风险评估和预防成为解决隧道塌方问题的关键。隧道塌方风险评估是预防塌方事件发生，将损失降低在可控范围内的重要途径和措施。我国原铁道部先后发文强调铁路隧道应进行风险评估与管理，风险评估和管理必须贯彻在铁路隧道设计和施工全过程中。目前，国内外关于隧道方面的研究，主要集中在设计及施工技术方面，塌方风险评估方面的研究，也取得了一定的成果。

（3）围岩大变形

在深埋交通隧道、水工隧道及其他地下工程施工中，一直存在围岩大变形，主要具有以下特征：

① 主要发生在低级变质岩、断层破碎带及煤系地层等低强度围岩中，

33

具体岩石类型包括各类片岩、板岩、千枚岩、蛇纹岩、页岩、断层破碎带、泥岩、砂页岩及泥灰岩等。

② 变形量大，一般可以达到数十厘米到数米，如果不支护或支护不当，收敛的最终趋势是隧道被完全封死。

③ 发生大变形的隧道埋深一般在 100m 以上。

④ 径向变形特征明显，一般表现为拱顶下沉、边墙内挤、隧底隆起，位移基本上指向隧道开挖面的圆心方向。

⑤ 危害巨大，严重影响施工工期或线路运营，而且整治费用高昂。

由于隧道施工中围岩大变形事故频发，已经引起了人们广泛的关注，国际岩石力学学会还为此成立了一个专门的工作小组。受到 Terzaghi 思想的影响，一般把大变形的机制分为以下两大类：

① 开挖形成的应力重分布超过围岩强度而发生塑性化，如果变形缓慢就属于挤出，否则就是岩爆，挤出主要取决于岩石的强度和地应力的大小。

② 岩石中的某些矿物和水反应而发生膨胀。水及某些膨胀性矿物的存在，对于膨胀变形是必须的。

深埋长大隧道往往穿越大量断裂带，隧道开挖洞径大，埋深大，存在原始高地应力，当岩石强度较弱时，极有可能发生挤压塑性变形。

（4）断层

对于隧道建设而言，断层与隧道的涌水问题、围岩稳定性问题密切相关。涌水和突水问题是隧道的主要工程地质问题，沿断层带涌水是隧道涌水的主要来源，断层带的涌水问题主要决定于断层带的导水性和富水性，隧道穿越断裂带及其影响带时可能存在涌水。

影响隧道稳定性的主要因素是岩体的完整程度、结构面状态和岩石强度，断层对隧道围岩的影响主要是破坏岩体完整性，改变岩石结构特征。发育于以砂岩为主的地层中的断层在挤压作用下，断层带岩体破碎，岩体结构呈碎裂结构或镶嵌碎裂结构，对岩石强度影响不大；以板岩为主的地层中断层带岩体多呈碎块状结构，板岩由于受断层的挤压作用，辟理发育，成碳化现象，降低了板岩强度。

活动断层易发生地震，断层的活动往往导致错动变形，并破坏隧道的支护，导致隧道工程失效。

（5）高地应力与岩爆

岩爆多发生在深度大于 200～250m 的洞室中，本质是在一定地质条件下，围岩弹性应变能的迅速集中然后突然释放的过程。

我国西南地区隧道埋深往往很大，如某隧道上覆岩体厚度为 500～800m，部分地段最大厚度达 1100m。隧道的围岩主要为三叠系浅变质砂板岩，局部洞段为脆性中生代花岗岩、花岗闪长岩。这些坚硬的、脆性岩体具备了储存高能量的条件，并且部分洞段将穿越高应力区，洞室不可避免地受到高应力及岩爆的威胁。岩爆将会严重威胁施工人员及设备的安全、影响施工进度，而且还会造成超挖、初期支护失效，严重时还会诱发地震。岩爆产生条件如下：

1）地应力状态

岩爆在一定地应力环境中发生，高地应力产生强岩爆。如某工程，根据水压致裂应力测量结果，在测量深度内，最大水平主应力值为 10～11MPa，最小水平主应力值为 6～7MPa，在测量深度内（140～150m），调水区 3 各应力之间的关系表现为：$\sigma_{Hmax} > \sigma_{Hmin} > \sigma_v$，水平主应力占主导，且 σ_{Hmax}/σ_v 较大，属于构造影响强烈地区。而根据应力回归分析，隧道大部分地段应力水平在 20MPa 以上，属于高地应力。

2）围岩属性

① 岩石性质

发生岩爆的岩石多为干燥、完整、性脆的岩石，一般应满足 $UCS > 80MPa$（至少 $UCS > 60MPa$）。

② 岩层组合

软岩或软弱岩体因塑性变形大，不易导致应力集中而发生岩爆，软硬相间的岩层组合关系的地层中，岩爆也不产生或较少产生，只会出现蠕变现象，发生岩爆的岩层岩体往往比较完整、坚硬。

③ 岩体结构

Ⅰ、Ⅱ类围岩，岩体中结构面较少，岩体结构对弹性应变能的储存具有控制作用，有利于弹性应变能的储存；Ⅲ类以下围岩多以塑性变形为主，储存能力较差。当结构面与最大主应力夹角 $\beta = 0° \sim 30°$ 时，储存能量较大；$\beta = 30° \sim 45°$ 时，储存能量较少，常产生剪切滑移；$\beta > 45°$ 时，易产生塑性变形，储存能力弱，即使发生岩爆，烈度也不高。

3）外来诱发

外来附加因素，如机械开挖、爆破及围岩的局部破裂等造成的弹性震荡，都可能诱发岩爆。此外，地下水对地应力、围岩属性、外来诱发因素的影响不容忽视，而地下水的存在往往会降低岩爆的发生概率。

某隧道围岩岩性主要为三叠系的砂板岩，局部为中生代花岗岩、花岗闪长岩；隧道埋深一般为 300～600m，最大埋深为 1100m。

砂岩的干单轴抗压强度为 35～313MPa，平均 120MPa，饱和单轴抗压强度为 31～269MPa，平均为 82MPa，属坚硬岩。板岩的干单轴抗压强度为 22～92MPa，平均 50MPa，饱和单轴抗压强度为 12～52MPa，平均为 28MPa，属较软岩～较硬岩。

地应力特征，根据数值回归分析，最大主应力在 10～30MPa 之间，部分线路达到 40MPa，处于高地应力区。

围岩类别，该隧道Ⅱ类围岩约占 25%，Ⅲ类围岩约占 64%，Ⅳ～Ⅴ类约占 11%。

因此，对于围岩为板岩岩组、板岩夹砂岩岩组的洞段，由于板岩单轴饱和抗压强度小于 60MPa，且板岩岩体塑性变形大，不易导致应力集中而发生岩爆。对于砂板岩互层岩组，由于能量被较软弱的板岩岩层永久变形消耗，也不易发生岩爆。对于Ⅳ类围岩及碎裂岩岩组为主的Ⅴ类围岩的洞段，往往是应力释放地段，发生岩爆的可能性也较小。

对于围岩为岩浆岩组、砂岩岩组和砂岩夹板岩岩组且围岩类别为Ⅱ、Ⅲ类的隧道洞段，具有发生岩爆的条件。特别是埋深在 300m 以下，地应力很高，大于 15MPa，易发生岩爆。对于围岩为层状的砂岩和板岩，裂隙较发育，裂隙水普遍存在，降低了弹性应变能，岩爆级别也要降低。

根据现有岩爆预测方法，分别采用岩体分级标准判别法、Russenes 岩爆判别法、Turchaninov 岩爆判别法、Hoek 岩爆判别法等进行预测，在 300m 以下，无岩爆，大于 300m，强度在弱～中岩爆之间。

（6）高地温

随着隧道施工技术不断进步，隧道建设逐渐向长大深埋发展，高地温病害也逐渐成为隧道工程的一大难题，高地温对隧道工程的不利影响主要表现在：恶化施工作业环境，降低劳动生产率，并严重威胁到施工人员的健康和安全。影响到施工及建筑材料的选取，如耐高温炸药、止水带、排水盲管及防水板等。产生的附加温度应力还可能引起衬砌开裂，对衬砌结构的安全及耐久性不利。隧道内的高温高湿将导致机械设备的工作条件恶化、效率降低、故障增多。隧道建成运营后，由于洞内温度过高，将造成隧道养护维修困难，从而可能导致运营成本大幅提高。

（7）有害气体

深埋长大隧道以其延伸长、埋深大，穿越的地质条件复杂，在施工过程中常遇到一系列特殊的地质灾害问题，其中有害气体作为深埋长隧道地质灾害问题之一，也越来越多地受到人们的关注。

（8）低气压、高寒、缺氧风险

在高原地区施工隧道，由于氧分压低，会使人体组织的损害和器官功能性改变。人体缺氧，会造成颅内压轻度增大，脑组织代谢障碍，大脑皮层功能失调，呼吸心跳加快，消化腺分泌减少，胃肠功能减弱。长期慢性缺氧还会引起神经体液及内分泌功能紊乱，局部胃粘膜缺血性改变等，极严重的缺氧，可使人体呼吸减弱，甚至停滞。高原对人的身心健康、劳动能力影响非常明显，与平原相比，人的劳动能力在海拔 3000m 处下降 29.2%，在海拔 4000m 处下降 39.7%。

人在高原劳动生产过程中，会产生劳动心理卫生问题。生产活动中劳动者的主要心理卫生是情绪问题，常见的情绪障碍有紧张疲劳、单调感。由此，建立健全医疗卫生体系，加强保健措施解决高寒缺氧条件下施工的医疗保健问题，切实保障建设者的身体健康十分重要。

恶劣的自然条件会对机械效率和设备性能等产生不利影响。在海拔 4000m 以上施工的各类机械，发动机功率、牵引特性、加速及爬坡性能、小时作业率下降很多，并存在燃烧不充分而产生积炭、加速磨损、排放严重超标等隐患。据测试表明：海拔 4000m 以上，柴油机功率带增压装置时下降 30%，不带增压装置时下降 50% 以上；空气滤清器性能下降，使用寿命缩短；燃烧室积炭严重，工作周期缩短。特殊条件会引起设备性能改变，使得机械设备金属材质的冷脆性增加，密封件及橡胶管件的耐久性、抗破损性降低，传动油和润滑油黏性增加。电器产品适应性降低，电量电压减小，外绝缘强度降低；产品散热能力下降；以自由空气为灭弧介质的电器开关产品通断能力和电器寿命受到一定的影响。由于昼夜温差大可能引起密封件加速老化及机械结构变形或开裂；辐射强度大易引起室外电器产品的温度增高，致使有机绝缘材料和涂料等加速老化，缩短使用寿命。还要解决低温启动及对液压系统、冷却系统、制动系统、电力系统的影响。

因此，针对低气压、高寒、缺氧的特殊地理环境，隧道施工遇到极大挑战，应针对此种工程条件，采取合理的施工方法，避免发生风险。

（9）通风风险

通风技术是保障隧道施工、营运安全的基础。随着我国基础设施建设的快速发展，长度超过 3000m 的特长隧道大量出现。由于稀释特长隧道内的有害气体比较困难，所以特长隧道建设中面临的首要问题便是隧道的通风问题。复杂的特长隧道通风系统不仅使隧道工程造价急剧增加，而且隧道运营费用也大幅上升。我国秦岭终南山特长公路隧道（L＝18020m），仅通风竖井就有三座，其通风设施的规模在国际上也名列前茅。

通风系统通风效果的好坏对隧道施工影响较大，如果通风不能满足稀释含有害气体和粉尘空气的要求，作业人员将处于不利的环境中作业。因此在特长隧道施工在通风模式、通风方式、系统设计和通风布置方案等方面都面临极大挑战，如果选用技术不当，将给工程带来不可估量的损失。

（10）TBM 选型

无论是从工程的安全性，还是工期和建设费用角度，TBM 选型在隧道掘进中都起到非常重要的作用，因此应当慎重进行 TBM 选型。

在 TBM 隧道施工前，应合理对掘进机设备进行选型。选型主要是开敞式掘进机与护盾式掘进机之间的选择，同类掘进机之间结构、参数的比较、选择。选型应遵循下列原则：①安全性、可靠性、先进性、经济性相统一；②满足隧道外径、长度、埋深和地质条件、沿线地形以及洞口条件等环境条件；③满足安全、质量、工期、造价及环保要求；④后配套设备与主机配套，满足生产能力与主机掘进速度的要求，工作状态相适应，且能耗小、效率高，同时应具有施工安全、结构简单、布置合理和易于维护保养的特点。进入隧道的机械，其动力宜优先选择电力机械。

TBM 选型应包括三方面内容：长隧道采用钻爆法施工与采用 TBM 法施工之间的选择；支撑式（开敞式）TBM 与护盾 TBM 之间的选择；同类 TBM 之间结构、参数比较选型。以上三方面内容在 TBM 选型时并非是截然分隔，往往在最初阶段对采用钻爆法施工与采用 TBM 法施工之间的选择时，同时就考虑了支撑式 TBM 与护盾 TBM 之间的选择和同类TBM 之间结构、参数比较选型，进入阶段不同考虑深度也就逐步深入。

① 钻爆法施工与 TBM 法施工之间的选择

从 TBM 法与钻爆法的相互特点比较中从优选择；从工程地质与水文地质、地形与地貌、隧道设计、工程特征及资金筹集等方面综合分析比较后选择。对不宜采用 TBM 法施工的工程要尽量避免盲目采用，以免决策失误而造成无法弥补的巨大损失。

慎用或不宜采用 TBM 法：非圆形断面隧道，除非 TBM 带有特殊可靠的辅助开挖装置，一般不宜采用；

无法筹集到购买 TBM 及后配套设备的高昂资金；

签订 TBM 采购订单到设备运到工地的间隔时间一般一年左右，对急于开工的隧道工程，时间上赶不及使用 TBM 的则无法采用；

对 1km 以下短洞采用 TBM 法，TBM 及后配套一次性投入费用昂贵，对短洞群频繁装拆转移工地也很不经济，应慎用；

工程地质与水文地质条件极差，如溶洞多又大，断层多又宽，渗水、涌水、泥石流，长距离破碎带等组合岩层，采用 TBM 法的风险极大时，应慎用 TBM 法。

② 支撑式 TBM 与护盾 TBM 之间的选择

当长隧道施工方法在 TBM 法与钻爆法两者之间已确定采用 TBM 法后，下一步就要选择哪一类 TBM，TBM 可分为支撑式、单护盾式、双护盾式和扩孔式等，单护盾式和扩孔式 TBM 国内尚未被采用，对其了解也少。

支撑式 TBM 适用范围：

支撑式 TBM 适用于岩石整体较完整，有较好的自稳性，因此支撑式 TBM 只需要有顶护盾就可以进行安全施工。如遇有局部不稳定的围岩，由 TBM 所附带的辅助设备，可打锚杆、加钢丝网、喷混凝土、架圈梁等方法加固，以保持洞壁稳定；当遇到局部地段特软围岩及破碎带，则 TBM 可由所附带的超前钻及灌浆设备，预先固结前方上部周边一圈岩石，待围岩强度达到能自稳后，然后再进行安全掘进；掘进过程可直接观测到洞壁岩性变化，便于地质图描绘。永久性的衬砌待全线贯通后集中进行。

单护盾 TBM 适用范围：

当隧道以软弱围岩为主，抗压强度较低时，适用于护盾式，但如果采用双护盾，护盾盾体相对于单护盾长，而且大多数情况下都采用单模工作，无法发挥双护盾的作业优势。单护盾盾体短，更能快速通过挤压收敛地层段；从经济角度看单护盾比双护盾便宜，可以节约施工成本。所以这种地质情况，宜采用单护盾 TBM。

双护盾 TBM 适用范围：

双护盾 TBM 是在 20 世纪 70 年代在支撑式 TBM、单护盾 TBM 及盾构机的基础上发展起来的，主要适应于通过复杂岩层，人员及设备在护盾的保护下进行工作，安全性也较支撑式 TBM 为好。当岩石软硬兼有，又有断层及破碎带，此时双护盾 TBM 能充分发挥其优势，遇软岩时，软岩又不能承受支撑板的压应力，则可由盾尾副推进液压缸支撑在已拼装的预制衬砌管片上以推进刀盘破岩前进；遇硬岩时，则靠支撑板撑紧洞壁，由主推进液压缸推进刀盘破岩前进。预制钢筋混凝土衬砌管片在盾尾的保护下，由管片拼装机进行拼装，实现边掘进边衬砌，隧道贯通衬砌也完成，不过掘进与衬砌是交替进行，不能同时并举；这种边掘进边衬砌见不到洞壁岩性的变化，不能进行地质图描绘。

③ 同类 TBM 之间结构、参数比较选型

当支撑式 TBM 与双护盾 TBM 之间已经确定采用一种 TBM 类型后，下一步就要进行同一类不同品牌的 TBM 结构比较及特征分析，根据工程地质与水文地质条件、隧道设计和工程特征确定 TBM 结构及主要参数。

(11) 地震震害问题

深埋长大隧道所在工程区往往地震活动比较强烈，震中常沿断层分布，如果该地区断层较多，活断层处地震往往威胁工程的安全。活断层对工程的影响主要是震动引起的破坏和由错动造成的破坏，对于深埋长大隧道来说，由于埋深较大，震动引起的破坏较小，断层对隧道的主要影响是断层错动造成的隧道错动破坏。较缓慢的断层错动可以采用柔性支护解决，而比较突然的错动破坏力极强，目前仍未有可靠的方法处理。

2.8　隧道破坏对 TBM 施工的影响

根据锦屏二级引水隧道和辽宁大伙房引水隧道 TBM 施工经验，隧道施工中对 TBM 影响最大的主要是：断层破碎带及节理密集带变形破坏引起的掉块、坍塌；高地应力引起的岩爆，主要形式为剥落、松脱、弹射；还有部分地段的涌突水问题。

归纳起来，对 TBM 施工的影响有：隧道本身的损害、施工机械的损毁、人员伤亡、工期延误以及与之相应的经济损失。

锦屏二级 1 号引水隧道在施工过程中遇到坍塌，导致支护钢拱架扭曲成麻花状，有的甚至折断，TBM 被迫停止掘进，图 2.8-1 为现场拍摄照片，图 2.8-2 为钢拱架被折断时现场的照片。

另外涌水也会对工程造成一定影响，图 2.8-3 为锦屏 3 号隧道一涌水点情况。

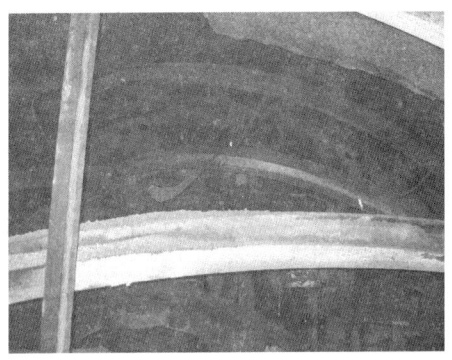

图 2.8-1　围岩破坏对 TBM 施工的影响

图 2.8-2　钢拱架被折断

图 2.8-3　锦屏 3 号引水隧道发生涌水

当涌水量较小时，TBM 能够顺利进行，锦屏隧道的研究表明，涌水初期均携带有大量砂黏土，造成洞内淤积，对工程影响较大的是高外水压力对隧道稳定和施工的影响。

2.9　本章小结

　　风险识别是风险分析与管理的第一步，本章主要对深埋长大隧道施工风险进行识别，分析其发生机理。给出了深埋长大隧道施工风险的定义，研究了隧道施工风险的来源。通过收集整理国内外隧道施工灾害，初步识别出了深埋长大隧道施工主要风险。提出了基于工程类比—故障树—层次分析的风险识别模型，并将其应用于工程实际，进行了详细的风险识别，列出了风险识别清单。

第3章　深埋长大隧道施工风险估计研究

3.1　引言

　　第2章分析了深埋长大隧道施工主要风险，可以认为是风险分析的第一步，即风险识别，在风险识别的基础上，可以对识别出的风险进行概率估计和损失估计，目前对于风险率研究，很多方法已经比较成熟，在岩土工程中得到了大量应用，而风险损失的研究，多倾向于定性研究，精确的定量研究还处于起步阶段。深埋长大隧道是一个比较复杂的系统，要对整个系统进行直接的风险分析几乎是不可能的，需要将其分解，分别计算各分项失事模式的风险，再综合分析此串并联系统的风险。由于风险分析包括失效概率和风险损失，考虑到系统的复杂性，将风险率计算和风险损失计算分开研究，而风险损失往往难以进行准确估计，故主要研究侧重于系统失效概率的研究，对风险损失提出了基于 TBM 施工的风险损失计算综合模型。

　　风险估计是对工程项目各个阶段风险事件发生可能性大小、可能出现后果、可能发生时间和影响范围的大小等进行估计。风险估计的作用是为整个工程项目，风险或某一类风险提供基础，并进一步为风险评价、风险应对措施和进行风险监控提供依据。风险估计的过程是：①收集和风险事件相关的数据和资料；②以取得的有关风险事件的数据资料为基础，对风险事件发生可能性和可能结果给出明确的量化的描述，即风险模型；③风险模型建立后，采用适当方法估计每一个风险事件发生概率和可能造成的后果。

　　风险分析方法主要有定性和定量两大类，本研究采用定性与定量相结合。采用定量分析的有：隧道施工时涌水风险概率分析；隧道施工时岩爆风险概率分析；隧道施工 TBM 被困风险概率分析；板裂结构围岩破坏风险概率分析；软岩挤压变形破坏风险概率分析；基于模糊概率的深埋隧道风险概率计算模型。采用定性方法有：高地温、有害气体、塌方、通风、

TBM 选型、地震等风险因子。

3.2　风险率计算模型构建基本理论

工程结构的可靠度通常受各种作用效应、材料性能、结构几何参数、计算模式准确程度等诸多因素影响。在进行结构可靠度分析时，针对所要求的结构各种功能，把有关因素作为随机变量来 X_1，X_2，$\cdots X_n$ 考虑，则结构功能函数为

$$Z=g(X_1,X_2,\cdots X_n) \tag{3.1}$$

若将作用的随机变量组合成荷载效应 S，抗力方面的随机变量组合成抗力 R，则结构的功能函数为

$$Z=R-S \tag{3.2}$$

功能函数有三种情况：

$Z=R-S>0$　结构处于可靠状态；

$Z=R-S=0$　结构处于极限状态；

$Z=R-S<0$　结构处于失效状态。

只要对作用效应和结构抗力赋予不同的意义，各类极限状态方程可用通式

$$Z=g(X_1,X_2,\cdots X_n)=0 \tag{3.3}$$

表示。

如果结构抗力 R 小于荷载效应 S，则结构失效，其失效概率为

$$P_f = P(R-S<0) = \iint\limits_{Z<0} f_{R,S}(r,s)drds \tag{3.4}$$

式中：$f_{R,S}(r,s)$ 是荷载 S 和抗力 R 的联合概率密度函数。

由全概率公式得

$$f_{R,S}(r,s)=f_R(r|s)f_S(s) \tag{3.5}$$

式中：$f_R(r|s)$ 为抗力 R 的条件概率密度函数；$f_S(s)$ 为荷载 S 概率密度函数。

将式（3.5）代入式（3.4）可得

$$P_f = P(Z<0) = \iint\limits_{Z<0} f_R(r|s)f_S(s)drds$$

$$= \int_{-\infty}^{\infty} \left(\int_{0}^{S} f_R(r \mid s) dr \right) f_S ds$$

$$= \int_{-\infty}^{\infty} F_R(s) f_S(s) ds \qquad (3.6)$$

式中：$F_R(s) = \int_{-\infty}^{S} f_R(r \mid s) dr$ 为抗力 R 相对于条件 S 的条件概率分布函数。

实际上，直接根据式（3.6）积分去求失效概率是比较困难的，工程中常采用其他方法进行求解，如 JC 法，Monte Carlo 法等。由于失效模式众多，每一种失效模式所涉及的随机变量不同，故可以根据不同失效模式，分别建立功能函数模型。

深埋长大隧道一个比较典型的特点是隧道长，如秦岭隧道，最大洞段长达 18km，因此可以将深埋长隧道视为平面应变问题，将隧道分为不同单元，研究单元洞段分项失事风险率，通过建立合适的风险分析数学模型来研究其失事风险。

3.3 隧道施工时涌水风险概率分析

1. 概述

涌水是隧道施工过程中最常见的地质灾害之一。据不完全统计，在我国 1996 年以前建成运营的 4800 余座铁路隧道中，约 1/3 发生过涌水问题，并且有的涌水问题相当突出，因此涌水预测研究非常必要。

在隧道初步（预）设计阶段，由于没有隧道排水量的实际观测资料，可以采用解析法、经验解析法、数值试算流量法和工程类比法进行计算；而在隧道施工后，可采用数据拟合和外推方法（时间序列分析方法、灰色理论方法、模糊数学方法、神经网络方法等）计算涌水量。本部分研究施工前的涌水量预测，几十年来，国内外学者提出了许多涌水量预测模型和方法，但是无论采用哪种方法，影响涌水最重要的因素是岩体的渗透性。目前确定岩体渗透系数主要有三种方法：野外几何测量方法（或统计学方法）、野外压水试验方法以及数学模型反演法。野外测量误差较大；单孔压水试验钻孔有时揭露裂隙会过少，结果受到很大影响；数学模型反演法准确性很难保证。考虑到各方法的缺陷，本部分采用平硐裂隙测量和单孔压水试验相结合，且考虑试验数据的随机性来确定岩体的渗透系数。

2. 岩体渗透系数 K 的估计

单孔压水试验是一种在钻孔中进行的岩体原位渗透试验，借用水柱自重压力或使用机械（泵）压力，将水压入到钻孔内岩壁四周裂隙中，然后在一定条件下测定单位时间内压入水量的多少来衡量岩体的渗透性。根据压水试验可以通过下式计算试验段渗透系数 K：

$$K = \frac{Q}{2\pi HL}\ln\left(1.32\frac{L}{r}\right) \tag{3.7}$$

式中：K——渗透系数（m/d）；

　　　Q——压入流量（m^3/d）；

　　　r——钻孔半径（m）；

　　　L——试验段长度（m）；

　　　H——试验水头（m）。

采用（3.7）计算的渗透系数是假设岩石介质是均质的、各向同性的。当岩体中裂隙的产状分布较为均匀时，这时采用压水试验结果计算的渗透率可以较好地反映岩体的等效渗透率；一般来说，岩体中的裂隙分布都是很不均匀的。垂直钻孔中的加堵塞压水试验几乎完全受水平渗透率的影响，因此如果岩体的实际垂直渗透率偏小，此时用垂直钻孔试验结果代替整体岩体等效渗透率显然是偏大的。Bhaskar.B.T 通过现场试验分析指出，采用钻孔压水试验结果预测的涌水量与实测值存在差异的主要原因是钻孔方向与隧道走向的不同。现实工程中通常采用垂直钻孔试验来预测水平隧道的涌水量，因此预测效果不佳可能也是上述原因。当采用钻孔的方向与隧道走向一致时可以减小试验值与实际值的差异。工程中通常采用垂直钻孔试验，对于各向异性岩体，采用这样的结果去预测水平走向隧道的涌水量偏差会较大，需要进行改进。这里采用平硐裂隙测量对压水试验结果进行改进，采用下述的方法要假定裂隙测量时，各组裂隙几何要素测量的误差是一致的，而这一假定在理论上是成立的。

通过裂隙面单位长度的流量 q_w 为：

$$q_w = \frac{\gamma b^3}{12\mu} \cdot J_f \tag{3.8}$$

式中：γ 为水的容重；b 为裂隙结构面宽度；J_f 为沿裂隙面方向的水力坡降；μ 为地下水的动力黏滞系数，与液体的种类有关。

垂直钻孔无法揭露垂直方向裂隙，而水平钻孔无法揭露水平方向裂隙，因此将垂直钻孔试验结果转化为水平试验结果的焦点问题是裂隙与钻孔的夹角问题。

公式（3.8）是通过裂隙单位长度流量的计算公式，对同一条裂隙来说，单位长度的流量只与沿裂隙面方向的水力坡降 J_f 有关。水力坡降 J_f 为初始水头与最终水头之差与水流沿裂隙的流程的比值；勘探中的钻孔压水试验只影响钻孔相邻岩体很小的体积，可以认为裂隙长度超过这一影响范围。

通过上面思想可以把垂直钻孔的压水试验结果近似转化为与隧道走向接近的水平钻孔试验结果。设共有 N 组裂隙，裂隙宽度为 b_i，裂隙密度为 S_i，裂隙与钻孔夹角 α_i。

设转化系数为 η，则

$$\eta = \frac{\sum_{i=1}^{N} (b_i \cos\alpha_N)^3 S_i}{\sum_{i=1}^{N} (b_i \sin\alpha_N)^3 S_i} \tag{3.9}$$

由于 η 是一个比值，因此裂隙调查中只要能保证对各组裂隙几何要素的测量误差一致即可保证 η 的恒定不变。田开铭等在推导压水试验校正系数法时也是基于此假定，并认为这一假定理论上是成立的。基于此，可以认为 η 的稳定性是可以保证的。

压水试验时通常采用透水率 q 来评价岩体渗透性，即：

$$q = \frac{Q}{LP} \tag{3.10}$$

式中：Q 单位为 L/min，L 单位为 m，P 单位为 MPa 时透水率单位为 Lu，因此 1Lu 意义为 1MPa 压力下单位长度的试验段经过 1min 后压入的水量为 1L，经过换算后可以转化为每天的流量（m³/d）。

把垂直钻孔结果转化为水平的透水率，则 q' 计算公式如下：

$$q' = \eta \frac{Q}{LP} = \eta q \tag{3.11}$$

一般涌水预测中根据地下水位埋深和隧道埋深，以地下水位埋深到隧道埋深范围内的渗透系数平均值作为各洞段的计算渗透系数。隧道埋深较浅，渗透系数垂直变化可以忽略，即可以采用上述平均方法，但是当埋深达到数百米时，含水层渗透系数的变化就不能忽略。因此应该根据埋深对地层在垂直方向进行分层，原则上可以如下分层：

$q' \geqslant 100$　为强透水岩层；

$10 \leqslant q' < 100$　为中等透水岩层；

$1 \leqslant q' < 10$　为微透水岩层；

$q' < 1$　　　为极微透水岩层。

压水试验获得是岩体的透水率，可以通过固定的换算关系求出对应的 K 值。下面推导试验流量 $Q(\mathrm{m^3/d})$ 与透水率 $q(\mathrm{Lu})$ 之间的关系：

$$Q = q \cdot 24 \cdot 60 \cdot 0.001 \cdot LH/100$$
$$= 1.44qLH/100 \tag{3.12}$$

则 $K = Bq$，其中 $B = 0.0023\ln(1.32L/r)$，则由 （3.7）、 （3.9）、 （3.11） 可以得到转化后的渗透系数 K' 为：

$$K' = \eta K \tag{3.13}$$

考虑到地层中渗透性的不确定性，因此将每层的转化后的渗透系数均看作随机变量。由于现场压水试验次数有限，很难根据每层的压水试验数据拟合理论概率分布函数，因此这里采用经验概率分布函数对每层的渗透系数进行估计。

建立经验分布函数的方法很多，常用的有阶梯形经验分布函数和逐段线性连续经验分布函数。采用阶梯形经验分布函数时，首先对每层已有的原始数据 x_1，x_2，$\cdots$，x_n，按递增方式排列、编号，即 $x_1 \leqslant x_2 \leqslant \cdots \leqslant x_n$，经验分布函数为：

$$F_n(x) = \begin{cases} 0, x \leqslant x_i \\ \dfrac{i}{n}, x_i < x \leqslant x_{i+1} \\ 1, x > x_n \end{cases} \tag{3.14}$$

阶梯形经验分布函数示意图见图 3.3-1。

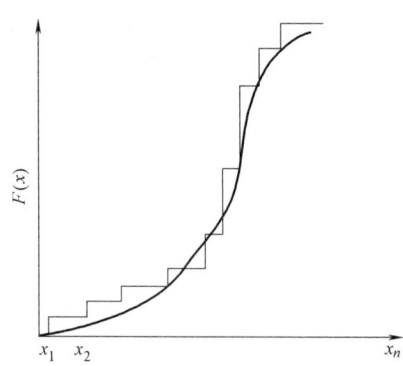

图 3.3-1　阶梯形经验分布函数

设隧道与水位之间各层的渗透系数分别为 k_1'，k_2'，k_3'，k_4'，k_i' 为随机变量，则等效的渗透系数为：

$$\overset{\cdots}{K}=\frac{M_1+M_2+M_3+M_4}{\dfrac{M_1}{k_1'}+\dfrac{M_2}{k_2'}+\dfrac{M_3}{k_3'}+\dfrac{M_4}{k_4'}} \tag{3.15}$$

以上 k_i' 均为随机变量，可认为是相互独立的，确定了各自的经验密度函数后，可以通过 Monte Carlo 对每个 k_i' 进行模拟，产生相互独立的随机序列，随机数列产生过程如图 3.3-2；最后利用式（3.15）确定 $\overset{\cdots}{K}$ 的值。

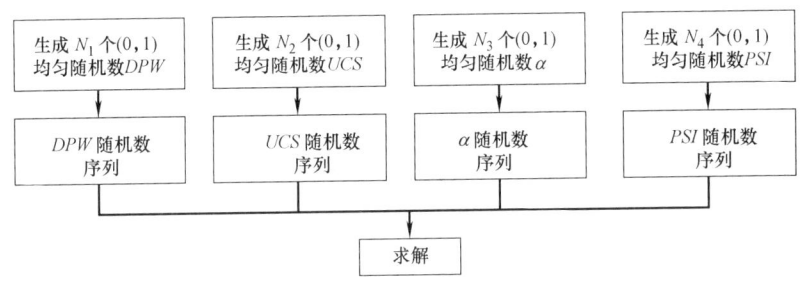

图 3.3-2　Monte Carlo 法取样过程

如果隧道的埋深很深，钻孔无法到达，就要对未钻到的位置进行预测，Snow 根据压水试验提出了以下经验公式：

$$\lg K_s=a+b\lg z \tag{3.16}$$

上式中 a、b 为待定系数，z 为埋深。待定系数可以通过现场试验进行回归。确定各个埋深的渗透系数后，再根据上述方法进行确定最终的等效渗透系数。

因此可以先通过式（3.14）预测出钻孔未钻到的深处的渗透系数，然后再进行转化。设压水试验计算出的渗透系数为 K 与公式计算的 K_s 的差值平方即残差平方为 e，则：

$$e=(\lg K-\lg K_s)^2=(\lg K-a-b\lg z)^2 \tag{3.17}$$

根据最小二乘法对上式中的 a、b 进行估计，采用微积分求极值方法，a、b 应满足以下方程组：

$$\begin{cases}\dfrac{\partial e}{\partial a}=-2\sum_{i=1}^{n}(\lg K_i-a-b\lg z_i)=0\\[3mm]\dfrac{\partial e}{\partial b}=-2\sum_{i=1}^{n}(\lg K_i-a-b\lg z_i)\lg z_i=0\end{cases} \tag{3.18}$$

设：

$$\frac{1}{n}\sum_{i=1}^{n}\lg K_i = y \qquad \frac{1}{n}\sum_{i=1}^{n}\lg z_i = x$$

$$\sum_{i=1}^{n}(\lg K_i \cdot \lg z_i) = \lambda \qquad \sum_{i=1}^{n}(\lg z_i)^2 = \rho$$

则：

$$a = y - bx, b = \frac{\lambda - nyx}{\rho - nx^2} \tag{3.19}$$

根据式（3.19）求出 a、b，然后代入式（3.16）即可预测相应深度的渗透系数，最后再用式（3.13）计算等效后的渗透系数。

3. 涌水量概率风险分析

计算隧道涌水量可以分为：初期最大涌水量、经常涌水量，每种都有各自的计算方法，这里采用可靠度理论计算概率问题，鉴于理论原理是一样的，可以选其中一个进行阐述，但实际应用中可以采用多种方法比较计算。下面以计算初期最大涌水量为例。

初期涌水量计算最常用方法大岛洋志公式：

$$Q_0 = 2\pi \overset{\cdots}{K}\ \frac{m(H-r_0)}{\ln\dfrac{4(H-r_0)}{d}} \tag{3.20}$$

式中：Q_0 为隧道单位长度最大涌水量（$\mathrm{m^3/d}$）；K 为岩体的渗透系数（$\mathrm{m/d}$）；H 为含水层中原始静水位至隧道底板的距离；r_0 为隧道横断面的等效圆半径；d 为隧道横断面的等效圆直径；m 为转化系数，一般取 0.86。

设 Q_d 为某一涌数量等级数值（$\mathrm{m^3/d}$），计算中 H 当定值处理。

设 $Z = R - S = Q_d - Q_0$，则初期涌水量大于 Q_d 的概率为：

$$P_f = P\{Z < 0\} = \int_{Q_d}^{+\infty} f(s)ds \tag{3.21}$$

上式中随机变量 s 表示初期涌水量。公式（3.20）中，只有渗透系数 $\overset{\cdots}{K}$ 为随机变量，其他量均是确定的量，故公式（3.20）可写成：

$$Q_0 = \overset{\cdots}{K} A$$

式中：$A = 2\pi \dfrac{m(H-r_0)}{\ln\dfrac{4(H-r_0)}{d}}$

设渗透系数的概率密度函数为 $f_{\overset{\cdots}{K}}(\overset{\cdots}{k})$，则初始涌水量 Q_0 概率密度函数为：

$$f_{Q_0}(q_0) = \frac{1}{A} f_{\ddot{\text{K}}}\left(\frac{q_0}{A}\right) \tag{3.22}$$

式（3.21）可变为：

$$P_f = P\{Z < 0\} = \int_{Q_d}^{+\infty} \frac{1}{A} f_{\ddot{\text{K}}}\left(\frac{q_0}{A}\right) dq_0 \tag{3.23}$$

如果式（3.23）中被积函数较复杂，不能直接进行积分，则可求其数值解。

4. 某深埋隧道涌水风险分析

某隧道 T3lh² 岩组段（两河口组二段），为砂板岩互层，现场实测泉点 3 个，最大高程 3900m，最低 3840m。该处洞室埋深大约为 3600m，洞径为 9.6m。该段砂板互层岩体内压水试验段数为 71 段，最大值 Lu 值为 18，最小为 0.1，平均值为 5.7，属于微弱透水岩层，取 $\eta=1$。假设 Lu 值服从截尾正态分布，下面采用大岛洋志公式估计该段隧道的初期最大涌水量。公式中 H 取为 260m，该隧道拟采用 TBM 施工，考虑到超挖或管片衬砌的厚度，公式中洞径取 10m，试验段长度取 5m，钻孔半径为 0.3m。采用 Monte-Carlo 模拟 5000 次，根据计算结果绘制涌水量柱状分布图和涌水量超越概率图，见图 3.3-3 和图 3.3-4。

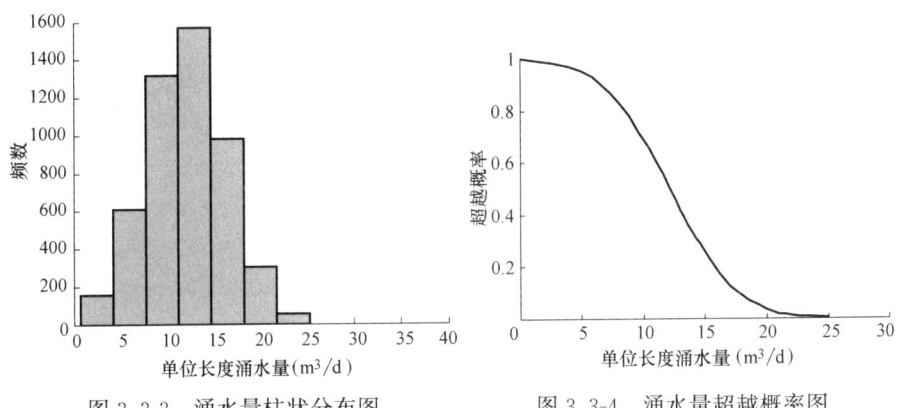

图 3.3-3　涌水量柱状分布图　　　　图 3.3-4　涌水量超越概率图

3.4　隧道施工时岩爆风险概率分析

1. 概述

岩爆灾害是深埋长大隧道在高地应力下开挖过程中经常遇到的问题，它往往发生在坚硬、完整、脆性的高弹性应变能的岩体中。随着我国经济的快速发展，在交通建设、水利水电工程建设、能源与矿产资源开发以及城市地下交通中，隧道和地下空间开挖越来越多，同时开挖深度也不断地向深处发展，由于这些工程大多埋深很大，大部分地区有高山覆盖，尤其是我国西部地区，为构造断裂带的高地应力区。所以，这些地下工程的围岩在开挖条件下，经常发生脆性开裂特别是岩爆等形式的破裂现象，对于长度不很大的中短、小型隧道，岩爆与其他灾害如涌水、瓦斯突出等相比，严重程度要小得多，而且由于范围小，只要采取适当防护措施，施工时还是比较容易进行的。如果深埋长大隧道发生普遍的岩爆，不仅会对施工安全构成威胁，而且造成超挖严重，极大影响造价和工期。

自 18 世纪 30 年代末英国锡矿岩爆被首次报道以来，世界范围内已有南非、中国、苏联、波兰、捷克、匈牙利、保加利亚、奥地利、美国、意大利、瑞典及挪威等数十个国家和地区记录有岩爆问题，其中以隧道工程及深井采矿业相对发达的瑞典、挪威、瑞士、奥地利及南非等国家的岩爆记录最多。近 20 多年来，我国天生桥水电站引水隧道、岷江太平驿电站引水隧道、锦屏水电站勘探平硐、二滩水电站引水隧道、西康铁路秦岭特长隧道Ⅱ线平导及川藏公路二郎山隧道等一大批长大隧道工程相继发生突发性严重岩爆，使得隧道施工防不胜防，并造成损机伤人的严重事故。岩爆灾害不仅严重威胁施工人员及设备的安全、影响施工进度，而且还会造成超挖、初期支护失效，严重时还会诱发地震，已经成为硬岩隧道勘测设计及施工组织中必须考虑的重要问题之一，并受到世界各国相关学者的广泛关注。

就岩爆发生的地点而言，一般都发生在地下深部 700m 以下，但也会发生在较浅或中深部高应力岩层中，欧洲煤矿在地表以下的 200～400m 即有岩爆发生，波兰煤矿冲击地压始发深度为 400m 左右。奥地利的东阿尔坝铅锌矿在 400m 深处就发生岩爆，苏联的金属矿山岩爆的始发深度在 180～400m 之间，印度的 Kolar 金矿在 150m 深处就发生过岩爆，南非的维特瓦尔斯兰金矿在开采深度不到 150m 的情况下就出现了岩爆。我国抚顺煤矿首次出现岩爆的埋深也只有 200m，天生桥二级电站引水隧道在埋深 200～250m 深处就发生多起较大的岩爆。岩爆不仅发生在地下开采矿山、浅层高应力隧道，且在露天矿边坡也会发生岩爆，如美国某大理石露天矿就发生过岩爆。

某工程引水隧道埋深大，隧道平均埋深为 500～600m，最大埋深为 1150m。隧道围岩主要为三叠系浅变质砂板岩，局部洞段为脆性中生代花岗岩、花岗闪长岩。这些坚硬的、脆性岩体具备了储存高能量的条件，并且部分洞段穿越高应力区。例如砂岩的干单轴抗压强度为 $47\sim155$MPa，平均 100MPa，饱和单轴抗压强度为 $30\sim117$MPa，平均为 65MPa，属坚硬岩。根据隧道应力分析，大部分围岩初始最大主应力在 20MPa 以上，部分线路达到 40MPa，处于高地应力区。在如此高的应力状态下进行隧道开挖，作为深部工程岩体主要组成部分之一的铁质或硅质胶结的砂岩类、结晶岩类在浅部状态时基本无变形，处于线弹性工作状态，在深部状态下表现为猛烈的岩爆和片帮破坏，隧道施工将面临严峻挑战。从岩石力学角度讲，深埋隧道开挖诱发的一个突出问题就是岩爆，岩爆问题实际上是脆性围岩的破坏问题，脆性围岩的破坏规模将决定施工的顺利与否，随着埋深的增加，岩爆问题将会更加突出。

岩爆发生的机理较为复杂，涉及地形、岩性、地下水、地应力场等方面。各国学者对岩爆形成的机理作了深入广泛的研究，由于岩爆现象很多，根据各种现象提出的岩爆机理，产生了各种岩爆理论，如强度理论、断裂理论、冲击倾向理论、统一失稳理论等，由于岩体本身的复杂性，加之岩爆是一种极为复杂的动力现象，人们对于岩爆的破坏过程还不清楚，关于岩爆的形成机理一直未能定论。

对于整体结构和层间结合良好的中厚层乃至薄层状岩层，隧道掘进时硬质脆性围岩往往能够保持长期自稳，不发生由于变形过大引起的失稳破坏，其最主要的危害是岩爆，而岩爆一般是沿微裂隙端部产生的脆性破裂。

2. 深埋隧道岩爆的定义、影响因素及危害

（1）岩爆的定义

岩爆是岩体具有高地应力的一种重要地质标志，是隧道开挖后来不及作初期支护或初期支护加固强度不够的情况下所发生的围岩失稳现象，一般二次衬砌完成后，较少再有岩爆现象发生，岩爆作为一种复杂的动力失稳现象，实质上是一种开挖卸荷条件下高地应力区地下洞室岩体自身积蓄的大量弹性应变能突然猛烈释放所造成的拉张脆性或张、剪脆性并存的急剧破裂或爆裂破坏灾害现象。

王兰生（2000）等认为尽管洞室开挖对围岩是一个卸荷过程，实际上是洞壁附近岩体引起法向应力降低和切向应力增高的应力分异过程，因而这一部分岩体的应力状态与低（或无）围压条件下轴向应力增高这种三向应力状态相当，并将岩爆烈度与岩石在三向应力条件下变形破坏全过程进行了对照，即轻微岩爆，岩石开始破裂阶段，主要表现为表面的压致拉裂；中等岩爆，岩石稳定破裂阶段，表现为浅表部楔形的压致剪切破裂；强烈岩爆，岩石不稳定破裂阶段，表现为一定深度的楔形、弧形压致剪切拉裂或弯曲鼓折，承受的压应力已超过岩石（体）的抗压强度，岩爆有向深处累进发展的趋势；剧烈岩爆，已接近或进入完全破坏阶段，表现为压致剪切或弯曲鼓折抛掷性破坏，并向深处发展。

广义岩爆作为一种多出现在完整硬岩中的隧道施工地质灾害，包括围岩的动力破坏（dynamic failure）和静力破坏（static failure），片剥（spall or slab）是静力破坏的基本形式，狭义的岩爆（rock burst）只包括围岩的动力破坏，岩爆通常破坏模式有岩石弹射、岩石冒落和岩石突出。

岩体在变形破坏过程中由于变形和破裂所消耗掉部分弹性能后，剩余能量转化为动能，并以岩体弹射或突然飞崩的形式释放，形成岩爆。发生岩爆时的主要特征可以归纳为以下 7 点：

① 围岩坚硬、质脆，岩爆岩石单轴抗压强度 R_b 大于 60MPa；

② 岩爆活动既不发生在非常完整的岩体中，也不发生在节理很发育的 IV、V 类围岩中，主要发生在 II、III 类围岩中，具有明显的岩体结构效应；

③ 岩爆洞段岩体表面较为干燥，有地下水存在或断裂部位不发生岩爆；

④ 掘进过程中，掌子面至 3 倍洞径范围内岩爆活动一般较为频繁，且多发生在断面周边不圆顺处及壁面凹凸不平处等洞室周壁应力易集中部位。距掌子面 3 倍洞径之外的范围，岩爆则逐渐减少；

⑤ 岩爆洞段的埋深可大可小，埋深不是判定岩爆发生与否的重要依据。例如，秦岭隧道埋深 77m 就有两次岩爆发生；

⑥ 岩爆发生的时间迟早不一，有的开挖爆破稍后就会发生，有的则要滞后若干时日或一个多月才会发生；

⑦ 岩爆随时间的延续有向深部累进性发展的特征，因而岩爆地段应及时采取合理有效的喷锚初期支护措施，否则后患无穷。

（2）岩爆的影响因素

岩爆是由围岩的岩体强度、岩层产状、围岩应力状态、变形特性、岩体构造环境、地下工程布置和施工工艺等多种因素综合作用的结果。其中最主要的几个因素是：地层岩性、地应力状态。

岩爆发生有两个基本条件：一是岩体处在能使其变形和破裂的高地应力场的作用之下；二是岩体本身要坚硬、完整且强度高，能储存高的弹性能。

① 地层岩性

由于硬岩的弹模、抗压强度和抗剪强度都很高，在受载过程中，其应力～应变曲线近似为直线型，塑性变形很小，主要表现为具有很明显的弹性变形特征，因此，在构造和结构改造过程中能储备很高的弹性应变能。一旦应力环境发生剧烈的改变，如地下工程开挖，储备在硬岩中的应变能就会释放出来，从而可能引发岩爆。而软岩的弹模、抗压强度和岩石内部 C、φ 值都低，在受载过程中，应力～应变曲线为非直线形，其变形包括弹性变形和大幅度的塑性变形，因此，在隧道施工过程中储备弹性应变能的能力很低。在这类岩体中，出现岩爆的概率很小。国内外的深埋长大隧道中很多岩爆均出现于坚硬脆性岩体中，岩爆多数发生在石英岩、花岗岩、正长岩、闪长岩、花岗闪长岩、大理岩、花斑状大理岩、片麻岩等脆性岩体中，即岩石达到峰值强度后岩石急剧断裂，可用岩石的脆性指数表示，岩石的脆性指数是岩石峰值强度前的总变形与永久变形之比，并且比值越大，脆性越高。

② 高地应力

依据《水力发电工程地质勘察规范》GB 50287—2016，附录 P 初始地应力划分标准，基于最大主应力和围岩强度应力比将岩体初始应力划分为 4 种，具体见表 3.4-1。

<table>
<tr><td colspan="3">岩体初始地应力的分级　　　　　　　　　　　　　　　　表 3.4-1</td></tr>
<tr><th>应力分级</th><th>最大主应力量级 σ_m（MPa）</th><th>围岩强度应力比 R_b/σ_m</th></tr>
<tr><td>极高地应力</td><td>$\sigma_m \geqslant 40$</td><td>＜2</td></tr>
<tr><td>高地应力</td><td>$20 \leqslant \sigma_m < 40$</td><td>2～4</td></tr>
<tr><td>中等地应力</td><td>$10 \leqslant \sigma_m < 20$</td><td>4～7</td></tr>
<tr><td>低地应力</td><td>$\sigma_m < 10$</td><td>＞7</td></tr>
</table>

注：表 3.4-1 中 R_b 为岩石饱和单轴抗压强度（MPa）；σ_m 为最大主应力（MPa）。

从国内外关于高地应力的分类可以看出，基本上当岩体初始最大主应力大于 20MPa 时，就可认为处于高地应力状态。各个划分标准都有其适用范围，根据本工程实际和我国国情，认为采用《水力发电工程地质勘察规范》对我国西部地区深埋长大隧道初始地应力场进行分析是比较合适的，因为其指标比较全面，且是根据我国大量水利水电工程总结出来的。

3. 实例：某工程地应力情况

采用水致压裂法进行了地应力测试，利用线路钻孔地应力实测结果，采用有限元数学模型回归分析方法对工程区地应力场进行分段反演分析，第一主应力沿洞线的分布见图 3.4-1。

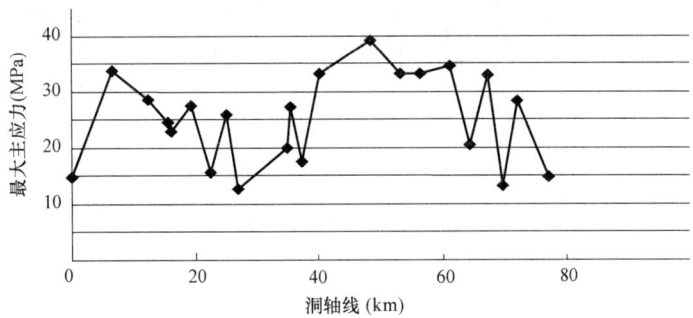

图 3.4-1　第一主应力沿洞轴线分布图

该段主应力随深度分布存在规律如下：

$$S_1 = 0.030h + 6.20$$
$$S_2 = 0.029h + 0.50$$
$$S_3 = 0.0247h$$

根据主应力随深度分布规律，预测主应力随深度变化值，见表 3.4-2。

不同埋深主应力值			表 3.4-2
埋深（m）	第一主应力 S_1（MPa）	第二主应力 S_2（MPa）	第三主应力 S_3（MPa）
50	7.7	1.95	1.25
100	9.2	3.4	2.5
200	12.2	6.3	5
300	15.2	9.2	7.5
400	18.2	12.1	10
500	21.2	15	12.5
600	24.2	17.9	15
700	27.2	20.8	17.5
800	30.2	23.7	20
900	33.2	26.6	22.5
1000	36.2	29.5	25
1100	39.2	32.4	27.5

根据表 3.4-2 所划分的初始应力分类，当埋深在 500m 时，最大主应力为 21.2MPa，已经是高地应力，当达到埋深 1100m 时，最大主应力为 39.2MPa，接近 40MPa，已属于极高地应力。

4. 岩性情况

线路区主要围岩分为：砂岩夹板岩组（s+b）、砂板岩互层组（s//b）、板岩夹砂岩组（b+s）等工程地质岩组。另外还有零星分布的岩浆岩，主要有色曲附近的闪长（玢）岩岩体、石英闪长岩岩体和错俄玛附近的花岗闪长岩岩体。

砂岩干单轴抗压强度为 47.2～1552MPa，平均为 100.22MPa，饱和单轴抗压强度为 30.4～117.2MPa，平均为 65.42MPa，属于坚硬岩。

根据现场调查，大部分为Ⅱ、Ⅲ类围岩，围岩较完整，具有储存高弹性应变能条件。

因此板岩和板岩夹砂岩岩组在浅埋条件下，在开挖过程中主要产生位移变形；埋深较大时，存在高应力，隧道洞壁岩体塑性变形位移显著，甚至出现大变形、地板隆起、片帮等塑性变形破坏，不会发生岩爆。

砂板岩互层岩组的洞段，在高地应力条件下，板岩主要以塑性变形为主，能量主要被较软弱的板岩岩层的变形消耗，存在隧道板岩岩体塑性变形破坏，一般没有岩爆或较少产生。若砂岩位于隧道洞壁处，则砂岩中可能出现岩爆。

对于Ⅳ类围岩及以碎裂岩岩组为主的Ⅴ类围岩的洞段，在高应力条件下主要表现为塑性变形，甚至发生大位移或塑性流变，在地下水的联合作用下会产生涌水突泥现象，不会发生岩爆。

对于浆岩岩组、砂岩岩组和砂岩夹板岩岩组且围岩较好的隧道洞段，由于其具备岩爆发生的条件，有发生岩爆的可能。

5. 工程实录

岩爆实录包括围岩类型及物理力学行为、地应力场、地下空间特征、开挖过程（开挖顺序以及循环进尺和爆破参数等）、岩爆坑及岩爆碎片的形态、几何尺寸、岩爆事件的时空分布、岩爆部位对应的地貌形态及岩爆分类与分级等，许多学者和工程技术人员在该领域进行了卓有成效的工作，记录了大量珍贵的第一手资料，特别是若干重大工程的岩爆实录资料，表 3.4-3 为国内外发生岩爆的工程实例。

国内外发生岩爆的工程实例　　　　表 3.4-3

隧道名称	埋深(m)	岩性	单轴抗压强度(MPa)	地应力 σ_1 (MPa)	岩爆级别
天生桥二级引水隧道	400~700	石灰岩、白云岩，新鲜、完整、坚硬、Ⅱ类围岩	88.4~130	20~30	中-弱、个别强
陆家岭隧道	120~600	凝灰岩，坚硬、完整，少量结构面或贯通性微张节理，地下水贫乏	90	32.8	中-强岩爆
苍岭隧道	756	熔结凝灰岩、角砾凝灰岩、钾长花岗斑岩强度高、性脆、新鲜、节理裂隙不发育、完整性较好、地下水较少	160	33.8	轻微-中等
西安—安康铁路秦岭隧道	1600	混合片麻岩、混合花岗岩。节理不发育至较发育，多呈巨块状整体结构或大块状砌体结构，干燥无水	95~130	20~40	强岩爆-中岩爆
二郎山隧道	410~760	石英砂岩、粉砂岩、部分砂质泥岩及在泥岩与灰岩、粉砂岩、砂岩夹层的硬质岩层中岩石新鲜完整，极少或看不出有裂隙	140	53.4	轻度-中度岩爆
太平驿隧道	150~650	花岗岩、花岗闪长岩，新鲜完整、坚硬	140~200	31.3	严重
锦屏二级引水隧道	2525	中厚层大理岩、灰岩、结晶灰岩及砂岩、板岩组成，其中以三叠系中下统的碳系上统（T）的砂岩、板岩等	150	42.4	严重
二滩水电站地下洞室	770	正长岩、玄武岩，岩石新鲜、完整、坚硬、脆性较大	150~216	25~64.4	轻微-严重
渔子溪水电站引水隧道	300~500	花岗闪长岩、闪长岩岩石新鲜完整，极少或看不出明显的裂隙，岩石表面干燥	100	30~45	轻度-中度岩爆
挪威西玛水电站	700	花岗岩及花岗片麻岩	200	48.8	严重
瑞典维奉斯引水隧道	250	粉砂岩、石英岩	80	50~70	发生

隧道名称	埋深(m)	岩性	单轴抗压强度(MPa)	地应力 σ_1 (MPa)	岩爆级别
挪威古拉公路隧道	最大 700	前寒武片麻岩	100~250	25	发生
挪威兰峡公路隧道	200~1500	片麻岩、花岗片麻岩、片麻闪长岩	60~200	34	发生
瑞典 Headrace 隧道	300	石英岩	200	28	发生
南非金矿	1437~2404	石英岩	198~230	65	发生
美国 Galena 金矿	1200	石英岩	175	52	发生
南非 Hoist 地下洞室	1450	石英岩	198~230	44.3	发生
挪威 Eikesdal 公路隧道	800	片麻岩(坚硬)	200	30.6	发生
日本关越公路隧道	750~1050	石英闪长岩,页岩	236	89.0	发生
瑞典捷克坦水工隧道	400	花岗岩	180	125.0	发生
挪威 Sewage 隧道	130	花岗岩	180	35	发生
日本新清水隧道	1000	石英闪长岩	183	89.0	发生
苏联 X 矿山	1740	磷霞岩	180	50.5	发生
苏联基洛夫矿	>700	花岗岩	200	50.5	发生
美国 CADA 矿	2400	石英岩	190	64.4	发生
美国 CADB 矿	1900	石英岩	190	53.8	发生

续表

隧道名称	埋深(m)	岩性	单轴抗压强度(MPa)	地应力 σ_1(MPa)	岩爆级别
美国CADC矿	1200	石英岩	189	39.1	发生
美国加利纳矿	1700	石英岩	180	49.6	发生
中国关村坝铁路隧道	1000	硅质灰岩	120	35.0	发生
福堂水电站	450~700	围岩为花岗岩,岩体呈微风化~新鲜状态,次块状结构,以Ⅱ、Ⅲ类围岩为主,成洞条件较好	130	34	严重
拉西瓦水电站	450~380	岩性为粒花岗岩,岩体坚硬完整,强度高,裂隙不发育,且规模小	143	29.7	轻微-中等
福建九华山隧道	120~600	凝灰岩,岩石致密坚硬,完整性好,呈块状镶嵌结构~大块砌体结构,局部有少量结构面或贯通性微张节理,风化程度低,地下水贫乏,不发育	158	32.8	中-强
宜-万铁路隧道	695	页岩,灰岩,粉砂岩	64.6	21.7	弱-中等

6. 岩爆的数值模拟

(1) 数值模拟参数

本计算以围岩中存在最多的砂岩为研究对象,采用的岩体参数见表3.4-4。

数值模拟采用的岩体参数 表 3.4-4

密度	弹性模量(GPa)	泊松比	内摩擦角(°)	黏聚力(MPa)	抗拉强度(MPa)	剪切模量(GPa)	体积模量(GPa)
2500	7.6	0.25	45	1.6	1.5	4	8

(2) 数值模型的建立

① 计算范围

由于本次模拟隧道埋深不等,最大埋深达1100m,埋深较大。为了充分考虑开挖对隧道围岩的影响,本次模拟取以隧道轴线为中心的5倍开挖直径范围内的围岩体作为模拟对象。同时,为了便于计算分析,将该问题按平面应变问题处理,在隧道轴线方向上取单位长度,模型尺寸为60m×60m,隧道半径为5m。有限元计算网格见图3.4-2。

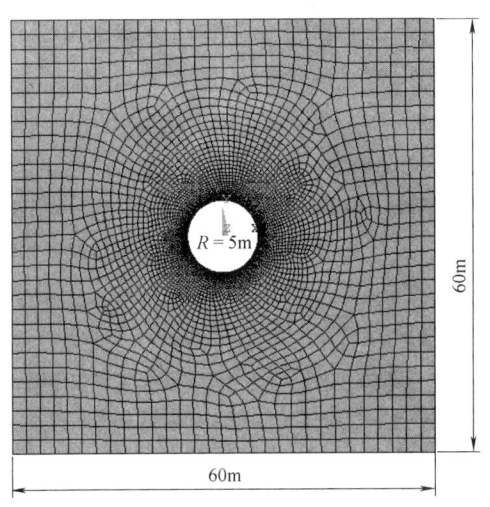

图 3.4-2　有限无模拟计算网络

② 初始应力条件和边界条件的确定

随着隧道埋深的增大,围岩自重应力和构造应力的数值和分布产生相应变化,隧道开挖后围岩的应力、应变分布及其对施工的影响程度不同。本节分别对隧道在50~1100m埋深条件下开挖进行数值模拟,研究隧道开挖后围岩的应力分布情况。初始应力条件:初始应力场只考虑垂直应力和水平应力,以水平应力为主。边界条件:假定模型左侧边界不发生侧向位移,可沿竖直方向发生移动,下侧底面边界设计为不发生竖向位移,但可产生侧向移动。

(3)模拟结果

在模拟结果中,负号表示压应力,正号表示拉应力,单位为MPa。隧道开挖后,破坏了岩体内原有的应力平衡,引起围岩内应力场的重新分布。图3.4-3~图3.4-14为隧道开挖后大主应力云图。

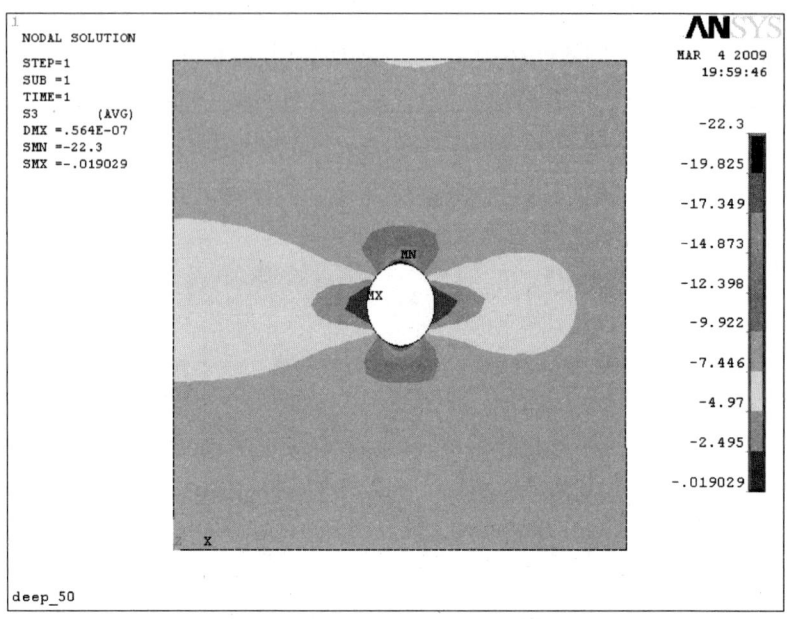

图 3.4-3 50m 埋深第一主应力等值线图

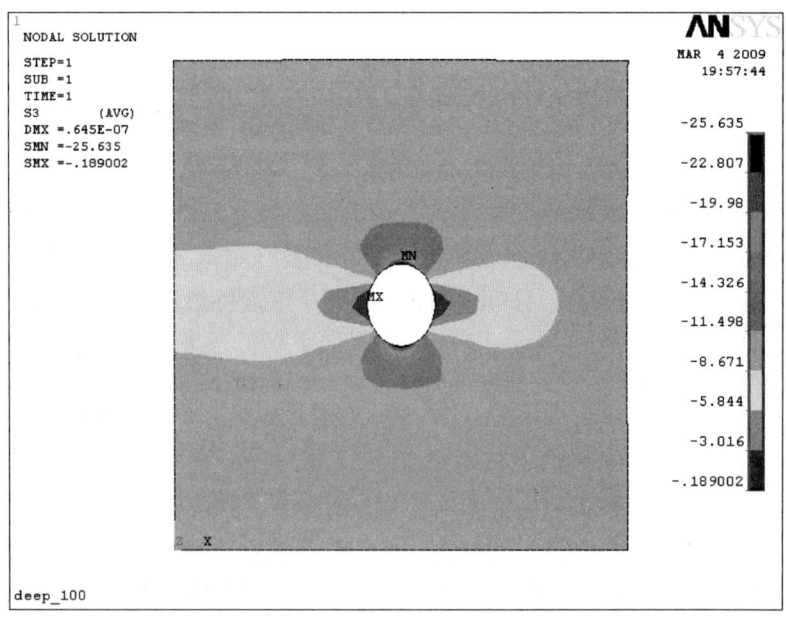

图 3.4-4 100m 埋深第一主应力等值线图

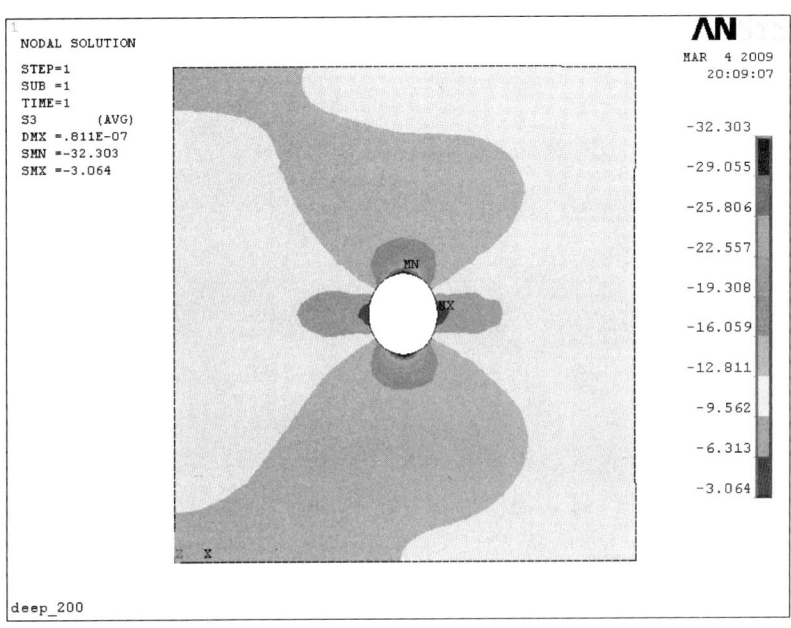

图 3.4-5 200m 埋深第一主应力等值线图

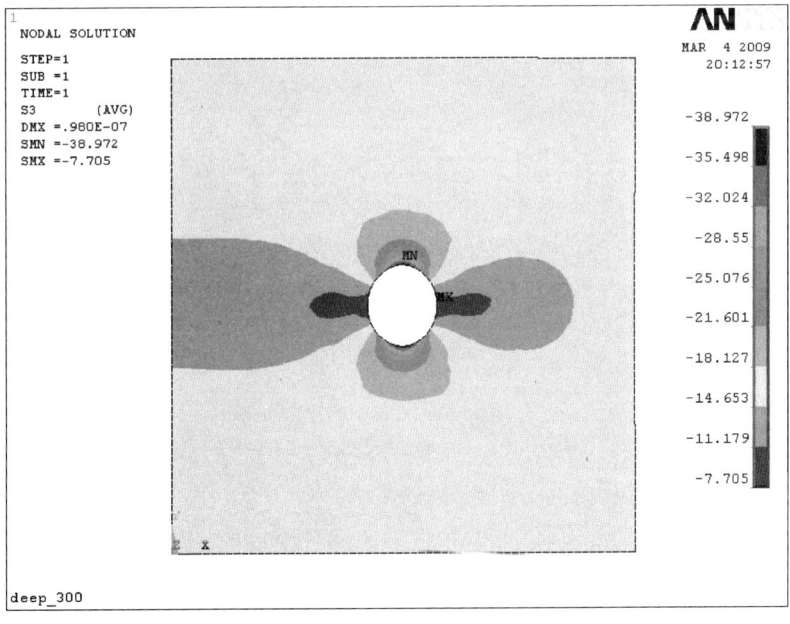

图 3.4-6 300m 埋深第一主应力等值线图

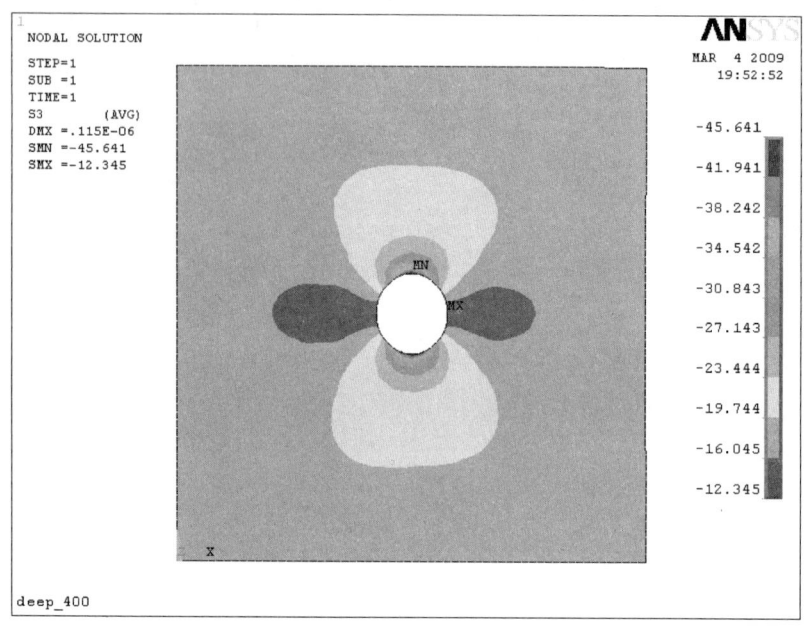

图 3.4-7   400m 埋深第一主应力等值线图

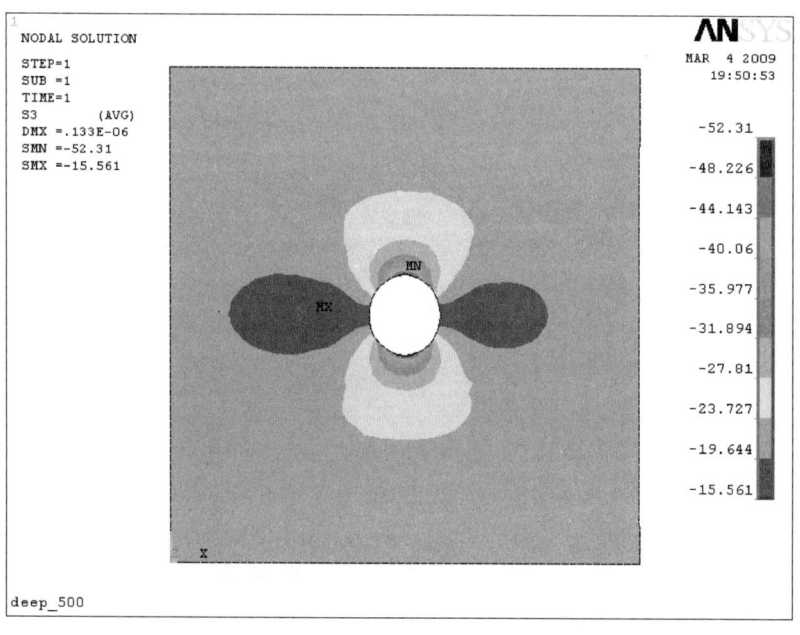

图 3.4-8   500m 埋深第一主应力等值线图

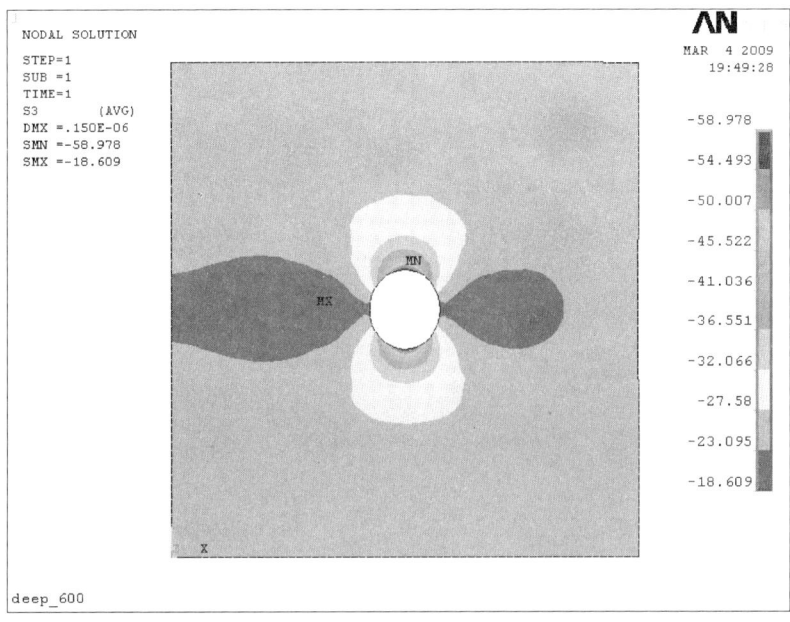

图 3.4-9 600m 埋深第一主应力等值线图

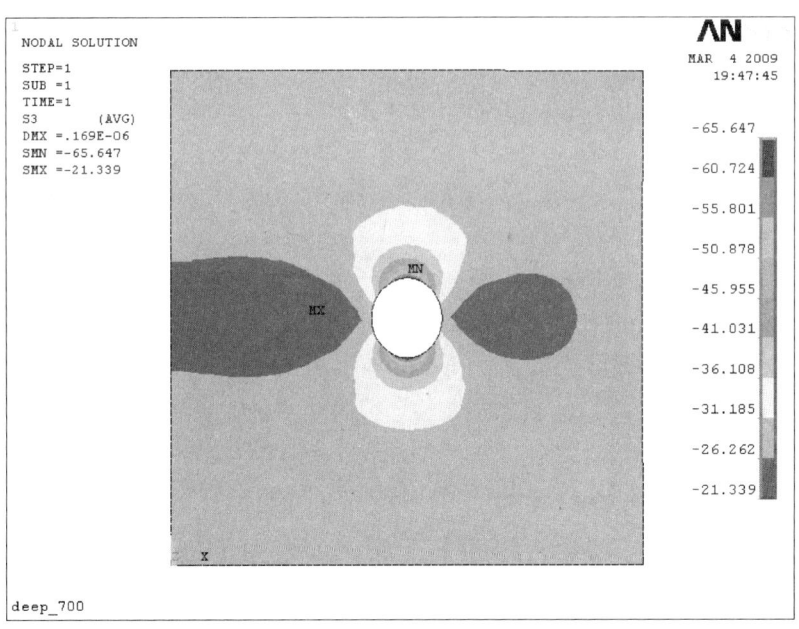

图 3.4-10 700m 埋深第一主应力等值线图

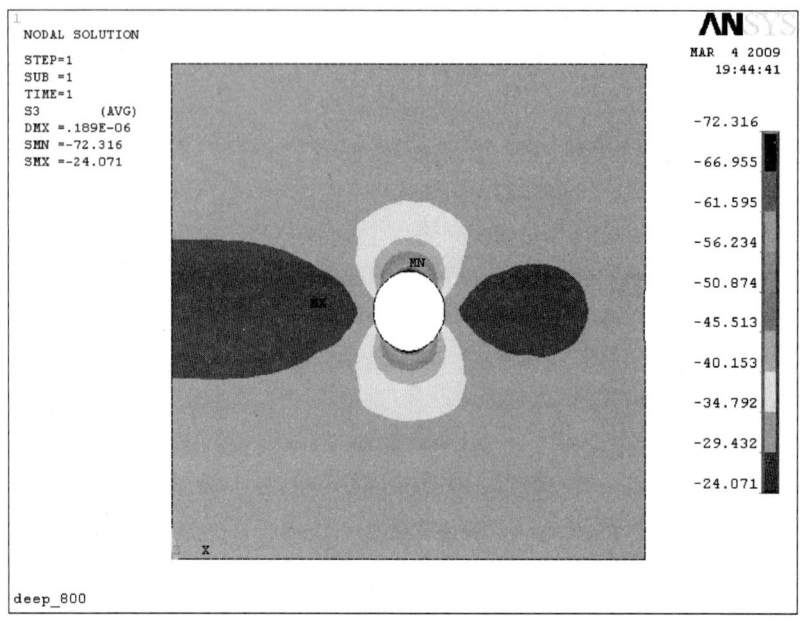

图 3.4-11　800m 埋深第一主应力等值线图

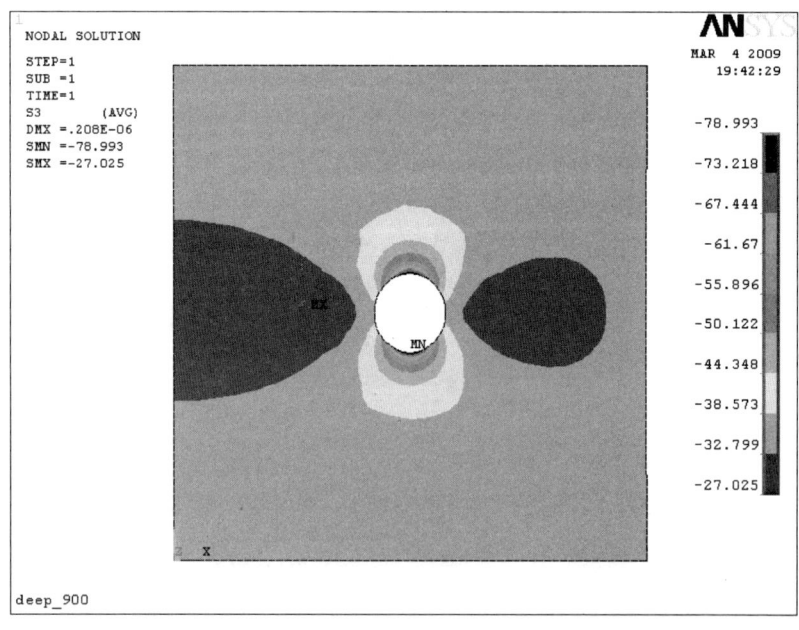

图 3.4-12　900m 埋深第一主应力等值线图

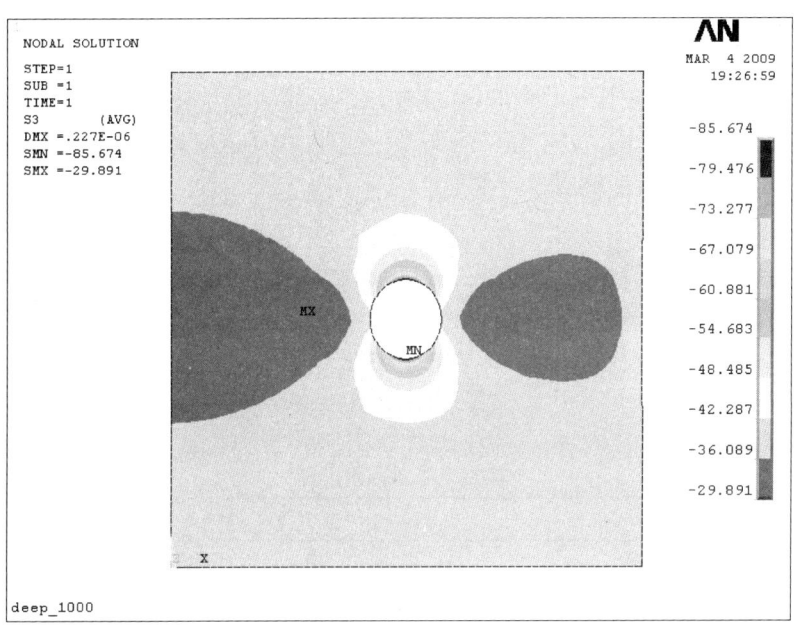

图 3.4-13 1000m 埋深第一主应力等值线图

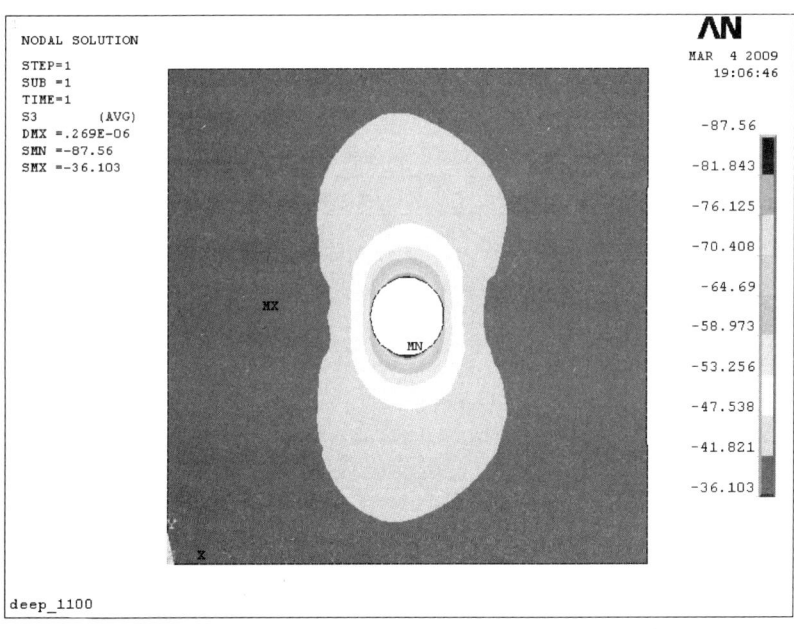

图 3.4-14 1100m 埋深第一主应力等值线图

从图中可以看出，隧道开挖后在隧道顶部和底部出现了明显的压应力集中，而两侧洞壁应力集中程度较小，这是由于应力场以水平应力场为主。随着埋深增加，应力集中程度逐渐增大，当埋深为 50m 时，最大主应力为 22.3MPa，为高地应力，当埋深达到 1100m 时，最大主应力为 87.56MPa，为极高地应力，这种情况下容易发生岩爆，岩爆主要发生在顶拱处。

（4）岩爆预测

目前岩爆预测模型较多，但尚未形成统一的认识，而世界上比较著名判据有 Russenes 判据、Turchaninov 判据、Hock 判据等。陶振宇根据挪威的 Barton 准则，提出了修正的基于最大主应力 σ_1 的判别准则，见表 3.4-5。

陶振宇岩爆判别准则　　　　　　　　　　　　　表 3.4-5

岩爆分级	σ_c/σ_1	特　　性
I	<2.5	高岩爆活动，有很强的爆裂声
II	5.5~2.5	中等岩爆活动，有较强的爆裂声
III	14.5~5.5	低岩爆活动，有轻微声发射现象
IV	>14.5	无岩爆发生

注：σ_c—岩石单轴抗压强度，σ_1—隧道周边最大主应力。

本研究采用陶振宇准则，对隧道不同埋深处岩爆进行分析，岩石单轴抗压强度采用砂岩的平均值 100MPa，分析结果见表 3.4-6。

不同埋深处岩爆等级预测　　　　　　　　　　表 3.4-6

埋深(m)	σ_1(MPa)	σ_c/σ_1	岩爆等级
50	7.7	13.0	低岩爆
100	9.2	10.9	低岩爆
200	12.2	8.2	低岩爆
300	15.2	6.6	低岩爆
400	18.2	5.5	中-低岩爆
500	21.2	4.7	中岩爆
600	24.2	4.1	中岩爆
700	27.2	3.7	中岩爆
800	30.2	3.3	中岩爆
900	33.2	3.0	中岩爆
1000	36.2	2.8	中岩爆
1100	39.2	2.6	中-强岩爆

由此可以看出，在砂岩地段，本工程岩爆等级为中等岩爆-低强度岩爆为主，当埋深小于300m时，基本上为低岩爆；当埋深在300～1000m时，为中等岩爆，在超过1100m时，可能达到强岩爆。而工程平均埋深为500m，因此本工程岩爆等级大部分为中等岩爆。

7. 岩爆对隧道施工影响的后果分析

为了分析岩爆发生后造成的损失，首先须研究国内外关于岩爆的分级，表3.4-7为国内外岩爆烈度分析情况。

国内外岩爆烈度分级 表3.4-7

方案提出者	岩爆烈度分级及主要依据			
G. 布霍依诺（德国,1981）	轻微损害,不造成生产中断	中等损害,支架部分损害,一般要中断生产	严重损害,工程被摧毁	
B. F 拉森斯（挪威,1974）	0级,无岩爆	1级:轻微岩爆,岩石有松落,碎裂现象,声响微弱	2级:中等岩爆,岩石有不容忽视的片落、松脱,有随时间发展趋势,有发自岩石内部的强烈炸裂声	3级:严重岩爆,爆破之后,顶板、两帮岩石即严重崩落,底板隆起,周边大量超挖和变形,可以听到发射子弹、炮弹的强烈声响
谭以安（1988）	弱岩爆（Ⅰ）劈裂成板,剪断脱离母体,产生射落;洞壁表面局部轻微破坏,不损坏机械设备;可听到噼啪声响	中等岩爆（Ⅱ）"劈裂—剪断—弹射"重复交替发生,向洞壁内部发展,形成V形三角坑,洞壁有较大范围破坏;对生产威胁不大,个别情况下损坏设备;有似子弹射击声	强烈岩爆（Ⅲ）"劈裂—剪断—弹射"急速发生,并急剧向洞壁深处扩展;几乎全断面破坏,生产中断;有似炮声巨响	极强岩爆（Ⅳ）方式同Ⅲ,持续时间长,震动强烈,有似闷雷强烈声响;人财损失严重,生产停顿
铁道部第二勘测设计院（1996）	弱岩爆	中等岩爆	强烈岩爆	
交通部第一公路设计院（1996）	微弱岩爆（一级）岩石个别松脱和破裂,有微弱声响	中等岩爆（二级）有相当数量的岩片弹射和松脱,洞内周边岩体变形,有随时间发展趋势,有的岩体有较强烈的爆裂活动	剧烈岩爆（三级）顶板、侧壁围岩发生严重岩片弹射,甚至有巨石抛射,其声响如炮弹爆炸,底板隆起,洞壁周边变形严重,可引起洞室坍塌	

方案提出者	岩爆烈度分级及主要依据			
二郎山公路隧道高地应力与围岩稳定行课题组（RMR 方案，1998）	轻微岩爆（Ⅰ）围岩表层零星间断爆裂松动剥落，有噼啪撕裂声响，对施工影响甚微	中等岩爆（Ⅱ）爆裂脱落、剥离现象较严重，少量弹射有清脆的爆裂声；持续时间较长，有随时间累进性向深部发展的特征，爆裂深度可达 1m 左右；对工程施工有一定影响	强烈岩爆（Ⅲ）强烈的爆裂弹射，有似机枪子弹射击声；岩爆具延续性，并迅速向围岩深部发展；影响深度可达 2m 左右；对施工影响较大	剧烈岩爆（Ⅳ）剧烈的爆裂弹射甚至抛掷，有似炮枪巨响声；岩爆具突发性，并迅速向围岩深部扩展，影响深度可达 3m 左右；严重影响甚至摧毁工程

由以上岩爆分级，可知岩爆对工程的影响程度，本工程岩爆大部分为中等强度，中等岩爆洞壁会出现脱落、剥离，有弹射现象，对隧道施工的影响主要是砸损机械，弹射伤人，如果岩块剥落过多，使得掌子面凸凹不平，影响掘进效率甚至损坏刀具。

风险损失主要计算：风险事故引起的人员伤亡情况、经济损失、工期延误等方面，由于准确定量分析难以进行，本工程采用定性的分析方法。

8. 岩爆发生的断裂力学分析

岩爆是隧道开挖引起的一种围岩破坏形式，其发生应该符合 Mohr-Coulomb 准则，即围岩切向应力 σ_θ 达到或接近岩石单轴抗压强度 σ_c 时发生岩爆。但岩爆的工程实录表明，多数岩爆发生时 σ_θ 小于 σ_c。而且国内外大多数的岩爆预测方法中，如 Russenes 判据、Turchaninov 判据等，都是利用应力强度比来进行岩爆预测，所采用的岩爆分级指标也都是围岩切向应力 σ_θ 远小于岩石单轴抗压强度 σ_c。

岩石不是理想的均质弹性材料，其内部含有许多显微缺陷，随着外荷载逐渐增大，外载未达到、甚至远未达到岩石强度时，这些显微缺陷会相继扩展，外载所作的功陆续被转变为这些新生破裂面的表面能及热能等。当岩石发生宏观破坏时，外载所作总功的大部分已经在加载过程中被消耗掉；所作的功中有一部分在岩石破坏时释放，形成岩爆。

岩爆的形成与岩体结构有关，既不发生在很完整的岩体段，也不发生在节理发育的破碎段，而是发生在节理不多也不少的岩体段。大量的试验资料表明，岩体破坏机制与围压条件密切相关，在无围压和低围压状态下，岩块在轴向压力作用下产生的破裂面大多与 σ_1 平行，如图 3.4-15 所示。这种破坏属于张破裂，隧道开挖相当于洞壁处围岩由原来的三向受力状态变为二向受力，与无围压或低围压状态下岩体受力情况相似。

实际上围岩中存在许多微小的张性裂纹，在外荷载作用下，这些微小张性裂纹发生断裂，并且逐渐扩展、相互连接，当达到一定程度后，会形成一定形状的肉眼可见的宏观裂纹，最终导致岩石破坏，如果积聚的能量较大，会以弹射的方式出现，就是岩爆，如果成片状剥落，则是片帮。其典型的力学模型为层裂板模型，该模型由 Dyskin 等提出，他认为岩爆是由平行于自由表面的裂纹扩展造成的，据此提出了岩爆的断裂力学模型，根据岩爆实

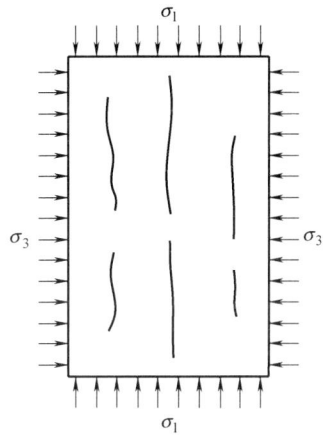

图 3.4-15 无围压或低围压下张破裂机制

录及现有的岩爆判据，认为该模型比较合理，图 3.4-16 为劈裂破坏模式机理。

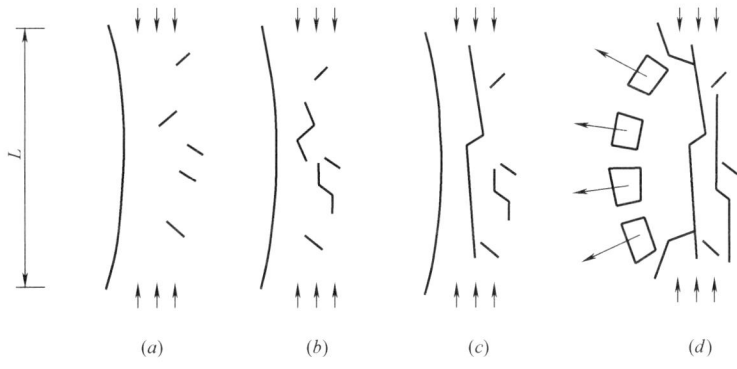

(a) (b) (c) (d)

图 3.4-16 岩爆破坏过程示意图

起始阶段，岩体内存在初始裂纹，如图 3.4-16（a）所示；随着荷载增加，洞壁围岩处各裂纹开始扩展，当裂纹满足开裂条件：应力强度因子大于断裂韧度时，即 $K_I \geqslant K_{IC}$ 时，翼裂纹将沿最大压应力方向比较稳定的开始扩展，如图 3.4-16（b）所示；随着荷载的继续增大，由于裂纹间的相互作用，翼裂纹的扩展将不再稳定，裂纹发生相互连接而形成更长的裂纹，如图 3.4-16（c）所示；当裂纹继续失稳扩展并且相互连接，最后会形成一个比较长的薄片状岩层，在高地应力下，会出现较剧烈的岩爆现

象，如图 3.4-16（d）所示。这一过程即为基于层裂板模型的岩爆发生机理，图 3.4-17 更形象描述了这一过程。

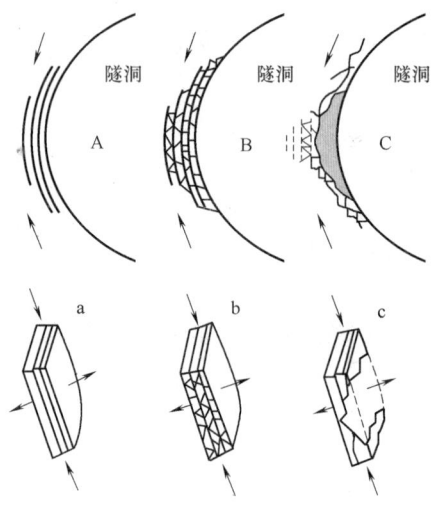

图 3.4-17 岩爆发生过程的层裂板模型

根据岩爆发生的层裂板模型，可以看出，最后形成的薄片状岩层符合薄板的受力特点，因此采用弹性力学中的薄板压曲原理分析，层裂板受压模型见图 3.4-18。

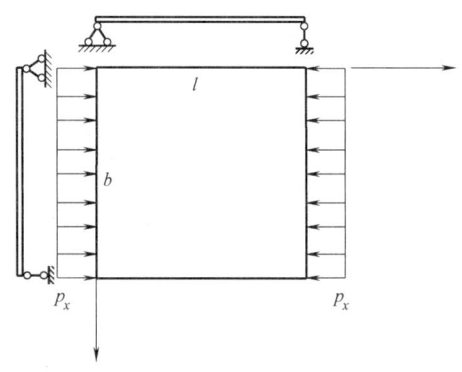

图 3.4-18 层裂板受压模型

设图 3.4-18 中的板为四边简支，在 $x=0$，$x=l$ 的两边上，作用有均布压力 P_x。本研究允许板各边在平面内自由移动，则 x 方向上变形时，

$N_x = -P_x$，$N_y = P_{xy} = 0$。

根据弹性力学薄板弯曲压曲原理，在荷载作用下，弹性曲面微分方程为

$$D\nabla^2 w - \left[N_x \frac{\partial^2 w}{\partial x^2} + 2N_{xy} \frac{\partial^2 w}{\partial x \partial y} + N_y \frac{\partial^2 w}{\partial y^2} \right] = q \quad (3.24)$$

式中：D——薄板的弯曲刚度，$D = \dfrac{Eh^3}{12(1-\mu^2)}$

只考虑纵向荷载，不考虑横向荷载，令式 3.24 中 $q=0$，则薄板屈曲微分方程为

$$D\nabla^4 w + P_x \frac{\partial^2 w}{\partial x^2} = 0 \quad (3.25)$$

由于 w 沿 Y 方向不发生变化，则该四边简支的薄板边界条件为：

当 $x=0$，$x=l$ 时，$w=0$，$\dfrac{\partial^2 w}{\partial x^2} = 0$

当 $y=0$，$y=b$ 时，$w=0$，$\dfrac{\partial^2 w}{\partial y^2} = 0$

由小挠度弯曲理论，挠度为

$$w = \sum_{m=1}^{\infty} \sum_{n=1}^{\infty} A_{mn} \sin \frac{m\pi x}{l} \sin \frac{n\pi y}{b} \quad (3.26)$$

式中：m，n 分别表示薄板压曲以后沿 x，y 方向的正弦半波数。

采用该函数，可以对所有边界条件挠度计算，通过对满足微分方程的条件计算分析，则能够确定待定参数 A_{mn}，将式（3.26）代入式（3.25），得：

$$\sum_{m=1}^{\infty} \sum_{n=1}^{\infty} A_{mn} = \left[\frac{m^4 \pi^4}{l^4} + 2\frac{m^2 n^2 \pi^4}{l^2 b^2} + \frac{n^4 \pi^4}{b^4} - \frac{P_x}{D}\frac{m^2 \pi^2}{l^2} \right] \sin \frac{m\pi x}{l} \sin \frac{n\pi y}{b} = 0$$
$$(3.27)$$

要求得该方程的解，必须使每一项系数的取值为 0，即

$$A_{mn}\left[\pi^4 \left(\frac{m^2}{l^2} + \frac{n^2}{b^2} \right)^2 - \frac{P_x}{D}\frac{m^2 \pi^2}{l^2} \right] = 0 \quad (3.28)$$

方程（3.28）成立有两种可能：

第一种：$A_{mn}=0$，但这表示在任何荷载下岩板都保持理想的平面挠度，其结果是零解，不是本文要求的解答；

第二种：$\pi^4 \left(\dfrac{m^2}{l^2} + \dfrac{n^2}{b^2} \right)^2 - \dfrac{P_x}{D}\dfrac{m^2 \pi^2}{l^2} = 0$，则可求得

$$P_x = \frac{\pi^2 l^2 D}{m^2}\left(\frac{m^2}{l^2} + \frac{n^2}{b^2} \right)^2 \quad (3.29)$$

若要求得临界荷载，则（3.29）必须最小，则经过推导，可求得发生岩爆的临界应力为：

$$\sigma_{cr} = \frac{\pi^2 D}{l^2 h} \left[4 + 2 \left(\frac{l}{b} \right)^2 + 3 \left(\frac{l}{b} \right)^4 \right] \tag{3.30}$$

对于宽板，

$b \gg l$，化简后可得

$$\sigma_{cr} = \frac{3.3 E h^2}{(1-\mu^2) l^2} \tag{3.31}$$

对于深埋隧道，当满足公式（3.30）和公式（3.31）时，隧道围岩就会由于发生宏观断裂，而出现大小不一的岩爆破坏。

9. 岩爆风险功能函数模型

岩爆是一种动力失稳，一旦发生岩爆，轻者洞身发生破坏，重者毁损机械、伤害人员。由于地下岩体开挖过程中受大量不确定因素影响，现有理论尚未考虑岩土工程中存在的随机性，使得岩爆的发生与否存在很大不确定性。由提出的层裂板模型，可以建立高地应力下岩爆破坏风险率计算模型，功能函数为

$$Z = R - S = \sigma_{cr} - \sigma_{\theta max} \tag{3.32}$$

$$\sigma_{cr} = \frac{\pi^2 D}{l^2 h} \left[4 + 2 \left(\frac{l}{b} \right)^2 + 3 \left(\frac{l}{b} \right)^4 \right] \tag{3.33}$$

对于宽板，$b \gg l$，则

$$\sigma_{cr} = \frac{3.3 E h^2}{(1-\mu^2) l^2} \tag{3.34}$$

式中：E 为弹性模量；h 为薄板厚度；l 为板长；b 为板宽度；μ 为泊松比。

围岩切向应力可按弹性理论求解，设为圆形隧道，侧压力系数 $\lambda \neq 1$，则如图 3.4-19 所示的 $\lambda \neq 1$ 时的单元体，采用极坐标系 r 和 θ，则任一点均可用 r 和 θ 所确定的单元体来表示。

则单元体上的切向应力为

$$\sigma_\theta = \frac{1}{2} p_0 \left[(1+\lambda) \left(1 + \frac{R_0^2}{r^2} \right) + (1-\lambda) \left(1 + 3 \frac{R_0^4}{r^4} \right) \cos 2\theta \right] \tag{3.35}$$

在隧道洞壁处，切向应力最大，将 $r = R_0$ 代入式（3.35），得

$$\sigma_\theta = p_0 \left[(1+\lambda) + 2(1-\lambda) \cos 2\theta \right] \tag{3.36}$$

式中：$p_0 = \gamma H$，γ 为岩体重度，kPa/m^3；H 为埋深，m。

$\sigma_{\theta max}$ 的取值与 λ 的值有关。

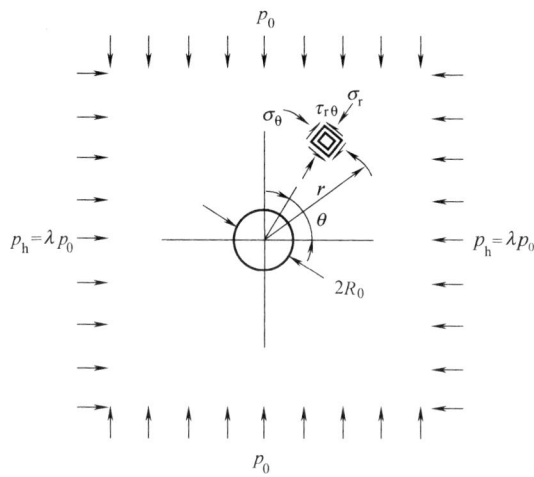

图 3.4-19 λ≠1 时的单元体受力模型

将公式（3.33）代入（3.32），则

$$Z=\frac{\pi^2 D}{l^2 h}\left[4+2\left(\frac{l}{b}\right)^2+3\left(\frac{l}{b}\right)^4\right]-\sigma_{\theta\max} \quad (3.37)$$

或将（3.34）代入（3.32），则

$$Z=\frac{3.3Eh^2}{(1-\mu^2)l^2}-\sigma_{\theta\max} \quad (3.38)$$

那么公式（3.37）和（3.38）就是发生岩爆风险的功能函数模型。

当 $Z=\dfrac{3.3Eh^2}{(1-\mu^2)l^2}-\sigma_{\theta\max}<0$ 时，则围岩发生岩爆破坏，岩爆破坏风险率为

$$P_{岩爆}=P\left(\frac{3.3Eh^2}{(1-\mu^2)l^2}-\sigma_{\theta\max}<0\right) \quad (3.39)$$

式（3.39）即为岩爆发生概率，但该式仅能分析出岩爆是否发生的概率，不能预测岩爆等级。Russenes 根据洞室周边最大切向应力与单轴抗压强度比值，提出的岩爆判别法，具有很好的实用价值，见表 3.4-8。

Russenes 岩爆判别准则   表 3.4-8

岩爆分级	$\sigma_{\theta\max}/\sigma_c$	特　性
无岩爆	<0.2	对工程无影响
弱岩爆	0.2~0.3	轻微损害,不造成生产中断
中岩爆	0.3~0.55	有相当数量的岩片弹射和松脱,对工程施工有一定影响
强岩爆	>0.55	岩爆具延续性,迅速向围岩深部发展,施工影响较大

将 $\sigma_{\theta max}$、σ_c 视为随机变量，则可以建立各等级岩爆的发生概率。

无岩爆：

$$p_{f1} = p(\sigma_{\theta max}/\sigma_c < 0.2) \tag{3.40}$$

弱岩爆：

$$p_{f2} = p(0.2 \leqslant \sigma_{\theta max}/\sigma_c < 0.3) \tag{3.41}$$

中等岩爆：

$$p_{f3} = p(0.3 \leqslant \sigma_{\theta max}/\sigma_c < 0.55) \tag{3.42}$$

强岩爆：

$$p_{f4} = p(\sigma_{max}/\sigma_c \geqslant 0.55) \tag{3.43}$$

公式（3.39）~（3.43）中，E，h，μ，l、H、σ_c、σ_1 均视为随机变量，且服从正态分布；最大主应力 σ_1 可用随机有限元进行估计。

10. 某工程岩爆风险分析

由于理论解往往难以准确计算洞室周边最大水平应力，而有限元则可以克服其不足，可用有限元求得洞室周边最大切向应力。但目前大部分用的都是确定性方法，基于随机有限元方法比较少。因此采用有限元自带的概率设计技术（PDS）进行基于有限元的概率分析，将输入参数设为随机变量，则可得到隧道周边最大切向应力，该切向应力为随机变量，再利用蒙特卡洛方法进行模拟，就可以得到各等级岩爆发生概率。

（1）数值模拟参数

本计算以围岩中存在最多的砂岩为研究对象，采用的随机参数见表3.4-9。

采用的输入随机变量　　　　　　　　　　　表 3.4-9

输入随机变量	单位	分布类型	均值	标准差
埋深	m	正态分布	550	60
密度	kN/m³	—	2730	—
重度	MN/m³	—	0.0273	—
弹性模量	GPa	正态分布	7.6	0.76
泊松比	—	正态分布	0.26	0.026
内摩擦角	°	正态分布	57	8
黏聚力	MPa	正态分布	1.4	0.14
垂直压力	MPa	正态分布	15	2
水平压力	MPa	正态分布	22.7	4
剪胀角	°	—	25	—
抗压强度	MPa	正态分布	100	10

（2）数值模型的建立

由于本次模拟隧道埋深不等，最大埋深达1100m，埋深较大。为了充分考虑开挖对隧道围岩的影响，本次模拟取以隧道轴线为中心的5倍开挖直径范围内的围岩体作为模拟对象。同时，为了便于计算分析，将该问题按平面应变问题处理，在隧道轴线方向上取单位长度，模型尺寸为60m×60m，隧道半径为5m，如图3.4-20所示。

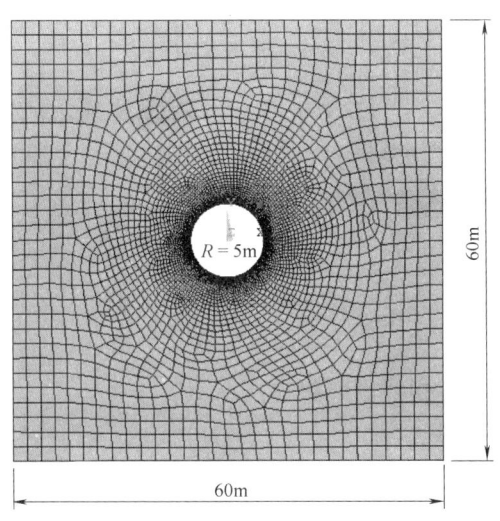

图3.4-20　随机有限元模拟计算模型

随着隧道埋深的增大，围岩自重应力和构造应力的数值和分布产生相应变化，隧道开挖后围岩的应力、应变分布及其对施工的影响程度不同。本节分别对隧道在70～840m埋深条件下开挖进行有限元随机模拟，研究隧道开挖后围岩的应力随机分布情况。初始应力条件：初始应力场只考虑垂直应力和水平应力，以水平应力为主。边界条件：假定模型左侧边界不发生侧向位移，可沿竖直方向发生移动，下侧底面边界设计为不发生竖向位移，但可产生侧向移动。破坏准则采用 Drucker-Prager 准则。

（3）计算结果分析

利用二维随机有限元概率设计技术模拟 3000 次，得围岩最大切向应力 σ_θ 相对频率分布直方图及其均值和方差，见图 3.4-21 和图 3.4-22。

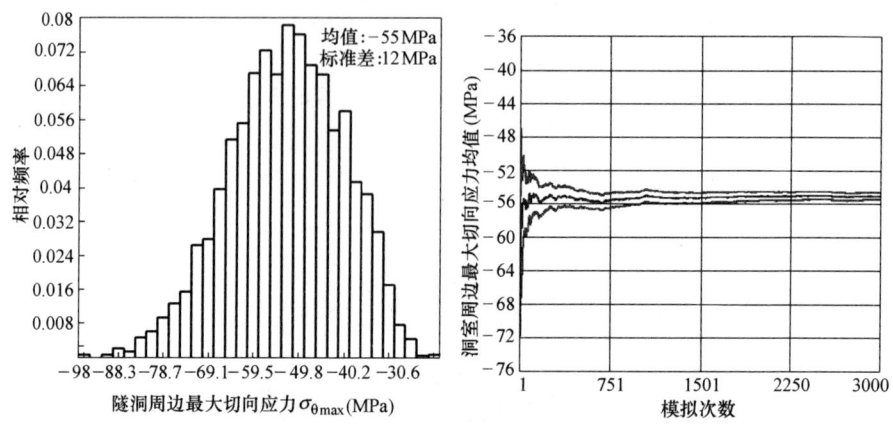

图 3.4-21　隧道周边最大切向
应力分布直方图

图 3.4-22　最大切向应力均值趋势图

从图 3.4-21 可以看出，隧道周边最大切向应力近似服从正态分布，其均值为 -55 MPa，为压应力，标准差为 12MPa。

从图 3.4-22 可以看出，模拟次数为 3000 次时，隧道周边最大切向应力均值趋于稳定，最后收敛于 -55 MPa，说明模拟次数是合理的。

图 3.4-23 为隧道周边最大切向应力标准差趋势图。

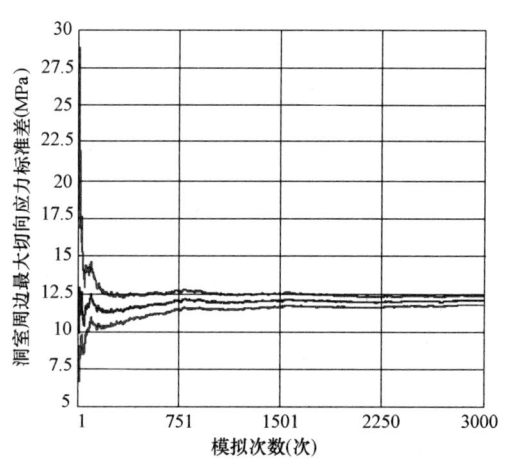

图 3.4-23　最大切向应力标准差趋势图

从图 3.4-23 可以看出，模拟次数为 3000 次时，隧道周边最大切向应力标准差趋于稳定，最后收敛于 12MPa，说明模拟次数是合理的。

图 3.4.24 为隧道周边最大切向应力相对于随机变量的灵敏度。

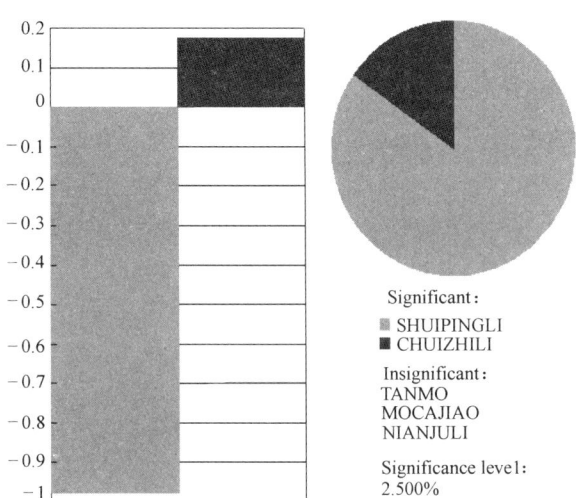

图 3.4-24　输入参数敏感性分析

从图 3.4-24 可以看出，对洞壁最大切向应力影响最大的是水平主应力，二者成正比，随水平主应力增大，洞室周边最大切向应力也增大；对洞壁处最大切向应力具有影响的第二个因素是垂直地应力，它与洞室周边最大切向应力成反比，随着垂直地应力增大，洞室周边最大切向应力减小。而弹性模量、内摩擦角、黏聚力等因素对洞室周边最大切向应力影响不大，可以忽略。

图 3.4-25 为隧道周边最大切向应力累积分布函数。

根据图 3.4-25 可以计算最大切向应力小于某值的概率，也可以根据此图计算出洞室周边最大切向应力处于某一区间的概率。

根据前面建立的概率模型，依据随机有限元程序计算得到的洞室周边最大切向应力均值、最大切向应力标准差，可用 monte-carlo 方法模拟来计算各等级岩爆的发生概率。参考挪威 Russenes 判别准则，设 σ_θ 服从正态分布，均值和标准差取二维随机有限元 PDS 模拟结果，为 55MPa 和 12MPa；σ_c 服从正态分布，均值和标准差分布为 80MPa 和 10MPa。

采用蒙特卡罗法模拟 10000 次，则可得应力强度比 σ_θ/σ_c 的分布直方图、超越概率分布曲线、累积概率分布曲线，如图 3.4-26～图 3.4-28 所示。

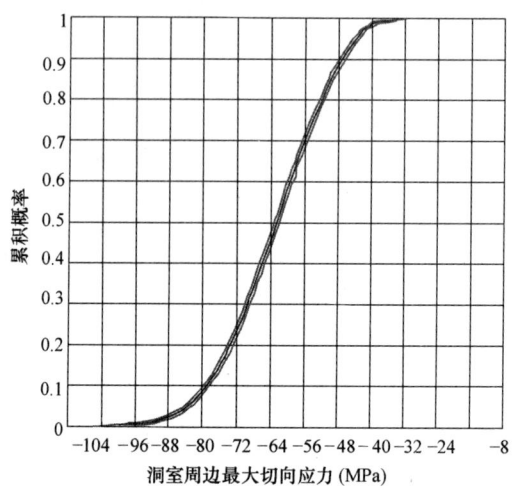

图 3.4-25　隧道最大切向应力累积概率分布

图 3.4-26 为应力强度比分布直方图

由直方图 3.4-26 可以看出，应力强度比均值为 $\sigma_{\theta\max}/\sigma_c = 0.554$，则根据 Russenes 判别准则，发生强岩爆。

图 3.4-27 为应力强度比超越概率曲线。

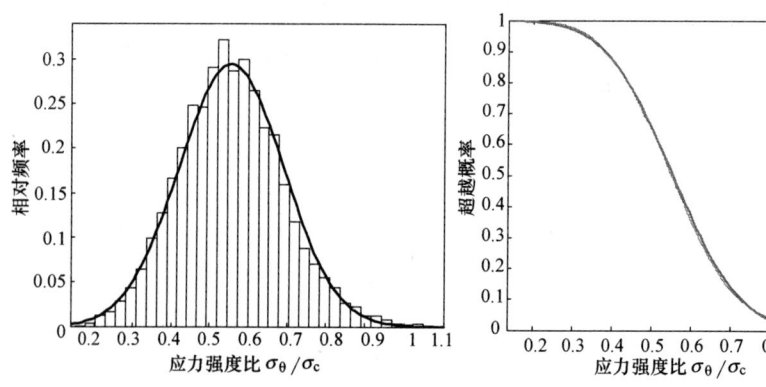

图 3.4-26　应力强度比分布直方图　　　图 3.4-27　应力强度比超越概率曲线

根据图 3.4-27 可以计算应力强度比大于任何值的概率，如 Russenes 准则，应力强度比大于 0.2 时发生岩爆，则根据图 3.4-27 计算出发生岩爆的概率为 99%

图 3.4-28 为应力强度比累积概率曲线。

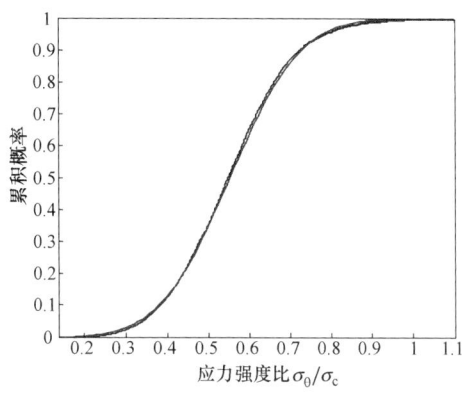

图 3.4-28　应力强度比累积概率曲线

由图 3.4-28 可以方便地求出应力强度比小于某一值的概率及其处于某一区间的概率。

根据图 3.4-27 和图 3.4-28，得各等级岩爆的发生概率为

无岩爆：$p_{f1} = p(\sigma_\theta/\sigma_c < 0.2) = 0.1\%$

弱岩爆：$p_{f2} = p(0.2 \leqslant \sigma_\theta/\sigma_c < 0.3) = 2.2\%$

中等爆：$p_{f3} = p(0.3 \leqslant \sigma_\theta/\sigma_c < 0.55) = 48.04\%$

强岩爆：$p_{f4} = p(\sigma_\theta/\sigma_c \geqslant 0.55) = 49.66\%$

由超越概率及累积概率分布，可见隧道强度应力比小于 0.2 的概率为 0.1%，几乎为零，说明本地区肯定会发生岩爆。弱岩爆发生概率为 2.2%，中等岩爆发生概率为 48.04%，强岩爆发生概率为 49.66%，则岩爆倾向于中-强岩爆，中等岩爆与强岩爆发生概率基本相等，由于本地区砂岩强度不是太高，加之岩体内部存在微裂隙，弹性应变能储存不会太高，不太可能发生弹射型岩爆，而会发生类似于剥落的岩爆，对 TBM 施工会造成一定影响。

3.5　隧道施工 TBM 被困风险概率分析

1. 概述

对丁裸露的洞室，变形过大导致洞室塌方；对于已经支护的洞室，变形过大致使洞室支护失效，引起洞室掉块直至塌方。洞室支护的选择也要

根据洞室围岩的变形特性进行考虑，否则支护作用的发挥就要大打折扣。因此对变形的研究一直是人们关于研究洞室的主要内容。国内外学者关于洞室变形的研究从未停止过，从圆形隧道的解析解到各种断面形式隧道的数值求解方法等。对于地质资料详尽的洞室，可以采用流行的数值计算软件进行求解，如有限元法、离散元法等，这些方法计算时考虑的因素更能接近实际情况。但是对于可行性研究阶段的洞室，地质资料相对短缺，因此采用简单的解析解进行变形或应力估计则更为方便。基于以上原因，本部分主要进行圆形洞室的理论推导，试图得到洞室变形应力的解析表达式，用于可行性研究阶段的变形分析。

对洞室围岩的研究应用弹塑性理论是比较合理的。围岩塑性区满足的屈服条件，研究者多采用线性的 M-C 准则，但是在许多实际条件下，特别是节理岩体中，线性的 M-C 屈服准则并不太适用，然而非线性的 Hoek-Brown 屈服准则则比较合适。目前采用非线性的 Hoek-Brown 屈服准则进行洞室围岩变形解析推导研究主要集中在理想弹塑性围岩和弹-脆-塑性围岩上，前者与现场洞室破坏的实际情况有一定的差距，后者适用范围较窄，二者都没有通用性。本部分采用非线性的 Hoek-Brown 屈服准则推导比较符合实际的圆形洞室变形应力解。然后采用变形理论对 TBM 施工由变形引起的事故进行风险评估。

2. 圆形洞室变形研究

洞室解析解的推导一般是在静水压力下，均质、各向同性的岩体中并且洞室断面形状是圆形的。所有的这些研究主要区别在于屈服后如何处理弹塑性材料的力学特性和屈服特性。采用的屈服准则主要有 Mohr-Coulomb、Tresca、Hoek-Brown 等；流动法则主要有关联流动法则和非关联流动法则。屈服后围岩的力学特性主要假设为理想塑性、脆-塑性和应变软化。目前采用 Mohr-Coulomb 进行研究的居多，主要由于其表达式简单和应用广泛，广义 Hoek-Brown 准则应用也较少，主要有两个原因，一是历史原因即广义 Hoek-Brown 准则提出较晚，二是因为其较复杂，很难推导出结果；关于应变软化的研究，Alonso 等人研究的较为详细，在 2003 年分别基于 Mohr-Coulomb、Tresca、狭义 Hoek-Brown 准则进行了研究；Carranza-Torres 等人采用 Hoek-Brown 准则研究成果较多。Brown，Alonso 等人虽然研究了应变软化，但是仍有以下缺憾：首先没有采用广义的 Hoek-Brown 准则使得应用范围受到限制，前面已经说过这个原因；其次是在定义参数软化时有失妥当；再者是 Brown 对弹性应变的计算进行了较多的简化。如 Alonso 定义 m，s 表达式如下：

$$m(\eta)=\begin{cases} m^{\mathrm{p}}-\dfrac{m^{\mathrm{p}}-m^{\mathrm{r}}}{\eta^{*}}\eta, & 0<\eta<\eta^{*} \\ m^{\mathrm{r}}, & 0<\eta<\eta^{*} \end{cases} \qquad (3.44)$$

$$s(\eta)=\begin{cases} s^{\mathrm{p}}-\dfrac{s^{\mathrm{p}}-s^{\mathrm{r}}}{\eta^{*}}\eta, & 0<\eta<\eta^{*} \\ s^{\mathrm{r}}, & 0<\eta<\eta^{*} \end{cases} \qquad (3.45)$$

式中：m^{p}、m^{r} 和 s^{p}、s^{r} 分别表示软化开始和结束时的 m 值和 s 值，η^{*} 表示软化结束和开始时对应的应变之差，η 表示软化区某处与软化开始处的应变之差。上面的 m、s 同步软化，这和实际情况是有很大差别的。本文主要研究基于广义 Hoek-Brown 准则的考虑围岩应变软化特性的洞室变形。参数软化时，为了避免同时软化 mb、s，a，引入 GSI 的软化方法，同时考虑两种不同的弹性应变的假设的推导，具体详细见下文。

完整岩样的 Hoek-Brown 破坏准则是非线性的，具体可以表示为如下形式：

$$\sigma_1=\sigma_3+\sigma_{\mathrm{ci}}\sqrt{m_i\frac{\sigma_3}{\sigma_{\mathrm{ci}}}+1} \qquad (3.46)$$

式中：σ_1、σ_3、σ_{ci}、m_i 依次为第一主应力、第三主应力、岩样的单轴抗压强度和岩石的材料参数。后面将详细介绍如何获取参数 m_i。

式（3.46）是完整岩样的 Hoek-Brown 破坏准则的表达形式。岩体中由于节理、弱面等缺陷的存在，使得其强度小于完整岩样的强度。采用地质强度指标 GSI 作为一个桥梁把完整岩样的参数与岩体参数联系起来。GSI 是一个无量纲的经验参数，其取值范围一般为 10～100。

引入地质强度指标 GSI 后，广义的 Hoek-Brown 准则表达形式为：

$$\sigma_1=\sigma_3+\sigma_{\mathrm{ci}}\left(m_{\mathrm{b}}\frac{\sigma_3}{\sigma_{\mathrm{ci}}}+s\right)^a \qquad (3.47)$$

上式中的参数可以通过下面的公式求取：

$$m_{\mathrm{b}}=m_i\exp\left(\frac{GSI-100}{28-14D}\right) \qquad (3.48)$$

$$s=\exp\left(\frac{GSI-100}{9-3D}\right) \qquad (3.49)$$

$$a=\frac{1}{2}+\frac{1}{6}\left[\exp\left(\frac{-GSI}{15}\right)-\exp\left(\frac{-20}{3}\right)\right] \qquad (3.50)$$

上面的公式中参数 m_i 为完整岩样的常数参数，可以通过室内的三轴试验获取。该参数表示岩石材料的摩擦特性，对岩石的强度有显著的影响。不能进行三轴试验情况时，m_i 可以通过的进行大致的估计，具体可以参见 Hoek 的文献。

Hoek 指出，考虑洞室附近地下水对完整岩样的力学特性的影响非常重要。特别是页岩、粉砂岩和类似的岩石，含水程度对它们力学特性影响很大。因此在采用室内试验获取 m_i 和岩石单轴抗压强度 σ_{ci} 时，必须要保持与现场原位状态相同的含水率，这就要求在进行取芯时一定要采用必要的措施，否则所得的试验数据是不可信的。

地质强度指标 GSI 是 Hoek、Wood 和 Shah 于 1992 年提出的，1994年 Hoek 将其应用于 Hoek-Brown 准则，1998 年 Hoek、Paul Marinos 对 GSI 进行了拓展，也就是现在形式的 GSI。GSI 分类的核心就是定性地对岩体进行详细的工程地质描述，因为在软弱岩体中 RMR 分类和 Q 系统的数值已经毫无意义，但是 GSI 分类的提出并不是为了替代 RMR 分类和 Q 系统，原因是 GSI 不能用于岩体的支护设计或加固，它只是用于岩体特性的估计。GSI 分类的前提是岩体中包含大量的任意方向的不连续结构面，以至于岩体表现为各向同性，所以 GSI 指标不适用于由结构面控制破坏的情形。如未扰动的板岩具有显著的各向异性特性，因此不应采用 GSI 评价岩体特性。

根据岩体的全应力应变曲线，如图 3.5-1 所示，其变形可以分为弹性区域、应变强化区、应变软化区和塑性流动区，为了简化把弹性区域、应变强化区看成弹性变形阶段；同时假定塑性流动区的岩体中的应力随应变增加不发生变化即岩体的残余强度是恒定的。简化后的软化模型如图3.5-2 所示。

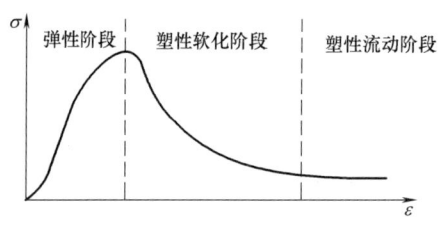

图 3.5-1　岩体的应力应变关系

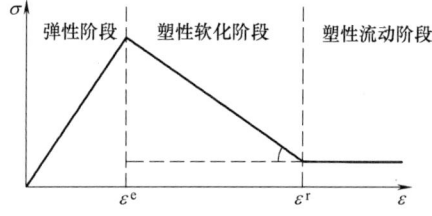

图 3.5-2　理想的弹塑性软化模型

设岩体在弹性阶段的各个参数依次为 σ_{ci}、m_b、s、a，塑性软化阶段为 σ_{cis}、m_{bs}、s_s、a_s，塑性流动阶段为 σ_{cir}、m_{br}、s_r、a_r。岩体受力破坏

的过程中，岩块的抗压强度 σ_{ci} 可以认为是不变的，即 $\sigma_{ci}=\sigma_{cis}=\sigma_{cir}$；公式（3.48）中的 m_i 是完整岩样的常数，表征材料的摩擦特性，可以通过室内三轴试验获取，因此在岩体受力变形过程中，也可以认为是不变化，m_b、s、a 在塑性软化阶段变化可以归结为地质强度指标 GSI 的变化。

为了研究需要，这里定义 GSI 软化模量 M_0，具体意义可以从图 3.5-3 看出，模量计算的表达式如下：

$$M_0 = \frac{GSI_0 - GSI_r}{\varepsilon^r - \varepsilon^e} = \frac{GSI_0 - GSI_r}{\eta^*} \qquad (3.51)$$

式中：GSI_0、GSI_r 分别表示弹性和塑性流动阶段的地质强度指标，ε^e、ε^r 表示弹性阶段和塑性流动阶段的应变量，具体意义如图 3.5-2 所示。软化模量表示单位塑性应变地质强度指标 GSI 的变化量，软化模量的求取可以通过现场原位试验或者通过相似模拟试验获取。地质强度指标 GSI 范围一般为 $10\sim100$。根据式（3.46）、（3.47）绘制 m_b 与 s 与 GSI 的关系曲线。取 $m_i=10$，GSI 从 10 到 80，每隔 5 计算一次，绘制如图 3.5-4。

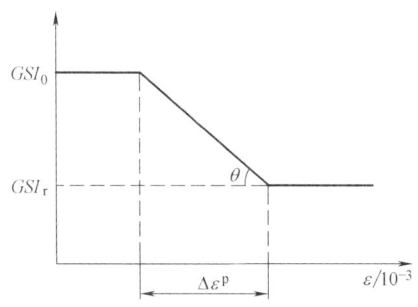

图 3.5-3 GSI 软化示意图

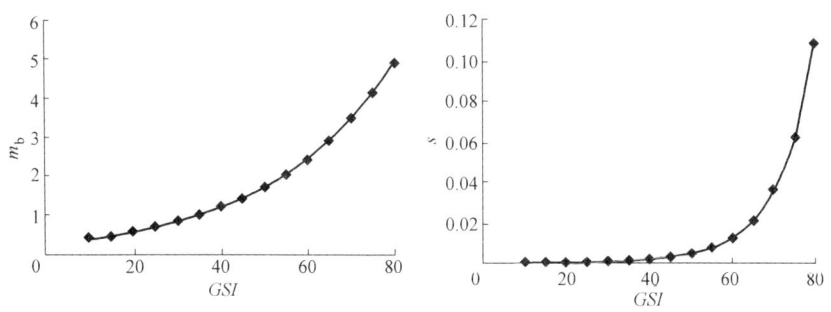

图 3.5-4 m_b、s 与 GSI 的关系图

由图 3.5-4 可以看出，m_b 与 GSI 的关系曲线斜率变化较为平缓，但是 s 随着 GSI 的变化却很急速，s 对 GSI 的变化很敏感。m_b 与 s 对 GSI 的敏感性是不相同的。而式（3.44）、式（3.45）的软化方法，是对 m 和 s 进行线性软化，显然是和实际情况不符合的。因此采用这里的软化方法能够反映 m_b 和 s 不同的软化速度，更接近实际情况。

根据上述假设，圆形隧道开挖后，隧道围岩变形破坏区域如图 3.5-5 所示。这一假设比较符合工程实际情况，以往研究者假设围岩为理想弹塑性或者是弹-脆-塑性的，这些情况是本文研究结果的特例，因此本研究是在以往研究者的基础上并对其研究进行拓展。图 3.37 中 p_0 表示均匀的远场应力，p_i 表示隧道内壁所受的均布荷载，R_0、R_r、R_s 分别为隧道半径，塑性流动区半径和塑性软化区半径。

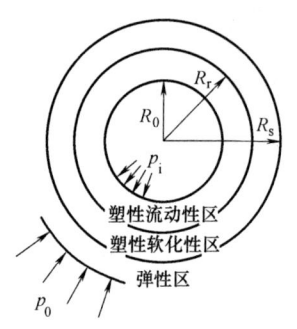

图 3.5-5　围岩变形区域示意图

研究围岩的变形，首先研究塑性区弹性应变为常量的情况。本研究的洞室断面形状为圆形，同时外部和内部受力都是均匀的，因此为轴对称问题，并且有以下关系式：$\sigma_1 = \sigma_\theta$、$\sigma_3 = \sigma_r$、$\varepsilon_1 = \varepsilon_\theta$、$\varepsilon_3 = \varepsilon_r$。忽略自重的影响，则满足以下受力平衡方程：

$$\frac{\partial \sigma_r}{\partial r} + \frac{\sigma_r - \sigma_\theta}{r} = 0 \tag{3.52}$$

应变与径向位移有如下关系：

$$\varepsilon_r = \frac{du}{dr} \tag{3.53}$$

$$\varepsilon_\theta = \frac{u}{r} \tag{3.54}$$

发生屈服时服从 Hoek-Brown 非线性屈服准则：

$$\sigma_1 = \sigma_3 + \sigma_{ci} \left(m_b \frac{\sigma_3}{\sigma_{ci}} + s \right)^a \tag{3.55}$$

弹性区应力和应变计算公式如下：

$$\sigma_r^e = p_0 - (p_0 - \sigma_{rp1}) \left(\frac{R_s}{r} \right)^2 \tag{3.56}$$

$$\sigma_\theta^e = p_0 + (p_0 - \sigma_{rp1}) \left(\frac{R_s}{r} \right)^2 \tag{3.57}$$

$$\varepsilon_\theta = \frac{1}{2G_0}(p_0 - \sigma_{rp1})\left(\frac{R_s}{r}\right)^2 \tag{3.58}$$

$$\varepsilon_r = \frac{1}{2G_0}(\sigma_{rp1} - p_0)\left(\frac{R_s}{r}\right)^2 \tag{3.59}$$

以上公式中 σ_{rp1} 为弹性区和塑性软化区域接触面的径向应力，下面对 σ_{rp1} 进行求解。在弹性区切向应力和径向应力满足如下等式：

$$\sigma_r + \sigma_\theta = 2p_0 \tag{3.60}$$

当 $a = 0.5$ 时，在接触面处同时满足式（3.55）和（3.60），联立求解得：

$$\sigma_{rp1} = \frac{1}{8}\left[8p_0 + m_b\sigma_{ci} - \sqrt{\sigma_{ci}(m_b{}^2\sigma_{ci} + 16p_0 m_b + 16s\sigma_{ci})}\right] \tag{3.61}$$

由于采用式（3.55）和式（3.60）不能求解得出显式的径向应力，因此采用牛顿法进行迭代求解。

设方程为 $f(x) = 0$，则相应的迭代公式为：

$$x_{k+1} = x_k - \frac{f(x_k)}{f'(x_k)} \tag{3.62}$$

根据式（3.55）、式（3.60）和式（3.62）构造下面的计算径向应力的迭代计算公式：

$$\sigma_{r_{k+1}} = \sigma_{r_k} - \frac{2(p_0 - \sigma_{r_k}) - \sigma_{ci}F_1{}^a}{2 + am_b F_1{}^{a-1}} \tag{3.63}$$

其中：$F_1 = m_b\dfrac{\sigma_k}{\sigma_{ci}} + s$。

迭代的初值 σ_{r1} 可以采用式（3.61），即：

$$\sigma_{r1} = \frac{1}{8}\left[8p_0 + m_b\sigma_{ci} - \sqrt{\sigma_{ci}(m_b{}^2\sigma_{ci} + 16p_0 m_b + 16s\sigma_{ci})}\right] \tag{3.64}$$

通过迭代计算即求出弹性区与塑性软化区接触面出的径向应力。

在塑性软化区域应变增量 $d\varepsilon_s$ 有如下的表达式：

$$d\varepsilon_s = d\varepsilon_s{}^e + d\varepsilon_s{}^p \tag{3.65}$$

Wang 采用非关联流动和关联流动法与试验结果进行了对比，结果非关联流动法则更为准确。基于此，这里也采用非关联流动法则，根据非关联流动法则有：

$$d\varepsilon_{rs} = -hd\varepsilon_{\theta s}{}^p \tag{3.66}$$

$$h = \frac{1 + \sin\psi_s}{1 - \sin\psi_s} \tag{3.67}$$

式中 ψ_s 为软化区膨胀角，可以通过试验获取。

则由式（3.65）、式（3.66）可得：

$$\frac{du}{dr}+h\left(\frac{u}{r}\right)=\varepsilon_{\mathrm{rs}}{}^{e}+h\varepsilon_{\theta\mathrm{s}}{}^{e} \qquad (3.68)$$

关于弹性应变的假设有三种，这里首先推导弹性变形为不变量，后面将推导另外一种情况。设在弹性区与塑性软化区接触面的切向和径向应变分别为：$\varepsilon_{\mathrm{rp1}}$、$\varepsilon_{\theta\mathrm{p1}}$，可以通过式（3.58）、（3.59）得出，则有：

$$\frac{du_{\mathrm{s}}}{dr}+h\left(\frac{u_{\mathrm{s}}}{r}\right)=\varepsilon_{\mathrm{rp1}}+h\varepsilon_{\theta\mathrm{p1}} \qquad (3.69)$$

求解式（3.69）得：

$$u_{\mathrm{s}}=\frac{r(\varepsilon_{\mathrm{rp1}}+h\varepsilon_{\theta\mathrm{p1}})}{h+1}+\frac{C_1}{r^h} \qquad (3.70)$$

当 $r=R_{\mathrm{s}}$ 时，

$$\frac{(\varepsilon_{\mathrm{rp1}}+h\varepsilon_{\theta\mathrm{p1}})}{h+1}+\frac{C_1}{R_{\mathrm{s}}{}^{h+1}}=\varepsilon_{\theta\mathrm{p1}} \qquad (3.71)$$

求得：

$$C_1=\left(\varepsilon_{\theta\mathrm{p1}}-\frac{\varepsilon_{\mathrm{rp1}}+h\varepsilon_{\theta\mathrm{p1}}}{h+1}\right)R_{\mathrm{s}}{}^{h+1} \qquad (3.72)$$

$$\begin{aligned}\varepsilon_{\theta\mathrm{s}}&=\frac{\varepsilon_{\mathrm{rp1}}+h\varepsilon_{\theta\mathrm{p1}}}{h+1}+\left(\frac{\varepsilon_{\theta\mathrm{p1}}-\varepsilon_{\mathrm{rp1}}}{h+1}\right)\left(\frac{R_{\mathrm{s}}}{r}\right)^{h+1}\\&=\frac{p_0-\sigma_{\mathrm{rp1}}}{G_0(h+1)}\left[\frac{h-1}{2}+\left(\frac{R_{\mathrm{s}}}{r}\right)^{h+1}\right]\end{aligned} \qquad (3.73)$$

$$\begin{aligned}\varepsilon_{\mathrm{rs}}&=\frac{\varepsilon_{\mathrm{rp1}}+h\varepsilon_{\theta\mathrm{p1}}}{h+1}-\frac{h(\varepsilon_{\theta\mathrm{p1}}-\varepsilon_{\mathrm{rp1}})}{h+1}\left(\frac{R_{\mathrm{s}}}{r}\right)^{h+1}\\&=\frac{p_0-\sigma_{\mathrm{rp1}}}{G_0(h+1)}\left[\frac{h-1}{2}-h\left(\frac{R_{\mathrm{s}}}{r}\right)^{h+1}\right]\end{aligned} \qquad (3.74)$$

$r=R_{\mathrm{s}}$ 和 $r=R_{\mathrm{r}}$ 时得切向应变的差由下面求得：

$$\varepsilon_{\theta\mathrm{p1}}=\frac{1}{2G_0}(p_0-\sigma_{\mathrm{rp1}}) \qquad (3.75)$$

$$\varepsilon_{\mathrm{rp1}}=\frac{1}{2G_0}(\sigma_{\mathrm{rp1}}-p_0) \qquad (3.76)$$

$$\varepsilon_{\theta\mathrm{p2}}=\frac{p_0-\sigma_{\mathrm{rp1}}}{G_0(h+1)}\left[\frac{h-1}{2}+\left(\frac{R_{\mathrm{s}}}{R_{\mathrm{r}}}\right)^{h+1}\right] \qquad (3.77)$$

$$\varepsilon_{rp2} = \frac{p_0 - \sigma_{rp1}}{G_0(h+1)}\left[\frac{h-1}{2} - h\left(\frac{R_s}{R_r}\right)^{1+h}\right] \tag{3.78}$$

根据式 (3.75)、式 (3.77):

$$\eta^* = \varepsilon_{\theta p2} - \varepsilon_{\theta p1}$$

$$= \frac{p_0 - \sigma_{rp1}}{G_0(1+h)}\left[\left(\frac{R_s}{R_r}\right)^{h+1} - 1\right] \tag{3.79}$$

由上式可以计算软化区半径和流动区半径的比值。

$$t = \frac{R_s}{R_r} = \left[\frac{G_0(1+h)\eta^*}{p_0 - \sigma_{rp1}} + 1\right]^{\frac{1}{h+1}} \tag{3.80}$$

在塑性流动区,根据非关联流动法则:

$$d\varepsilon_{rr} = -f d\varepsilon_{\theta r}{}^p \tag{3.81}$$

其中 f 可以通过下式求解:

$$f = \frac{1 + \sin\psi_r}{1 - \sin\psi_r} \tag{3.82}$$

$$\frac{du_r}{dr} + f\left(\frac{u_r}{r}\right) = \varepsilon_{rp2} + f\varepsilon_{\theta p2} \tag{3.83}$$

式中:$\varepsilon_{\theta p2}$、ε_{rp2} 分别为软化区和流动区接触面切向和径向应变。

由式 (3.83) 可以求得流动区域径向位移表达式为:

$$u_r = \frac{r(\varepsilon_{rp2} + f\varepsilon_{\theta p2})}{f+1} + \frac{C_2}{r^f} \tag{3.84}$$

在软化区与流动区接触面径向位移相等,即:

$$\frac{R_r(\varepsilon_{rp2} + f\varepsilon_{\theta p2})}{f+1} + \frac{C_2}{R_r{}^f} = R_r\varepsilon_{\theta p2} \tag{3.85}$$

$$C_2 = \frac{\varepsilon_{\theta p2} - \varepsilon_{rp2}}{1+f}R_r{}^{f+1} \tag{3.86}$$

所以:

$$\varepsilon_{\theta r} = \frac{(\varepsilon_{rp2} + f\varepsilon_{\theta p2})}{1+f} + \frac{\varepsilon_{\theta p2} - \varepsilon_{rp2}}{1+f}\left(\frac{R_r}{r}\right)^{f+1}$$

$$= \frac{p_0 - \sigma_{rp1}}{G_0(1+h)}\left[\frac{h-1}{2} + \frac{f-h}{1+f}\left(\frac{R_s}{R_r}\right)^{h+1}\right] + \frac{p_0 - \sigma_{rp1}}{G_0(1+f)}\left(\frac{R_s}{R_r}\right)^{h+1}\left(\frac{R_r}{r}\right)^{f+1} \tag{3.87}$$

由上可以计算得到隧道内壁的切向应变为:

$$\varepsilon_{\theta R_0} = \frac{p_0 - \sigma_{rp1}}{G_0(1+h)}\left[\frac{h-1}{2} + \frac{f-h}{1+f}\left(\frac{R_s}{R_r}\right)^{h+1}\right] + \frac{p_0 - \sigma_{rp1}}{G_0(1+f)}\left(\frac{R_s}{R_r}\right)^{h+1}\left(\frac{R_r}{R_0}\right)^{f+1}$$

$$\tag{3.88}$$

上式的应变公式中塑性流动区半径仍为未知量，下面主要求解软化区和流动区半径，由于式（3.80）已经给出了二者的关系，因此要再建立一个等式即可求出二者。在求解半径之前，先进行塑性软化区域和流动区域的应力求解。

在塑性软化区满足以下两个方程：

$$\frac{\partial \sigma_{rs}}{\partial r} + \frac{\sigma_{rs} - \sigma_{\theta s}}{r} = 0 \tag{3.89}$$

$$\sigma_{\theta s} = \sigma_{rs} + \sigma_{ci} \left(m_{bs} \frac{\sigma_{rs}}{\sigma_{ci}} + s_s \right)^a \tag{3.90}$$

式（3.89）、（3.90）中 σ_{rs}、$\sigma_{\theta s}$ 分别表示塑性软化区的径向和切向应力，m_{bs}、s_s 为变量，与对应位置的切向应变量有关。假设软化区，GSI 与塑性应变增量有如下关系：

$$dGSI_s = -M_0 d\varepsilon_{\theta s}{}^p \tag{3.91}$$

在塑性软化区切向塑性应变表达式 $\varepsilon_{\theta s}{}^p$ 表达式如下：

$$\varepsilon_{\theta s}{}^p = \varepsilon_{\theta s} - \varepsilon_\theta{}^e = \frac{p_0 - \sigma_{rp1}}{G_0 (h+1)} \left[\frac{h-1}{2} + \left(\frac{R_s}{r} \right)^{h+1} \right] - \frac{1}{2G_0} (p_0 - \sigma_{rp1})$$

$$= \frac{p_0 - \sigma_{rp1}}{G_0 (h+1)} \left[\left(\frac{R_s}{r} \right)^{h+1} - 1 \right] \tag{3.92}$$

求解并根据边界条件 $r = R_s$ 时，GSI_s 为 GSI_0，进行求解得：

$$GSI_s = GSI_0 - \frac{2M_0 \varepsilon_{\theta p1}}{h+1} \left[\left(\frac{R_s}{r} \right)^{h+1} - 1 \right]$$

$$= GSI_0 - \frac{GSI_0 - GSI_r}{\left[(R_s/R_r)^{h+1} - 1 \right]} \left[\left(\frac{R_s}{r} \right)^{h+1} - 1 \right] \tag{3.93}$$

由上式再根据式（3.48）、（3.49）即可求出不同位置的 m_{bs}、s_s，再由公式（3.89）和（3.90）可以对常微分方程求数值解以确定塑性软化区域的径向应力 σ_{rs} 和切向应力 $\sigma_{\theta s}$。

塑性软化应力只能通过数值方法进行求解，由于塑性流动区域岩体参数为常量，因此可以直接求出解析解，下面对塑性流动区域应力进行求解。

塑性流动区同样满足平衡方程和 Hoek-Brown 屈服准则，该区域对应的参数变为 m_{br}、s_r、a_r，参数均为常量，流动区满足式（3.52）和（3.55），采用 maple 10.0 进行求解，结合边界条件 $r = R_0$ 时，$\sigma_{rr} = p_i$ 可得：

$$\sigma_{rr}=\frac{[(m_{br}p_i/\sigma_{ci}+s_r)^{1-a_r}+(1-a_r)m_{br}\ln(r/R_0)]^{1/(1-a_r)}-s_r}{m_{br}/\sigma_{ci}}$$

$$(3.94)$$

在进行求解软化区和流动区域半径时，首先判断围岩是否出现流动区域，判别方法下面进行详细介绍。

首先假设隧道围岩还没有产生塑性流动区，但是已经处于产生塑性流动区的临界状态，则有：

$$\sigma_{rs}=p_i \tag{3.95}$$

上面的公式可以计算出临界 R_c。

当处于临界状态时：

$$R_c=R_0 \cdot t \tag{3.96}$$

当出现塑性流动区时：

$$R_c<R_0 \cdot t \tag{3.97}$$

由式（3.80）可得：

$$t=\frac{R_s}{R_r} \Rightarrow R_s=tR_r \tag{3.98}$$

塑性流动区和软化区域的接触面径向应力相等，即 $r=R_r$ 时：

$$\sigma_{rs}=\sigma_{rr} \tag{3.99}$$

其中 σ_{rs} 可以数值近似求解，具体方法下面将详细介绍。

首先计算 m_{bs}、s_s，由式（3.48）、（3.49）和式（3.93）得：

$$m_{bs}=m_i\exp\left[\frac{A_2-A_1(R_s/r)^{h+1}}{28-14D}\right] \tag{3.100}$$

$$s_s=\exp\left(\frac{A_2-A_1(R_s/r)^{h+1}}{9-3D}\right) \tag{3.101}$$

$$a=\frac{1}{2}+\frac{1}{6}\left[\exp\left(\frac{A_4+A_1(R_s/r)^{h+1}}{15}\right)-A_3\right] \tag{3.102}$$

式中：$A_1=\dfrac{GSI_0-GSI_r}{[(R_s/R_r)^{h+1}-1]}$，$A_2=GSI_0-100+A_1$。

$$A_3=\exp\left(\frac{-20}{3}\right) \qquad A_4=-GSI_0-A_1$$

把上面计算得 m_{bs}、s_s、a 带入式（3.89）结合（3.90）得：

$$\frac{\partial\sigma_{rs}}{\partial r}=\frac{\sigma_{ci}}{r}\left\{m_i\exp\left[\frac{A_2-A_1(R_s/r)^{h+1}}{28-14D}\right]\frac{\sigma_{rs}}{\sigma_{ci}}\right.$$

$$+\exp\left(\frac{A_2-A_1\left(R_s/r\right)^{h+1}}{9-3D}\right)\bigg\}^{\frac{1}{2}+\frac{1}{6}\left[\exp\left(\frac{A_4+A_1\left(R_s/r\right)^{h+1}}{15}\right)-A_3\right]} \tag{3.103}$$

上面得微分方程不能进行直接求解，采用二阶龙格-库塔方法对方程其进行数值求解，该方法具有二阶精度，具体方法如下，设：

$$f(\sigma_{rs},r)=\frac{\partial\sigma_{rs}}{\partial r}=\frac{\sigma_{ci}}{r}\left\{m_i\exp\left[\frac{A_2-A_1\left(R_s/r\right)^{h+1}}{28-14D}\right]\frac{\sigma_{rs}}{\sigma_{ci}}\right.$$

$$+\exp\left(\frac{A_2-A_1\left(R_s/r\right)^{h+1}}{9-3D}\right)\bigg\}^{\frac{1}{2}+\frac{1}{6}\left[\exp\left(\frac{A_4+A_1\left(R_s/r\right)^{h+1}}{15}\right)-A_3\right]} \tag{3.104}$$

$$\begin{cases} y_{n+1}=y_n+h(\lambda_1K_1+\lambda_2K_2) \\ \qquad K_1=f(r_n,\sigma_{rsn}) \\ K_2=f(r_{n+p},\sigma_{rsn}+phK_1) \end{cases} \tag{3.105}$$

且满足：

$$\begin{cases} \lambda_1+\lambda_2=1 \\ \lambda_2 p=0.5 \end{cases} \tag{3.106}$$

给定初值就可以采用以上公式进行数值求解。

σ_{rr} 可以通过下式求解：

$$\sigma_{rr}=\frac{\left[(m_{br}p_i/\sigma_{ci}+s_r)^{1-a_r}+(1-a_r)m_{br}\ln(r/R_0)\right]^{1/(1-a_r)}-s_r}{m_{br}/\sigma_{ci}}$$

$$\tag{3.107}$$

由上面的公式可以看出，目的是求解塑性流动区半径 R_r，但是在使用式（3.107）求解时，需要将其按已知量求解。因此要首先给定一个 R_r 值，使用式（3.107）计算出 σ_{rr}，然后将半径 r 为 tR_r 值时的径向力 σ_{rp1} 作为式（3.105）计算时的初始条件，数值计算得出 $r=R_r$ 时应力结果。如果和式（3.107）计算的结果相差满足一定的精度，则可以认为此时给定的 R_r 即为所求的流动区半径，软化区域半径可以通过 tR_r 求取，否则继续给定 R_r 值，重复上述计算。

由于应力环境不同，有的隧道开挖后围岩可能没有进入塑性流动状态，有的则进入了，这就需要进行判断，具体的判断方法可以采用式（3.97）、（3.98）进行判断，判断时也需要采用数值解，方法同上。

上面推导的是假设弹性应变为常数，下面推导弹性应变是另外一种情况，在软化区弹性径向和切向应变表示为：

$$\varepsilon_{\mathrm{rs}}{}^e = \frac{1}{2G_{\mathrm{s}}} \left[(1-2\nu)C + \frac{D}{r^2} \right] \tag{3.108}$$

$$\varepsilon_{\theta\mathrm{s}}{}^e = \frac{1}{2G_{\mathrm{s}}} \left[(1-2\nu)C - \frac{D}{r^2} \right] \tag{3.109}$$

$$C = \frac{(\sigma_{\mathrm{rp1}} - p_0)R_{\mathrm{s}}{}^2 - (\sigma_{\mathrm{rp2}} - p_0)R_{\mathrm{r}}{}^2}{R_{\mathrm{s}}{}^2 - R_{\mathrm{r}}{}^2}$$

$$= \frac{(\sigma_{\mathrm{rp1}} - p_0)t^2 - (\sigma_{\mathrm{rp2}} - p_0)}{t^2 - 1}$$

$$D = \frac{R_{\mathrm{s}}^2 R_{\mathrm{r}}^2 (\sigma_{\mathrm{rp2}} - \sigma_{\mathrm{rp1}})}{R_{\mathrm{s}}{}^2 - R_{\mathrm{r}}{}^2} = \frac{R_{\mathrm{s}}^2 (\sigma_{\mathrm{rp2}} - \sigma_{\mathrm{rp1}})}{t^2 - 1}$$

式中：G_{s} 表示为软化区域的剪切模量，前面的 G_0 为弹性区域的剪切模量，后面的 G_{r} 表示流动区域的剪切模量。剪切模量与弹性模量有如下关系：

$$G = \frac{E}{2(1+\upsilon)} \tag{3.110}$$

式中：E 为弹性模量、υ 为泊松比。

根据 Hoek 弹性模量求得：

$$\sigma_{ci} \leqslant 100\mathrm{MPa} \ \text{时}, \quad E_{\mathrm{rm}}(GPa) = \left(1 - \frac{D}{2}\right) \sqrt{\frac{\sigma_{ci}}{100}} \cdot 10^{((GSI-10)/40)}$$

$$\tag{3.111a}$$

$$\sigma_{ci} > 100\mathrm{MPa} \ \text{时}, \quad E_{\mathrm{rm}}(GPa) = \left(1 - \frac{D}{2}\right) 10^{((GSI-10)/40)} \tag{3.111b}$$

则弹性区域的弹模可以将 GSI_0 代入上式计算求取，流动区域的弹模将 GSI_{r} 代入求得，υ_0 和 υ_{r} 分别表示弹性区域和流动区域的泊松比。进行简化计算，软化区域的剪切模量 G_{s} 假设为：$G_{\mathrm{s}} = (G_0 + G_{\mathrm{r}})/2$。

在塑性软化区有：

$$\frac{\mathrm{d}u_{\mathrm{s}}}{\mathrm{d}r} + h\left(\frac{u_{\mathrm{s}}}{r}\right) = \varepsilon_{\mathrm{rs}}{}^e + h\varepsilon_{\theta\mathrm{s}}{}^e = \frac{1}{2G_{\mathrm{s}}} \left[(1-2\nu)(1+h)C + \frac{D(1-h)}{r^2} \right]$$

$$\tag{3.112}$$

解得：

$$\varepsilon_{\theta\mathrm{s}} = \frac{(1-2\nu)C}{2G_{\mathrm{s}}} - \frac{D}{2G_{\mathrm{s}}r^2} + \frac{E_1}{r^{h+1}} \tag{3.113}$$

当 $r = R_{\mathrm{s}}$ 时，$\varepsilon_{\theta\mathrm{s}} = \varepsilon_{\theta\mathrm{p1}}$，则有：

$$E_1 = \left(\varepsilon_{\theta\mathrm{p1}} + \frac{D}{2G_{\mathrm{s}}R_{\mathrm{s}}{}^2} - \frac{(1-2\nu)C}{2G_{\mathrm{s}}} \right) R_{\mathrm{s}}^{h+1} \tag{3.114}$$

带入上式，得到：

$$\varepsilon_{\theta s} = \frac{(1-2\nu)C}{2G_s} - \frac{D}{2G_s r^2} + \left(\frac{p_0 - \sigma_{rp1}}{2G_0} + \frac{D}{2G_s R_s^2} - \frac{(1-2\nu)C}{2G_s} \right) \left(\frac{R_s}{r} \right)^{h+1}$$

$$(3.115)$$

$$\varepsilon_{rs} = \frac{(1-2\nu)C}{2G_s} + \frac{D}{2G_s r^2} - h \left(\frac{p_0 - \sigma_{rp1}}{2G_0} + \frac{D}{2G_s R_s^2} - \frac{(1-2\nu)C}{2G_s} \right) \left(\frac{R_s}{r} \right)^{h+1}$$

$$(3.116)$$

$$\eta^* = \varepsilon_{\theta p2} - \varepsilon_{\theta p1}$$
$$= \frac{(1-2\nu)C}{2G_s} - \frac{D}{2G_s R_r^2} + \left(\frac{p_0 - \sigma_{rp1}}{2G_0} + \frac{D}{2G_s R_s^2} - \frac{(1-2\nu)C}{2G_s} \right) \left(\frac{R_s}{R_r} \right)^{h+1}$$
$$- \frac{p_0 - \sigma_{rp1}}{2G_0}$$

$$(3.117)$$

将 C，D 代入上面的公式中：R_s/R_r 均可由 t 代替，因此通过数值方法可以求得 R_s/R_r 的比值 t。

在塑性流动化区有：

$$\frac{du_r}{dr} + f\left(\frac{u_r}{r} \right) = (\varepsilon_{rp2} + \varepsilon_{rr}{}^e - \varepsilon_{rp2}{}^e) + f(\varepsilon_{\theta p2} + \varepsilon_{\theta r}{}^e - \varepsilon_{\theta p2}{}^e) \quad (3.118)$$

上式中 $\varepsilon_{rr}{}^e$、$\varepsilon_{\theta r}{}^e$、$\varepsilon_{rp2}{}^e$、$\varepsilon_{\theta p2}{}^e$ 依次表示流动区的径向弹性应变、切向弹性应变、软化区和流动区接触面处的径向弹性应变和切向弹性应变。

上面公式等式右边参数中只有 $\varepsilon_{rr}{}^e$、$\varepsilon_{\theta r}{}^e$ 是半径 r 变量，其他均为常量。两个变量的计算公式为：

$$\varepsilon_{rr}{}^e = \frac{1}{2G_r} \left[(1-2\nu)E_2 + \frac{E_3}{r^2} \right]$$

$$(3.119)$$

$$\varepsilon_{\theta r}{}^e = \frac{1}{2G_r} \left[(1-2\nu)E_2 - \frac{E_3}{r^2} \right]$$

$$(3.120)$$

$$E_2 = \frac{(\sigma_{rp2} - p_0)R_r^2 - (p_i - p_0)R_0{}^2}{R_r^2 - R_0^2} \quad E_3 = \frac{R_r^2 R_0^2 (p_i - \sigma_{rp2})}{R_r^2 - R_0^2}$$

另外四个常量的计算公式：

$$\varepsilon_{rp2}{}^e = \frac{1}{2G_s} \left[(1-2\nu)C + \frac{D}{R_r^2} \right]$$

$$(3.121)$$

$$\varepsilon_{\theta p2}{}^e = \frac{1}{2G_s} \left[(1-2\nu)C - \frac{D}{R_r^2} \right]$$

$$(3.122)$$

$$\varepsilon_{\theta p2} = \frac{(1-2\nu)C}{2G_s} - \frac{D}{2G_s R_r^2} + \left(\frac{p_0 - \sigma_{rp1}}{2G_0} + \frac{D}{2G_s R_s^2} - \frac{(1-2\nu)C}{2G_s} \right) \left(\frac{R_s}{R_r} \right)^{h+1}$$

$$(3.123)$$

$$\varepsilon_{rp2} = \frac{(1-2\nu)C}{2G_s} + \frac{D}{2G_s R_r^2} - h\left(\frac{p_0 - \sigma_{rp1}}{2G_0} + \frac{D}{2G_s R_s^2} - \frac{(1-2\nu)C}{2G_s}\right)\left(\frac{R_s}{R_r}\right)^{h+1}$$

$$(3.124)$$

上面的微分方程变为：

$$\frac{\mathrm{d}u_r}{\mathrm{d}r} + f\left(\frac{u_r}{r}\right) = E_4 + \frac{1}{2G_r}\left[E_2(1-2\nu)(1+f) + \frac{E_3(1-f)}{r^2}\right] \quad (3.125)$$

$$E_4 = \varepsilon_{rp2} - \varepsilon_{rp2}{}^e + f(\varepsilon_{\theta p2} - \varepsilon_{\theta p2}{}^e)$$

求解上面的微分方程结合边界条件得：

$$\varepsilon_{\theta r} = \frac{2G_r E_4 + E_2(1-2\nu)}{2G_r} - \frac{E_3}{2G_r r^2}$$

$$+ \left(\varepsilon_{\theta p2} + \frac{E_3}{2G_r R_r^2} - \frac{2G_r E_4 + E_2(1-2\nu)}{2G_r}\right)\left(\frac{R_r}{r}\right)^{f+1} \quad (3.126)$$

通过上式令 $r=R_0$ 带入上式得洞室内壁的应变量：

$$\varepsilon_{\theta r} = \frac{2G_r E_4 + E_2(1-2\nu)}{2G_r} - \frac{E_3}{2G_r R_0^2}$$

$$+ \left(\varepsilon_{\theta p2} + \frac{E_3}{2G_r R_r^2} - \frac{2G_r E_4 + E_2(1-2\nu)}{2G_r}\right)\left(\frac{R_r}{R_0}\right)^{f+1} \quad (3.127)$$

关于应力、流动区和软化区半径的计算同前面的方法是一样的，因此可以采用同样的方法去计算，这里不再赘述。

3. 算例分析

首先验证本推导方法的正确性，当 $GSI_r \rightarrow GSI_0$ 且 $\eta^* \rightarrow 0$ 时，本文的计算模型就退化为理想弹塑性模型，下面分别采用 Carranza-Torres C 解析解和本文的算法，计算洞室半径为 5m、初始应力为 5MPa、10MPa、15MPa、20MPa、25MPa、$GSI = 40$、泊松比为 0.3、支护反力为 0、$\sigma_{ci} = 50$MPa、$m_i = 12$、膨胀角为 0°、10° 的情况，然后进行对比，Carranza-Torres C 于 1999 年基于狭义的 Hoek-Brown 准则推导了理想弹塑性解析解。图 3.5-6 是基于计算结果绘制的两种计算方法对比图。

从图 3.5-6 中可以看出，两种算法计算结果在膨胀角为 0° 时，几乎重合，膨胀角为 10° 时，随着应力的增大，差值增大，但是总体相差还是很小。产生微小差别的主要原因是本文是基于广义的 Hoek-Brown 准则推导的，而 Carranza-Torres 法是基于狭义的 Hoek-Brown 准则推导，去除上述的影响，二者的计算结果还是比较吻合的，说明本文的方法是正确和可信的。

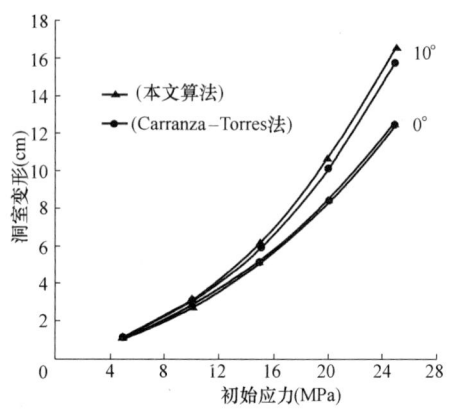

图 3.5-6   理想弹塑性解验证

4. TBM 施工护盾被困风险分析

采用双护盾 TBM 进行掘进时，护盾暴露在围岩之下，如果变形大于 TBM 开挖预留的间隙，洞室内壁围岩就会与护盾接触，对护盾产生挤压作用，这种挤压力达到一定程度就会使得 TBM 无法前进而停机，造成工期延误，这就是所谓的护盾卡机事故。

变形导致的 TBM 施工风险事故主要是卡机事故，表 3.5-1 统计了一些遭遇 TBM 卡机事故的工程。

发生过 TBM 卡机事故的工程实例   表 3.5-1

国　　家	工　程　名　称
中国	引黄入晋工程
中国	昆明掌鸠河引水工程
委内瑞拉	Yacambú Quibor tunnel
伊朗	Ghomroud tunnel
土耳其	Tuzla tunnel

当前世界范围内修建的隧道呈现深埋超长和大直径的趋势，同时 TBM 在这些工程中的应用也越来越广泛，因此由变形引起的 TBM 施工风险事故也越来越普遍。因此对 TBM 施工由变形引起的事故进行风险估计是很必要的。

预测 TBM 卡机的事故主要是对洞室的三维变形进行预测，因为护盾区域变形受到护盾前方掌子面和后方支护的影响。以往研究变形主要是为选择支护形式服务，目前使用比较多的是收敛-约束法。如国外的 Carranza-Torres、Farrokh E、Abdel-Meguid M 等，国内学者这方面的研究也不少，如张素敏、景诗庭、陈寅奕等。Farrokh E 还将收敛-约束法应用于 TBM 卡机估计，但是没有考虑地质条件的不确定性和管片支护的影响。关于 TBM 卡机方面的研究，温森，徐卫亚等采用二维随机有限元进行了研究，但是没有考虑到掌子面与支护的影响。本部分在前人研究的基础上，考虑护盾后方管片衬砌对护盾区域变形的影响，采用风险分析理论进行 TBM 卡机风险分析。

收敛-约束法也称为特征曲线法，通常用来求解洞室开挖后围岩施加在支护上的压力。收敛-约束法由三部分组成：（a）LDP：纵向变形剖面图；（b）GRC：围岩反作用曲线；（c）SCC：支护特征曲线。如图 3.5-7 所示。

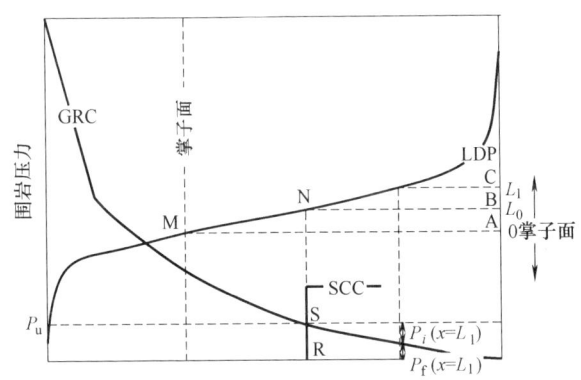

图 3.5-7　收敛-约束法求解示意图

对于采用 TBM 掘进的隧道，TBM 经过软岩区或破碎带时，围岩大变形有时候能够导致护盾被围岩挤压，护盾可以看做是支护系统，只是护盾应当看做是刚体，假设不发生变形。为了能够尽早做好处置措施，可以采用收敛—约束法对此事故提前进行风险分析。TBM 护盾区紧邻隧道掌子面，因此应当考虑掌子面效应。

由于掌子面效应的存在，在掌子面影响范围内，围岩压力 P_u 由两部分承担：掌子面支承力 P_f 和支护反力 P_i，即 $P_u = P_f + P_i$。

假设掌子面对其后方的影响距离为 x_r，则支护与掌子面间的距离 x 大于 x_r 时，围岩压力由支护单独承担，即：$P_u = P_i(x)$，$P_f(x) = 0$。

为了求解护盾的最终压力，可以结合图 3.5-7 中的 LDP 曲线进行求解。Chern 等人在一个工程中进行了实地的数据测量。Hoek 根据这些实测值拟合了以下公式：

$$\frac{u_{\mathrm{r}}}{u_{\mathrm{r}}^{\mathrm{m}}}=\left[1+\exp\left(\frac{-x/R}{1.1}\right)\right]^{-1.7} \tag{3.128}$$

式中：$u_{\mathrm{r}}^{\mathrm{m}}$ 表示远离掌子面处的径向收敛，u_{r} 表示距离掌子面 x 处的径向收敛，x 表示距离掌子面的距离，R 为隧道的洞径。

双护盾 TBM 管片的安装和掘进是同步的，管片安装机在护盾后方，因此护盾始终暴露在围岩之下。由于管片衬砌距离护盾较近，因此其对护盾区域的围岩变形肯定是有影响的，影响的大小取决于管片衬砌所受的压力。可采用 FLAC³D 对支护的影响进行研究，设计试验然后采用 FLAC³D 计算，最后进行非线性拟合。共有两个参数需进行考虑，即 x/R 和 P_i/σ_0，取 x/R 范围为 0～4，P_i/σ_0 范围取为 0～1。为了充分考虑两个因子在取值范围内的影响，选取因子水平为 21，共设计 42 次试验。经过拟合得到如下的公式：

$$\frac{u_{\mathrm{r}}}{u_{\mathrm{r}}^{m}}=\left[1+\exp\left(\frac{-x/R}{1.1}\right)\right]^{-1.7\times(P_i/\sigma_0)^{0.758}} \tag{3.129}$$

式中：P_i 表示支护力，σ_0 为初始地应力，R 为洞室半径，x 表示距离支护边界的距离。

根据以上公式可以看出，当支护力 $P_i = \sigma_0$ 时，式（3.128）和（3.129）是等价的。也就是说此时支护效应相当于掌子面的效应。

下面对拟合的公式有效性进行说明，图 3.5-8 为采用拟合公式对 42 组数据进行计算然后绘制的计算值和预测值的线性关系图。计算值和预测值的线性相关性系数为 0.951，有很强的线性相关性。

根据公式（3.129）可知，当支护压力与初始地应力比值很小时，其对护盾区域的围岩变形影响可以忽略不计，否则不可以忽略。

根据以上分析，护盾区域围岩的变形应该是掌子面和支护效应综合叠加的结果，根据

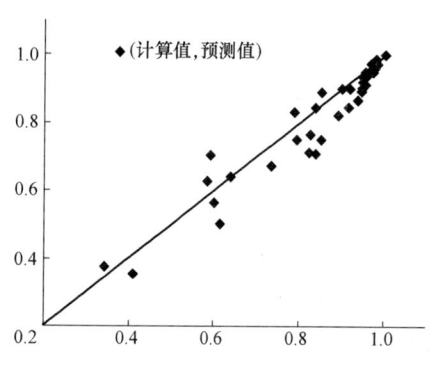

图 3.5-8　计算值与预测值线性关系图

前面推导公式可以求出 $u_r{}^m$，再根据上述公式（3.128）和（3.129）叠加计算出由于掌子面和支护效应而导致的变形减少量，即可求出支护区域的实际变形量。设 x 是护盾距离掌子面距离，L 表示护盾长度，w 表示支护开始发挥作用处距离盾尾的距离。则距离掌子面 x 处的洞室实际变形 u_r 为：

$$u_r = u_r M \times \left[1 + \exp\left(\frac{-x/R}{1.1}\right)\right]^{-1.7} -$$
$$\left\{u_r M - u_r M \times \left[1 + \exp\left(\frac{-(L+w-x)/R}{1.1}\right)\right]^{-1.7 \times (P_i/\sigma_0)^{0.758}}\right\}$$

$$(3.130)$$

根据公式（3.130）即可求出护盾区域任意点处洞室变形，设洞室护盾的间距为 Δu，如果下式成立：

$$u_r - \Delta u > 0 \qquad (3.131)$$

则表示洞室围岩已经对护盾进行了挤压，否则没有产生接触。

图 3.5-7 中的 LDP 曲线应该由公式（3.130）确定。根据 LDP 可以确定护盾区域洞室径向位移。如果 $u_r = \Delta u$ 表示此时护盾与围岩接触，但是不承载，此时荷载均有掌子面承担，该点即为图 3.5-7 中的 L_0 处。此时有，$P_u = P_f(x = L_0)$，此时的 P_u 可以通过前面推导的洞室变形计算公式反求内部支护获得。TBM 护盾可以看作是一个非常坚硬的支护，其支护特性曲线如图 3.5-7 中的 SCC。由于不计护盾的变形，因此后面的洞室变形固定。但由于逐渐远离掌子面，掌子面承担的压力逐渐传递到护盾上，因此护盾的压力是逐渐增大的，直至掌子面效应消失。

图 3.5-9 是隧道径向位移图。图中 A 点表示洞室内壁与护盾刚好接触。由于假设护盾是刚性的，忽略其微小变形，因此洞室后面的径向变形

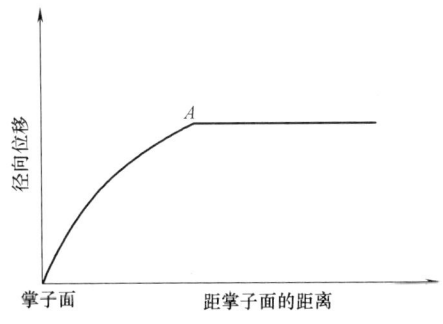

图 3.5-9　护盾区域洞室径向位移图

都是固定值，均等于洞室与护盾之间的预留的间隙值 Δu。

设作用在护盾的压力曲线方程为 $f(x)$，护盾总长度为 L，则作用在护盾上的总压力 N 可以表示为：

$$N = \int_{L_0}^{L} \pi R^2 f(x)\,\mathrm{d}x \tag{3.132}$$

设 TBM 自重为 T，与洞壁的摩擦系数为 f，TBM 有效牵引力为 F，当

$$F/k > (N+T) \times f \tag{3.133}$$

时，则 TBM 就会被卡住，难以脱困。

考虑到地质条件的不确定性，可以从风险的角度去分析，并考虑岩体参数的随机性。则 TBM 发生卡机的风险率为：

$$P = (F/k < (N+T) \times f) = \iint\limits_{R<S} f_{R,S}(r,s)\,drds \tag{3.134}$$

式中 $R = F/k$，$S = (N+T) \times f$。

式（3.134）无法直接积分获取，通常采用数值方法求解。其实 F 值即 TBM 有效牵引力可以认为是确定值，只有护盾压力的计算需要考虑随机参数。本文采用 Monte-Carlo 进行求解，具体方法后面将通过实例进行说明。

5. TBM 施工刀盘被困风险分析

TBM 刀盘对塌方比较敏感，同时，由于刀盘临近掌子面，由于洞室径向变形掌子面效应较小，因此下面只考虑塌方产生的阻力矩。

图 3.5-10 是隧道压力计算图。图中 h_t 为围岩的塌方高度，关于它的取值问题，后面将详细介绍，T 为 TBM 主机的重量，φ 为岩体的内摩擦

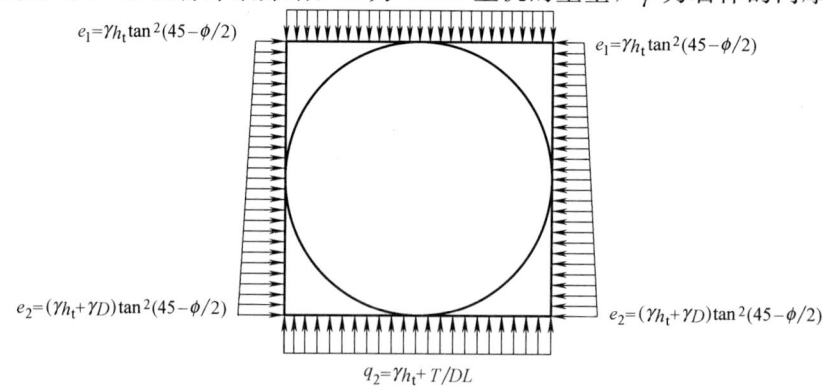

图 3.5-10　松动压力计算示意图

角，γ 为塌方岩体的重度，D 为洞室直径。

TBM 刀盘旋转时，需要克服三个方面的力矩，即刀盘边缘摩擦力矩 F_{r1}、刀盘前方摩擦力矩 F_{r2} 和塌方中掘进需要的力矩 F_{r3}。下面分别介绍以上三个阻力力矩的计算方法。

设刀盘边缘与围岩的摩擦系数为 μ_1，刀盘的宽度为 d。首先计算 F_{r1}，假设四个方向的应力分别作用在刀盘的四分之一周长上，则有：

$$F_{r1} = \frac{\pi D^2 d}{8}(e_1 + e_2 + q_1 + q_2)\mu_1 \qquad (3.135)$$

设刀盘前面与破碎岩体的摩擦系数为 μ_2，为了计算方便，取 e_1 与 e_2 的平均值作为侧向应力的等效应力，则有：

$$F_{r2} = \frac{\pi D^2}{4} \cdot \frac{e_1 + e_2}{2} \cdot \frac{D}{4}\mu_2 = \frac{\pi D^3}{32}(e_1 + e_2)\mu_2 \qquad (3.136)$$

F_{r3} 可以表示为：

$$F_{r3} = \sum_{i=1}^{n}(\xi \cdot F_i \cdot R_i) \qquad (3.137)$$

式中：n 表示刀盘上滚刀总数，ξ 表示滚刀的阻力系数，一般取 $0.15 \sim 0.2$，R_i 为每把滚刀在刀盘上的回转半径，F_i 表示滚刀的作用力，可以取 $210 \sim 310\text{kN}$，常选取 240kN。

则总的阻力力矩 F_r 为：

$$F_r = F_{r1} + F_{r2} + F_{r3} \qquad (3.138)$$

设 TBM 的转矩为 T_r，则下式表示刀盘处于"严重"后果的概率：

$$P_f = P(T_r/k \leqslant F_r < T_r) \qquad (3.139)$$

其他后果概率计算可以类推，根据后果级别以及相应的概率即可判断刀盘被困事故的风险等级。

从图 3.5-10 可以看出，计算阻力力矩关键在于确定围岩的塌方高度 h_t，围岩的塌方高度目前主要是通过经验总结获取。

相关文献给出了各级围岩的自稳能力，下面简单做一个介绍：

Ⅰ级围岩，如果跨度小于或等于 20m，围岩可长期稳定，无塌方；

Ⅱ级围岩，如果跨度在 10~20m 之间，基本稳定，局部可能掉块或小塌方，跨度小于 10m 时，可长期稳定，偶有掉块；

Ⅲ级围岩，如果跨度在 10~20m 之间，可稳定数日至一个月，可能发生小至中塌方；跨度在 5~10m 时，可稳定数月，跨度小于 5m 时可基本稳定；

Ⅳ级围岩，跨度大于 5m 时，一般无自稳能力，数日至数月内可发生松动，小塌方，进而发展为中到大塌方，埋深大时有明显的塑性流动和挤压破坏；

Ⅴ级围岩无自稳能力。

小塌方、中塌方和大塌方分别是指塌方高度为小于 3m、3～6m 和大于 6m。塌方给出的都是一个范围，因此在计算时可考虑塌方高度的不确定性。

上面给出的是一个定性描述，因此在计算时假定Ⅰ级、Ⅱ级、Ⅲ级围岩不考虑塌方，计算围岩压力时只考虑变形压力而不考虑松动压力。Ⅴ级围岩无自稳能力，因此计算压力时只考虑松动压力。对于Ⅳ级围岩，计算支护压力时仍以变形压力为主，但是在计算刀盘阻力矩时只考虑松动压力，其实这样还是可以接受的，因为刀盘附近掌子面效应显著，基本可以忽略变形压力对刀盘的影响。

3.6　板裂结构围岩破坏风险研究

1. 概述

板裂结构最早是由孙广忠教授（1985）提出来的，板裂结构与层状结构不同，所谓层状岩体是指软硬岩层相间的互层岩体，或软弱薄层岩体。结构面以层面、片理为主，常含有软弱夹层，层间错动面，力学特性为正交各向异性似连续介质。板裂结构则是层间错动非常显著，含软弱夹层并且具有板的受力破坏特征，其受力破坏往往不是材料破坏，而是结构失稳破坏，板裂结构受力时其弯曲变形远远大于材料变形。本文所分析隧道，部分洞段围岩为砂岩夹板岩，砂板岩互层岩组，岩性以薄～中厚层砂岩与板岩组成的韵律互层，横向上有时夹灰岩透镜体，透镜体厚度在几米之内，延伸长度不超过 1km。砂岩单层厚度一般为 20～50cm，砂板岩之比一般为 2∶1～1∶1。砂岩岩体较为完整，板岩岩体较为破碎。当岩层倾角为陡倾角时，开挖后在地应力场作用下，如不及时支护，将出现弯曲变形、溃屈、弯折等变形和破坏，特别是在高地应力下，大断面隧道产生的变形破坏后果更加严重。

2. 板裂结构地质背景及板裂介质岩体特征

板裂结构的产生是由层间错动引起的，这种层间错动主要发生在岩层的层面内，当岩层单层厚度较大时，由于滑动剪切力的作用，岩层往往被劈成若干比较薄的岩层。图 3.6-1 为层间错动形成机制。

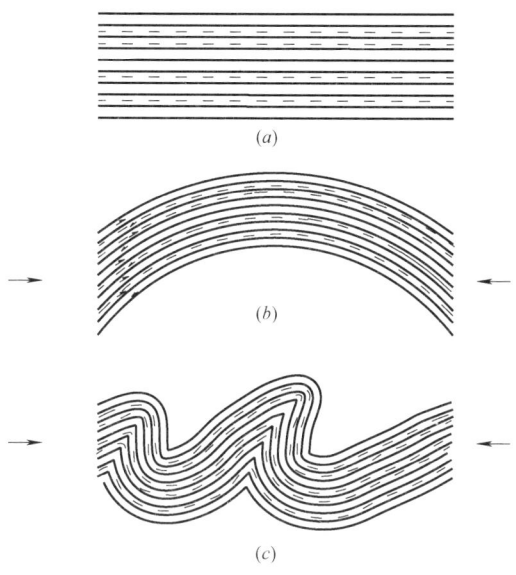

图 3.6-1　层间错动形成机制

如果岩体含有软弱夹层，层间滑动剪切力的反复剪切作用使得夹层形成的劈理被揉错成糜棱岩粉，形成泥化夹层，如图 3.6-2 所示。软弱夹层将坚硬岩体分割成接近分离的板状，板裂程度与软弱夹层发育程度有关，当隧道开挖时，应力发生重分布，当应力足够大时，板裂体便会以弯曲变形、溃曲、弯折破坏形式发生变形与破坏。

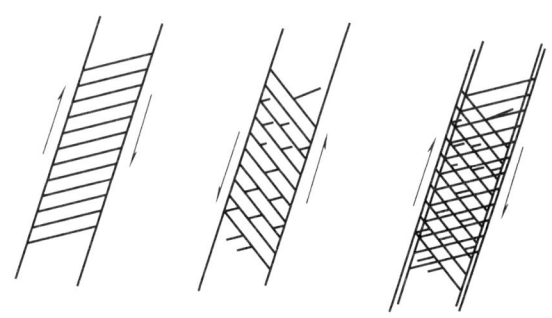

图 3.6-2　泥化夹层形成机制

实际上，并不是只有含泥化夹层的陡倾层状岩体会形成板裂体，在一定条件下，其他结合力较强的层状岩体也会转化为板裂体，孙广忠认为四种岩体可构成板裂介质岩体，并且具有板裂体的力学特征。

（1）由层间错动形成的板裂结构，当层状板长厚比大于15～18时；

（2）在构造作用下，岩浆岩和深变质岩被切割成板状结构；

（3）碎裂结构岩体一组结构面开裂，而另外一组闭合，形成板裂结构；

（4）由于人工开挖，完整岩体在应力重分布情况下，使得岩体劈裂成板状。

本文主要研究第（1）和第（4）种板裂岩体，板裂结构岩体具有板的受力特征和破坏形态。

3. 板裂围岩介质的力学模型

对于板裂围岩破坏规律，由于研究不足，常常被解释为剪切破坏，但是研究表明，在高地应力作用下，隧道开挖之后，围岩内部变形往往不连续，在切向力的作用下，隧道周边围岩会发生开裂，形成板裂化的板条。因此，在轴向力和自重力的联合作用下该板裂体将会发生弯曲变形。当板条弯曲变形量大于洞壁围岩材料极限回弹变形时，就会由于板裂化开裂而形成板裂结构，这种破坏方式类似于岩石在无围压或低围压下的张破裂，当张应变达到极限张应变时，岩体便发生张裂缝，而产生破裂。

深埋隧道板裂化围岩在高应力作用下主要有四种破坏模式，如图3.6-3所示，即：（a）顶板弯折；（b）底板鼓起；（c）斜顶鼓起；（d）边墙弯曲-溃屈。

4. 板裂介质围岩力学作用分析的一般原理

通常板裂围岩可以用两组数学模型表示，如图 3.6-4 所示。

模型（a）的力学作用主要是轴向力控制作用下产生弯曲变形，继而导致溃曲破坏—结构失稳；模型（b）系自重和轴向力联合作用下，以梁板弯曲的形式出现，以梁板的弯折强度控制其破坏。

板裂结构围岩可以进一步抽象为梁板柱组合成的结构，其力学模型可以进一步简化为梁或柱，可以用静力平衡或能量平衡法分析。

（1）静力法求解

图 3.6-5 为板裂结构的一般力学模型。由图 3.6-5，得静力平衡方程为

$$\frac{\mathrm{d}^2}{\mathrm{d}x^2}\left(EI\frac{\mathrm{d}^2 y}{\mathrm{d}x^2}\right)+(P\pm q_1 x)\frac{\mathrm{d}^2 y}{\mathrm{d}x^2}\pm q_1\frac{\mathrm{d}y}{\mathrm{d}x}=-q_2 \tag{3.140}$$

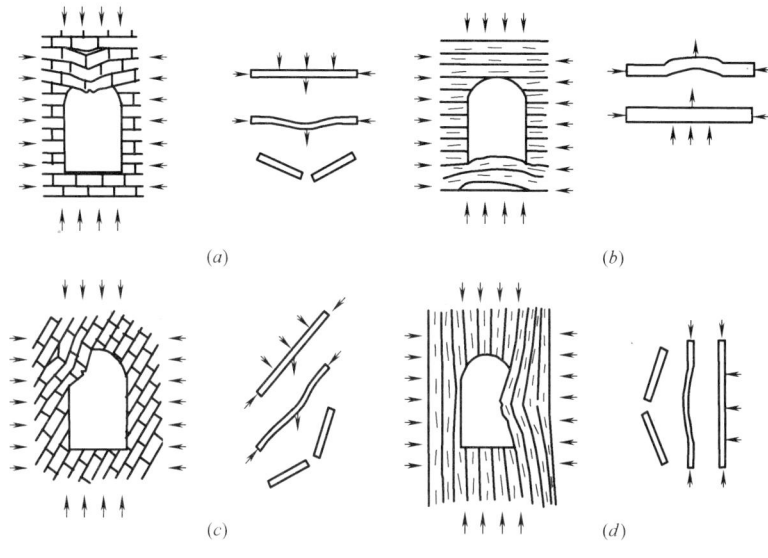

图 3.6-3 板裂体围岩主要破坏模式

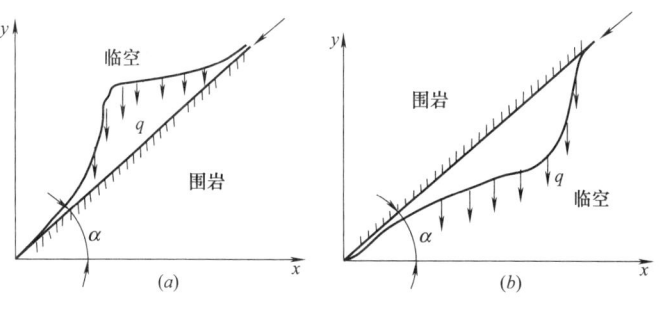

图 3.6-4 板裂围岩力学模型

边界条件为：$x=0$ 及 $x=l$ 处，$y=y_0$ 或 $\dfrac{\mathrm{d}}{\mathrm{d}x}\left(EI\dfrac{\mathrm{d}^2 y}{\mathrm{d}x^2}\right)+(P\pm q_1 x)$

$$\dfrac{\mathrm{d}y}{\mathrm{d}x}=-Q$$

$$\dfrac{\mathrm{d}y}{\mathrm{d}x}=\Phi$$

或

$$EI\dfrac{\mathrm{d}^2 y}{\mathrm{d}x^2}=M \tag{3.141}$$

那么，式（3.140）和式（3.141）就是梁板模型在横向荷载、轴向集中荷载和分布联合荷载作用下梁的弯曲变形基本微分方程。由于该模型失

105

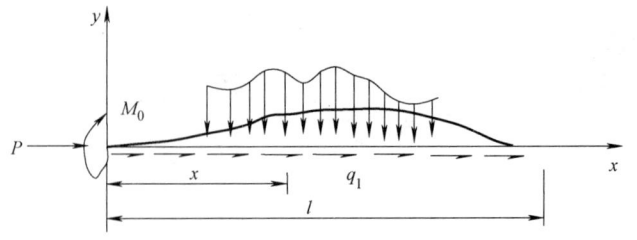

图 3.6-5 板裂结构力学模型

稳条件仅仅与式（3.140）和式（3.141）的齐次方程式有关，即

$$\frac{d^2}{dx^2}\left(EI\frac{d^2 y}{dx^2}\right)+(P\pm q_1 x)\frac{d^2 y}{dx^2}\pm q_1\frac{dy}{dx}=0 \qquad (3.142)$$

边界条件为 $x=0$ 及 $x=l$ 处，$y=0$ 或

$$\frac{d}{dx}\left(EI\frac{d^2 y}{dx^2}\right)+(P\pm q_1 x)\frac{dy}{dx}=0 \qquad (3.143)$$

$$\frac{dy}{dx}=\Phi \text{ 或 } EI\frac{d^2 y}{dx^2}=0 \qquad (3.144)$$

可以将式（3.143）和式（3.144）的特征值作为泛函值问题，即

$$P=S_t\frac{\int_0^l EI\left(\frac{d^2 y}{dx^2}\right)dx-q_1\int_0^l x\left(\frac{dy}{dx}\right)^2 dx}{\int_0^l\left(\frac{dy}{dx}\right)^2 dx} \qquad (3.145)$$

归一化处理

$$\int_0^l\left(\frac{dy}{dx}\right)^2 dx=\frac{1}{L} \qquad (3.146)$$

式（3.145）可写成

$$P=S_t L\left\{\int_0^l EI\left(\frac{d^2 y}{dx^2}\right)^2 dx-q_1\int_0^l x\left(\frac{dy}{dx}\right)^2 dx\right\} \qquad (3.147)$$

将图 3.6-5 所示的板裂结构变形曲线用方程表示为：

$$y=a_1 x^2(l-x)^2+a_2 x^3(l-x)^3+\cdots \qquad (3.148a)$$

$$y=a_1 x^2\left(1-\cos\frac{2\pi x}{l}\right)+a_2\left(1-\cos\frac{6\pi x}{l}\right)+\cdots \qquad (3.148b)$$

则满足边界条件：$x=0$ 及 $x=l$ 处，$y=0$，$\frac{dy}{dx}=0$

取（3.148.b）式的第一项，并取 $q_1=\sin\alpha$，则归一化得

$$y=-\frac{1}{\sqrt{2}\pi}\left(1-\cos\frac{2\pi x}{l}\right) \tag{3.149}$$

代入式（3.147），那么板裂结构发生溃曲破坏的临界力为：

$$P_{cr}=\frac{4\pi^2 E_2 I}{l^2}-\frac{1}{2}ql\sin\alpha \tag{3.150}$$

（2）能量法

板裂结构临界力的计算同样可以用能量法进行推导，根据能量法原理，外力所做的功 ΔT 与结构内部储存的变形能 Δu 相平衡：$\Delta T=\Delta u$。

板的弯曲在层裂以后，黏聚力不做功，外力所做的功主要是横向力 P 和重力 g 在板轴向压缩方向所做的功。其中 $P=qh$，$g=\gamma h$，P 所做的功 ΔT 为：

$$\Delta T_1=Pg V \tag{3.151}$$

式中：Δ 为板在轴向应力 q 作用下的缩短量，即：

$$\Delta=\frac{1}{2}\int_0^l\left(\frac{d\omega}{dx}\right)^2 dx \tag{3.152}$$

自重作用的功 VT_2 为：

$$VT_2=\frac{1}{2}\int_0^l G\sin\alpha(l-x)\left(\frac{d\omega}{dx}\right)^2 dx$$

内部储存的变形能 Δu_1 为：$\Delta u_1=\frac{1}{2}\int_0^l E_2 I\left(\frac{d^2\omega}{dx^2}\right)^2 dx$

系统的势能减小 Δu_2 为：$\Delta u_2=\int_0^l G\omega\cos\alpha dx$，其中 α 为岩层倾角。

根据能量原理，则有：

$$\Delta u_1-\Delta u_2=VT_1+VT_2 \tag{3.153}$$

根据上面的等式可得：

$$\frac{4\pi^4 E_2 I}{l^3}A^2-GAl\cos\alpha=\frac{P\pi^2}{l}A^2+\frac{1}{2}G\pi^2 A^2\sin\alpha \tag{3.154}$$

由于 $A\neq0$，且板裂结构发生溃曲破坏时，$\omega\rightarrow\infty$，即 $A\rightarrow\infty$，则可得板裂结构发生溃曲破坏的临界力：

$$P_{cr}=\frac{4\pi^2 E_2 I}{l^2}-\frac{1}{2}ql\sin\alpha \tag{3.155}$$

根据一些学者的观点，采用梁的理论计算结果比采用不考虑洞室走向方向作用时的板理论小 $1/(1-\mu_2^2)$ 倍，岩层更符合板的理论，因此对临界力进行修正，即：

$$P_{cr} = \frac{4\pi^2 D}{l^2} - \frac{1}{2}ql\sin\alpha \qquad (3.156)$$

5. 层状围岩转化为板裂体的转化荷载研究

地下洞室开挖后，洞室周围一定区域发生应力重分布，洞壁处径向应力变为零，切向应力达到最大，对于洞室陡倾层状围岩，在一定条件下会产生层间开裂，进而出现弯曲变形或溃曲破坏。发生弯曲变形时，洞室表面岩层层间丧失结合力，产生塑性变形前首先出现层间开裂，而后发生弯曲。图3.6-6为圆形洞室开挖后的地质模型图。

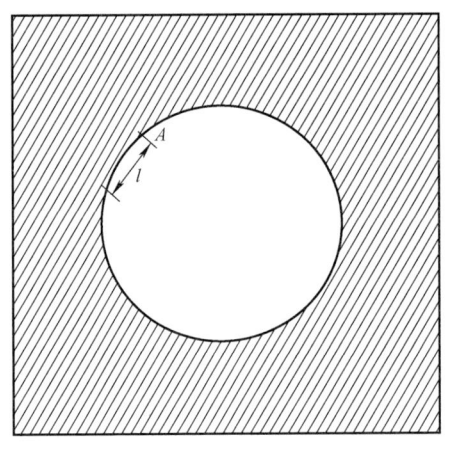

图 3.6-6　地下洞室开挖地质模型

图3.6-6中 A 处层状围岩临空，如果该处岩层切向力达到一定值，则发生层间开裂，形成板裂结构。假设临空面岩层长度为 l，两端为固定边界条件，沿隧道走向取单位长度，可按梁理论求解，计算力学模型见图3.6-7。

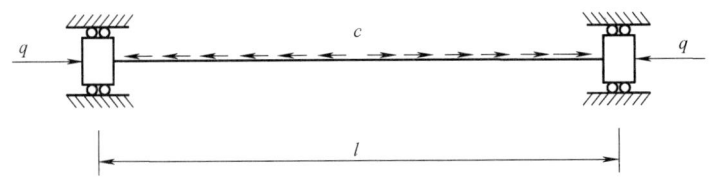

图 3.6-7　计算力学模型

假设板在轴向力 q 作用下，当 q 达到层间抗剪强度，则有：

$$qh = \frac{(c + f\sigma) \cdot l}{2} \qquad (3.157)$$

式中：f 为摩擦系数；c 为黏聚力；σ 为临空岩层受到的压应力。

则推出层状结构转化为板裂结构的应力条件：

$$q_t = \frac{(c + f\sigma) \cdot l}{2h} \tag{3.158}$$

当岩层所受到的轴向应力大于 q_t，则会形成板裂结构，可以按梁理论计算板裂结构弯曲变形以及受力情况。

6. 层状围岩圆形洞室应力计算

层状围岩属于各向异性介质，平行、垂直岩层表面的弹性模量与泊松比差异很大。对于各向等压条件下的圆形洞室，可知其解析解，所采用的计算模型如图 3.6-8 所示。

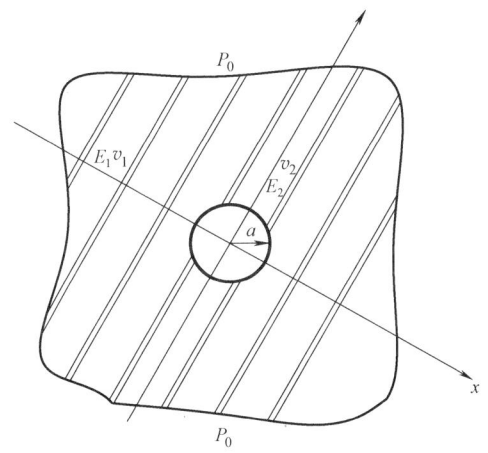

图 3.6-8　计算模型图

式（3.159）、式（3.160）为不考虑支护下的深埋隧道围岩应力计算公式，式中 σ_{rx}，σ_{ry}，σ_{tx}，σ_{ty} 分别表示图中 x、y 轴上的径向应力和切向应力，E_1、ν_1 和 E_2、ν_2 分别表示垂直层面和平行层面的弹性模量与泊松比。

$$\begin{cases} \sigma_{rx} = p_0 \left[1 - \left(\dfrac{a}{r} \right)^{\beta} \right] \\ \sigma_{tx} = p_0 \left[1 + \eta \left(\dfrac{a}{r} \right)^{\beta} \right] \end{cases} \tag{3.159}$$

$$\begin{cases} \sigma_{ry} = p_0 \left[1 - \left(\dfrac{a}{r} \right)^{\alpha} \right] \\ \sigma_{ty} = p_0 \left[1 + \dfrac{1}{\eta} \left(\dfrac{a}{r} \right)^{\alpha} \right] \end{cases} \tag{3.160}$$

式中：$\alpha = \sqrt{b_0/c_0} + 1$；$\beta = \sqrt{c_0/b_0} + 1$；$\eta = \dfrac{a_0\sqrt{c_0/b_0} - c_0}{a_0 - \sqrt{b_0 c_0}} > 0$；$a_0 = n_0\nu_1(1 + \nu_2)$；$b_0 = 1 - \nu_2{}^2$；$c_0 = n_0(1 - n_0\nu_1{}^2)$；$n_0 = E_2/E_1$；$a$ 为洞室内径。

采用式（3.159）、式（3.160）的前提条件是应力场均匀且岩性单一，对于深埋隧道近似认为处于静水压力状态。

7. 层状围岩破坏与变形风险分析

由式（3.159）可得 $r = a$ 时临空岩层受到的切向应力 σ_{ty}。首先判断围岩属于材料破坏还是弯曲破坏。

材料破坏判据为：

$$\sigma_\theta \leqslant \sigma_c \tag{3.161}$$

板条稳定判据为：

$$P \leqslant P_{\text{cr}} \tag{3.162}$$

式中：σ_θ 为洞壁处切向应力，σ_c 为岩块单轴抗压强度，P 为板条上作用的荷载，P_{cr} 为临界荷载。

洞壁出现板裂的条件是：

$$u = u_x + u_m > u_{\text{xm.L}} \tag{3.163}$$

式中：u_x 为板裂化形成的板条弯曲变形，u_m 为洞壁围岩材料变形，$u_{\text{xm.L}}$ 为洞壁围岩极限张应变所能承受的回弹变形。

设板条弯曲时作用于其上的应力为 σ_0。根据孙广忠构造的圆拱直边墙变形协调方程：

$$\frac{1}{2}V = \delta \tag{3.164a}$$

$$\delta = \frac{1 - \nu_2^2}{E_2}L(\sigma_{\text{ty}} - \sigma_0) \tag{3.164b}$$

式中：V 为板裂体轴向缩短变形；δ 为洞室回弹变形；L 为弧长；$L = a\left[\dfrac{\pi}{2} - \arctan\dfrac{l}{2a}\right]$，$a$ 为洞室半径，l 为板条长度。

由能量法原理：

$$A = \frac{2Gl^4\cos\alpha}{8\pi^4 D - 2\sigma_0 h\pi^2 l^2 - G\pi^2 l^3\sin\alpha} \tag{3.165}$$

$$\frac{\pi^2}{2l}A^2 = \frac{1 - \nu_2{}^2}{E_2}L(\sigma_{\text{a-tx}} - \sigma_0) \tag{3.166}$$

$$BJ^2\sigma_0{}^3 - (BJ^2\sigma_{\text{a-tx}} + 2BHJ)\sigma_0{}^2 + (2BHJ\sigma_{\text{a-tx}} + BH^2)\sigma_0 - BH^2\sigma_{\text{a-tx}} + F = 0 \tag{3.167}$$

其中：$B=\dfrac{2l(1-\nu_2{}^2)}{E_2\pi^2}L$，$J=2h\pi^2l^2$，$H=8\pi^4D-G\pi^2l^3\sin\alpha$，$F=(2Gl^4\cos\alpha)^2$

σ_0 可以通过试算的方式求得，设 Z_1、Z_2 分别为发生层间开裂和发生溃曲破坏的功能函数，则：

$$Z_1=R-S=q_t-\sigma_{a-tx} \tag{3.168}$$

$$Z_2=R-S=P_{cr}-\sigma_0 \tag{3.169}$$

形成板裂结构的风险概率为：

$$P(Z_1<0)=P(q_t-\sigma_{a-tx}<0) \tag{3.170}$$

发生溃曲破坏的风险概率为：

$$P(Z_2<0)=P(P_{cr}-\sigma_0<0) \tag{3.171}$$

由于层间开裂先于溃曲破坏，则：

$$P(Z_1<0)>P(Z_2<0) \tag{3.172}$$

如果未发生溃曲破坏，则需要计算洞室的变形，求其总变形是否超过允许极限变形，板裂结构隧道总变形包括材料变形和弯曲变形，即：

$$S_总=S_s+S_m \tag{3.173}$$

式中：S_m 为洞室材料变形；S_s 为板裂体弯曲变形。

板裂结构的弯曲变形在 $x=l/2$ 时最大，即：

$$S_s=2A \tag{3.174}$$

材料变形为：

$$S_m=r\varepsilon_\theta=r\dfrac{1-\nu_2{}^2}{E_2}\left[V\sigma_\theta-\dfrac{\nu_2}{1-\nu_2}V\sigma_r\right] \tag{3.175}$$

式中：r 为洞室内径；$V\sigma_r=-p_0$；$V\sigma_\theta=\sigma_\theta-p_0$；$p_0$ 为初始地应力。

8. 板裂体弯曲失稳风险分析

（1）计算模型

某隧道在桩号 7+700～8+800 段，围岩岩性砂板岩互层，根据勘察，该段以砂岩为主，夹少量板岩。砂岩以中厚层、厚层为主，单层厚度一般 20～50cm，板岩主要为薄层、极薄层。砂板岩之比一般为 2～1:1。砂岩岩体较为完整，板岩岩体较为破碎。根据围岩分类，围岩走向与洞轴夹角在 0～30°之间，具有板裂体破坏特征。

根据前述风险概率模型，板裂结构发生溃曲破坏时，首先应建立功能函数模型，则层间开裂的功能函数模型为

$$Z_1 = R - S = q_t - \sigma_{ty}$$

溃曲破坏的功能函数模型为

$$Z_2 = R - S = P_{cr} - \sigma_0 h$$

层间开裂的风险概率为

$$P(Z_1 < 0) = P(R - S < 0) = P(q_t - \sigma_{ty} < 0)$$

层间溃曲概率为

$$P(Z_2 < 0) = P(R - S < 0) = P(P_{cr} - \sigma_0 h < 0)$$

如果未发生溃曲破坏，则可根据公式计算洞壁总的变形，确定变形量是否超过临界值，即

$$S_{总} = S_s + S_m$$

式中：

$$S_s = 2A$$

$$S_m = r\varepsilon_\theta = r \frac{1-\nu_2{}^2}{E_2} \left[V\sigma_\theta - \frac{\nu_2}{1-\nu_2} V\sigma_r \right]$$

（2）随机变量取值

研究中板裂体为板状砂岩，视为横观各向同性，则根据勘察资料，采用表 3.6-1 中的随机变量。板条长度设为 3.2m，板厚为 0.1m，岩体密度为 2730kg/m³，岩层倾角为 80°。

输入随机变量表　　　　　　　　　表 3.6-1

项目	随机变量	分布类型	均值	标准差
砂岩	平行层面弹模	正态分布	7.6GPa	0.76GPa
	垂直层面弹模	正态分布	1.93GPa	0.193GPa
	平行层面泊松比	正态分布	0.18	0.0144
	垂直层面泊松比	正态分布	0.28	0.028
层面	内摩擦角	正态分布	33.8°	3.38°
	黏聚力	正态分布	0.11MPa	0.011MPa
	初始应力	正态分布	30MPa	4.5MPa

（3）计算结果

根据 Monte Carlo 法抽样 10000 次模拟结果，则得到砂板岩层之间发生层间开裂的概率为 40.18%，表明有可能形成板裂体。

板裂体发生溃曲破坏的概率为 0，表明未发生溃曲破坏。

未发生溃曲破坏，则需要总变形，即计算弯曲变形与材料变形之和，

判断是否超过洞室最大允许变形。

图 3.6-9 为总变形量分布直方图。

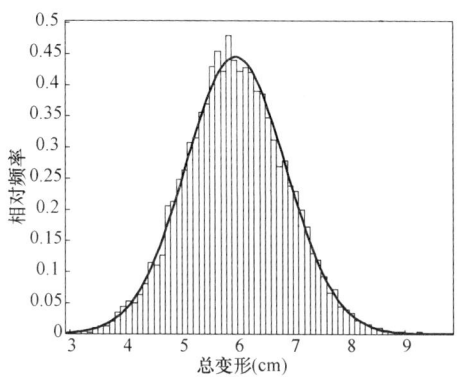

图 3.6-9 总变形量分布直方图

由图 3.6-9，可知总变形均值为 5.97cm，应变量为 1.19%，小于我国隧道位移限值，如公路隧道施工技术规范规定的 0.8%～2.0%。因此，大部分地段不会由于变形过大而发生破坏。

图 3.6-10 为围岩变形量超越概率分布。

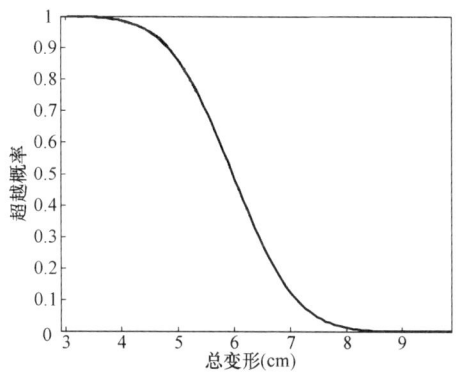

图 3.6-10 围岩变形量超越概率分布

可以根据图 3.6-10 计算隧道变形大于某一值的概率，假设硬岩隧道变形破坏允许变形量为 8cm，则可计算出，即失效概率为 1.17%。

图 3.6-11 为围岩变形量累积概率分布。

可以根据图 3.6-11 计算隧道变形小于某一值的概率，假设硬岩隧道变形破坏允许变形量为 8cm，则可计算出围岩变形小于 8cm 的概率为 98.8%。由围岩变形量超越概率及累积概率分布，可知该段由于板裂体弯

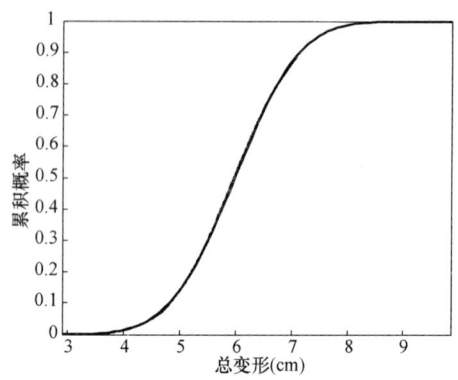

图 3.6-11　围岩变形量累积概率分布

曲变形过大而发生破坏的可能性较小。

3.7　软岩挤压变形破坏风险

1. 概述

目前，软弱围岩的定义尚未统一，但一般认为是具有"软弱、破碎、膨胀流变特征的岩体及强风化和高应力岩体等"。这类围岩主要包括板岩、千枚岩、泥岩以及断层破碎带等。对软岩来说，在高地应力环境下开挖隧道，影响围岩稳定性的主要失效模式是软质岩段塑性大变形，或者称为挤压大变形。这种挤压变形是软岩产生塑性大变形的主要原因，它是一种变形速率快、而收敛速率较慢、具有显著流变特征的发展过程。围岩塑性挤压变形会导致混凝土管片衬砌变形、破损；若出现严重挤压，还会发生卡机事故，使掘进机前进被迫中断，如荷兰西斯凯尔特河隧道，由于围岩挤压强烈而被困两周，引黄工程隧道掘进机遇到软岩挤压变形而长时间被困等，给工程顺利进行带来严重后果。图 3.7-1 为印度 Nathpa Jhakri 隧道，当掘进机进入断层带时，由于高地应力和岩体较破坏，拱部出现强烈挤压变形（达到 1000mm），而导致支护损毁、施工被迫中断。

2. 某隧道软岩变形分析

某隧道主要围岩为砂岩、板岩及其组合的韵律岩层，可能出现塑性挤压大变形的洞段主要是板岩夹砂岩段及断层破碎带区域。

其中板岩夹砂岩段主要为板岩，岩体比较破碎、结构面发育，薄层结

图 3.7-1　印度 Nathpa Jhakri 隧道出现的严重挤压变形

构，饱和抗压强度在 10.4～37.2MPa 之间，平均为 21.7MPa，以较软岩为主，部分为软岩，围岩综合分类为Ⅲ类。高地应力下，板岩强度不足时易产生塑性挤压变形，可能导致塌方或变形破坏。

区内断裂构造发育，主要由 NNW 向断层，NW、NWW 向断层，NE 向断层，近 SW 向断层。NNW 向断层出现于色达洛若乡以西一带，除斜贯线路区的塔子断层带外，其余多由一系列规模不大的逆断层构成，单条断层一般延长 5～10km，短者 2～3km，断层总体倾向北东，倾角为 40°～75°，单条断层破碎带宽几米～几十米，最宽 200m。以塔子断层带（F_{10}、F_{450}、F_{54}、F_{454}、F_{455}）为代表，岩石十分破碎，节理、裂隙发育，常见石英脉充填，高应力下这些软弱破碎岩体极可能出现挤压变形破坏。

3. 围岩挤压变形破坏发生机理

通常认为围岩发生大变形的机制分为两类：一是隧道开挖后应力发生重分布，围岩应力超过其强度，从而引起塑性破坏，变形不断发展；二是由于膨胀岩体吸水后体积发生膨胀，而表现为大变形。本文研究的岩体属于第一类，即高应力下软弱围岩发生挤压变形破坏。

4. 挤压性围岩大变形破坏机理

在隧道开挖以前，隧道围岩往往处于三向受压状态，结构面闭合，处于稳定状态，当隧道开挖以后，原有的应力平衡状态被打破，导致应力出现重新分布，部分区域则出现应力集中，当应力大于围岩单轴抗压强度时，则岩体开始变形破坏。Evert Hoek 的研究发现，当岩体强度应力比小于 0.2 时，则围岩切向应变急剧增加，如果支护不及时或支护不合理，则会出现严重的围岩稳定性问题，隧道围岩和开挖面都会出现坍塌。图 3.7-2 为岩体强度应力比和切向应变之间的关系。

根据研究，挤压破坏可分为三种形式。

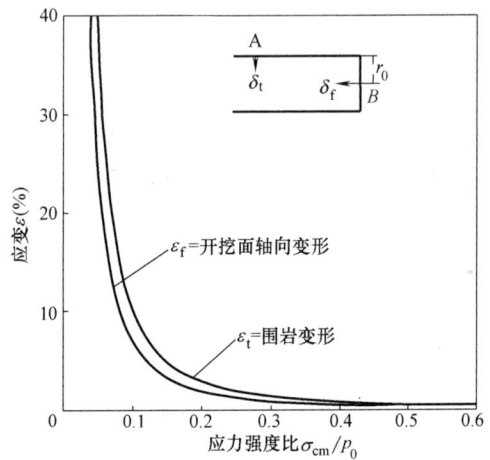

图 3.7-2　岩体强度应力强度比应变率关系

（1）完全剪切破坏：主要是由于隧道周边围岩受到的剪应力大于其强度而发生剪切破坏，见图 3.7-3（a）。

（2）弯曲变形破坏：节理或层状围岩容易发生弯曲变形破坏，如薄层沉积岩、云母片岩等，本研究的薄层状板岩也具有挤压变形的特性，该破坏见图 3.7-3（b）。

（3）剪切滑移破坏：主要发生在厚层沉积岩中，沿层面发生滑移挤出，见图 3.7-3（c）。

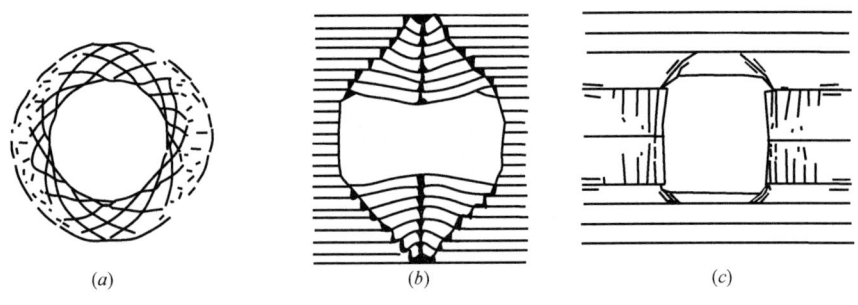

图 3.7-3　挤压变形破坏类型

（a）完全剪切破坏；（b）弯曲变形破坏；（c）拉裂、剪滑破坏

根据工程实际情况，认为软岩挤压变形破坏机理为：

（1）高地应力作用

深埋隧道大部分处于高地应力之下，部分处于极高地应力下，在如此高的地应力作用下，软岩岩体强度较低，不但会产生显著的塑性变形，而且表现为长期的流变特性，从而导致极大的变形产生。

（2）开挖影响

隧道在开挖之前为平衡状态，当开挖之后，原有的应力平衡状态消失，导致应力重分布，围岩切向应力增大，径向应力减小，由于水平主应力较大，导致隧道顶部和底部出现应力集中，引起围岩发生塑性或黏性流动。

（3）软弱围岩的流变特性

由于围岩单轴抗压强度很低，使得其流变界限也比较小，围岩应力很容易达到其流变下限，流变变形往往持续时间长、变形大，当变形超过一定值时，衬砌被压坏，导致洞室失效。

（4）扩容膨胀

高应力下比较软弱、破碎的岩体，其结构面在开挖以外往往处于挤压密实状态，当开挖以后，应力得以释放，剪应力的作用使得某些结构面出现扩容现象，在微观上为晶粒之间的错动、滑移，宏观上表现为围岩体积随时间发展出现膨胀。

5. 高地应力软岩挤压变形风险概率计算模型

Hoek（1999）认为，当掘进机在软弱岩体中开挖，在岩石强度应力比 σ_{cm}/p_0 小于 1/3 时，挤压变形急剧增加，根据未支护围岩计算，画出了围岩应变量与应力强度比的关系，如图 3.7-4 所示。

隧道稳定性问题可用围岩切向应变来确定，切向应变为径向位移与隧道直径的比值，当临界应变接近 2% 时，围岩达到稳定与不稳定过渡区，需要考虑支护是否合适，详细制定支护措施。事实上，围岩的支护措施，反映到计算公式里，可用支护压力来代替。根据大量的工程资料收集，采用曲线拟合，则深埋隧道围岩的塑性区和切向应变可用下列公式表示：

$$\frac{d_p}{d_0} = \left(1.25 - 0.625\frac{p_i}{p_0}\right)\left(\frac{\sigma_{cm}}{p_0}\right)^{\left(\frac{p_i}{p_0} - 0.57\right)} \tag{3.176}$$

$$\varepsilon = \frac{\delta_i}{d_0} = \left(0.002 - 0.0025\frac{p_i}{p_0}\right)\left(\frac{\sigma_{cm}}{p_0}\right)^{\left(2.4\frac{p_i}{p_0} - 2\right)} \tag{3.177}$$

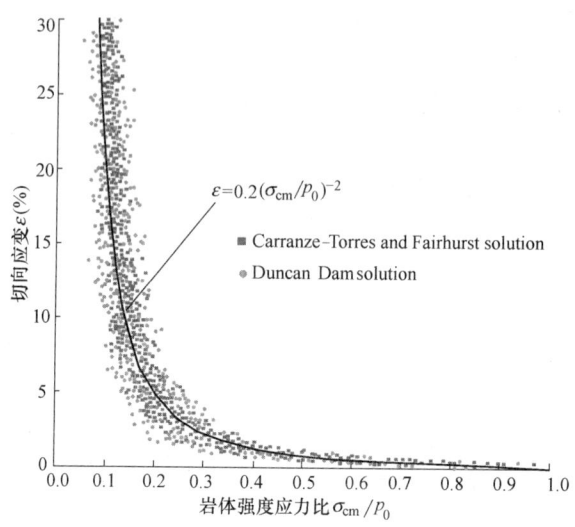

图 3.7-4　围岩应变量与应力强度比的关系

式中：d_p 为塑性区直径；d_0 为隧道直径；p_i 为内部支护压力；p_0 初始垂直地应力（静水压力）；δ_i 为隧道径向变形；σ_{cm} 为岩体单轴抗压强度。

$$\sigma_{cm}=(0.0034m_i^{0.8})\sigma_{ci}\left[1.029+0.025e^{(-0.1m_i)}\right]^{GSI} \qquad (3.178)$$

式中：σ_{ci} 为完整岩石单轴抗压强度；m_i 为反映岩体内部摩擦特性的常数；GSI 反映岩体强度与岩块强度关系的地质强度指标。

根据以上公式可对实际隧道工程变形量进行预测，通过对大量工程进行研究，隧道切向应变大部分小于 2%，但在围岩软弱地段，应变超过 40%，因此需要深入研究隧道沿线的挤压变形潜力。由于测定参数 σ_{ci}、m_i、GSI 相当困难，而且离散性较大，可将这三个参数视为随机变量，设这些值均服从正态分布，将初始静水压力也视为随机变量且服从正态分布。则可将式（3.176）与式（3.177）及参数 σ_{ci}、m_i、GSI、p_0 代入程序@RISK 或编制蒙特卡洛程序，则可计算出切向应变的分布，相对概率及累计概率。胡克给出了挤压程度与应力强度比的关系，如图 3.7-5 所示，可以区分围岩挤压程度。

胡克划分的挤压程度为：

$\varepsilon<1\%$，无挤压；$1\%<\varepsilon<2.5\%$，轻微挤压；$2.5\%<\varepsilon<5\%$，严重挤压；$5\%<\varepsilon<10\%$，非常严重挤压；$\varepsilon>10\%$，灾难性挤压。

根据应变与挤压程度的关系，可得出挤压风险概率为：

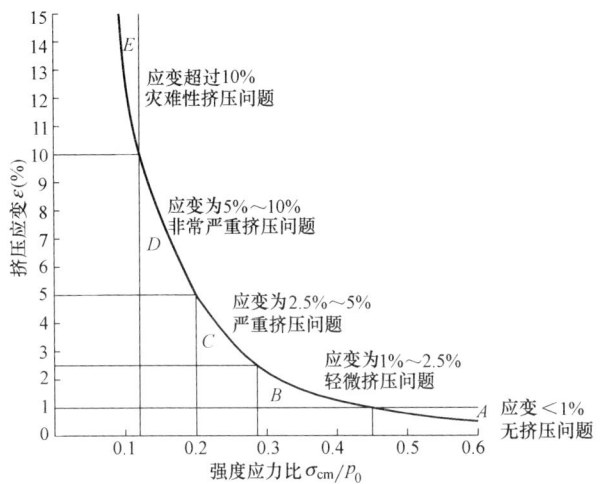

图 3.7-5 Hoek 提出的挤压程度与挤压应变关系

不发生挤压失稳的概率为：
$$P_{\text{few}} = p(\varepsilon < 1\%) \tag{3.179}$$

轻微挤压问题概率为：
$$P_{\text{minor}} = p(1\% < \varepsilon < 2.5\%) \tag{3.180}$$

严重挤压问题概率为：
$$P_{\text{severe}} = p(2.5\% < \varepsilon < 5\%) \tag{3.181}$$

非常严重挤压问题概率为：
$$P_{\text{verys}} = p(5\% < \varepsilon < 10\%) \tag{3.182}$$

灾难性挤压问题概率为：
$$P_{\text{extreme}} = p(\varepsilon > 10\%) \tag{3.183}$$

由于围岩变形值与隧道所处的围岩性质、支护结构形状及施工现场情况等条件有关，任一点的允许变形量是在某种具体条件下的隧道稳定极限变形量，并没有统一的标准。对深埋软岩隧道，允许变形量的确定更加复杂，目前判别围岩失稳的极限位移标准并不统一。

6. 实例分析

（1）计算模型

某隧道在桩号为 $7+700$ 处，发育有 F461 断层，断层带宽约 40m，走向 NNW，倾向 NE，倾角 70°，长 3.5km，岩石破碎，两盘产状相抵，节理较发育，为逆断层。根据地应力反演计算，最大主应力为 31.4MPa，最大主应力方向为北东 28°左右。

断层带影响范围内围岩类别为 V 类，属于软弱围岩。

根据风险概率模型，软弱围岩发生挤压破坏的功能函数模型为：

不发生挤压失稳的概率为：

$$P_{few} = p(\varepsilon < 1\%)$$

轻微挤压问题概率为：

$$P_{minor} = p(1\% < \varepsilon < 2.5\%)$$

严重挤压问题概率为：

$$P_{severe} = p(2.5\% < \varepsilon < 5\%)$$

非常严重挤压问题概率为：

$$P_{verys} = p(5\% < \varepsilon < 10\%)$$

灾难性挤压问题概率为：

$$P_{extreme} = p(\varepsilon > 10\%)$$

其中：

$$\varepsilon = \frac{\delta_i}{d_0} = \left(0.002 - 0.0025\frac{p_i}{p_0}\right)\left(\frac{\sigma_{cm}}{p_0}\right)^{\left(2.4\frac{p_i}{p_0} - 2\right)}$$

$$\sigma_{cm} = (0.0034 m_i^{0.8})\sigma_{ci}\left[1.029 + 0.025 e^{(-0.1 m_i)}\right]^{GSI}$$

由于 TBM 开挖时未施加支护，支护力 $p_i = 0$，则应变为：

$$\varepsilon = 0.002 \times \left(\frac{\sigma_{cm}}{p_0}\right)^{-2}$$

（2）随机变量取值

本研究中由于岩体较为破碎，将其视为各向同性，则根据勘察资料，输入随机变量见表 3.7-1，表中随机变量由 Hoek 提供的指标确定。

输入随机变量   表 3.7-1

随机变量	分布类型	均值	标准差
σ_{ci}	正态分布	65MPa	7MPa
m_i	正态分布	17	1.7
GSI	正态分布	20	2.2
p_0	正态分布	25MPa	2.5

（3）计算结果

采用蒙特卡罗法模拟 10000 次，则得到应变分布直方图为图 3.7-6。

由图 3.7-6 知挤压变形近似服从对数正态分布，均值为 7.86%。

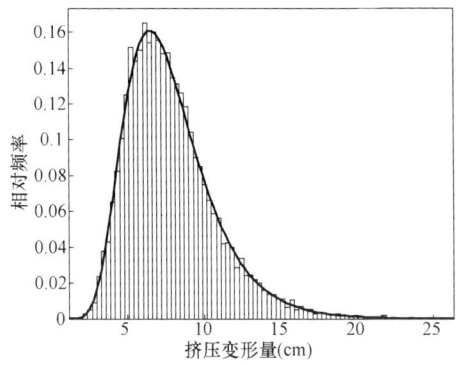

图 3.7-6 应变分布直方图

图 3.7-7 为挤压变形超越概率分布。

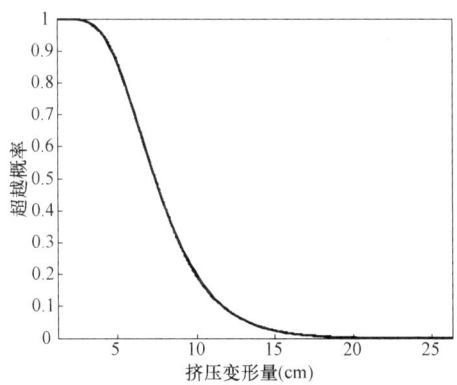

图 3.7-7 挤压变形量超越概率分布

图 3.7-8 为挤压变形累积概率分布。

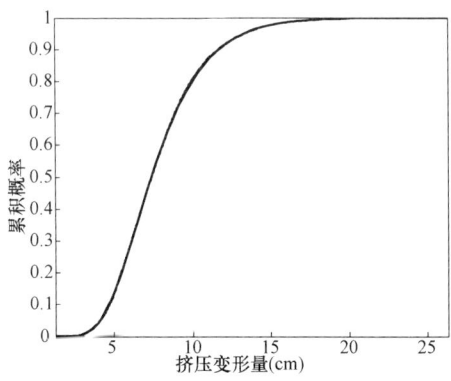

图 3.7-8 挤压变形量累积概率分布

根据图 3.7-7 和图 3.7-8，可知：

不发生挤压失稳的概率为：

$$P_{few} = p(\varepsilon < 1\%) = 0$$

轻微挤压问题概率为：

$$P_{minor} = p(1\% < \varepsilon < 2.5\%) = 1.27$$

严重挤压问题概率为：

$$P_{severe} = p(2.5\% < \varepsilon < 5\%) = 12.65$$

非常严重挤压问题概率为：

$$P_{verys} = p(5\% < \varepsilon < 10\%) = 66.33\%$$

灾难性的挤压问题概率为：

$$P_{extreme} = p(\varepsilon > 10\%) = 19.75$$

因此，F461 断层处一定为会发生挤压问题，且挤压程度在严重挤压以上，大部分为非常严重挤压问题，对隧道施工影响最大，容易发生卡机、塌方等工程事故，在断层处一定要加强监测，做好地质灾害的预报工作，并做好预防措施。

3.8　基于模糊概率的深埋隧道风险概率计算模型

1. 概述

围岩变形大小直接影响隧道稳定性，目前往往利用围岩位移及其速率来判别围岩和支护的稳定性，该方法属于定值判别法，由于量测结果存在大量随机因素，这种定值判别结果并不能反映工程实际。实际上，容许极限位移随外界条件变化而不同，存在很大随机性。模糊概率理论在岩土工程中得到了大量应用，如深基坑、边坡、路基、堤坝等，而在隧道稳定性方面，国内仅有景诗庭、申玉生等做了比较深入研究，然而其所研究对象仅限于浅埋硬岩隧道，模糊概率的合理性在高地应力软岩大变形隧道的稳定性分析中还未得到验证。基于此，本文以深埋长大隧道软弱围岩为研究对象，将围岩极限变形量视为随机变量，结合模糊概率理论，对深埋长大隧道围岩稳定性进行分析预测。

2. 模糊概率模型

根据模糊数学理论，将围岩极限位移作为随机变量，设在某一时刻围

岩发生变形 x 时，隧道保持稳定的概率为：

$$P(x) = \int_0^\infty p(x)\mu_A(x)\mathrm{d}x \tag{3.184}$$

式中：$p(x)$ 为围岩极限位移概率密度函数；$\mu_A(x)$ 为变形对隧道稳定性的隶属函数。

围岩变形对稳定的隶属函数是在 [0，1] 闭区间的连续函数，在达到极限位移下界之前，隧道未发生任何失稳，隶属度为 1。当变形发展到极限位移上界时，隧道完全失稳，隶属度为 0。因此该极限位移为模糊随机变量，具有统计特征。设其概率密度为 $f(x)$（图 3.8-1）。

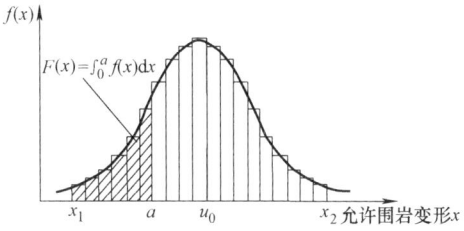

图 3.8-1 允许围岩变形概率密度函数曲线

当收敛变形 $x=a$ 时，失稳概率为 $P(x) = \int_0^a f(x)\mathrm{d}x$，而稳定概率为 $1 - \int_0^a f(x)\mathrm{d}x$，围岩变形量对隧道稳定性的隶属函数为：

$$\mu_A(x) = 1 - \int_0^a f(x)\mathrm{d}x \tag{3.185}$$

将式（3.185）带入式（3.184）得

$$P(x) = \int_0^\infty \left[1 - \int_0^a f(x)\mathrm{d}x\right] p(x)\mathrm{d}x \tag{3.186}$$

隶属函数曲线如图 3.8-2 所示。

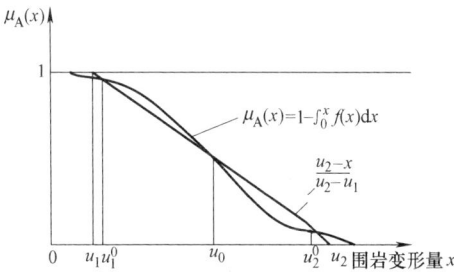

图 3.8-2 隶属函数曲线

由于该式积分困难，设 $f(x)$ 服从正态分布，具有 95% 保证率的两点 $\mu_0 - \sigma_0$ 和 $\mu_0 + \sigma_0$ 连成直线，并与渐近线交于点 u_1，u_2，则隶属函数为：

$$\mu_A(x) = \begin{cases} 1 & (0 < x \leqslant u_1) \\ \dfrac{u_2 - x}{u_2 - u_1} & (u_1 < x \leqslant u_2) \\ 0 & (x > u_2) \end{cases} \qquad (3.187)$$

式中：u_1、u_2 与允许极限位移有关，假定允许极限位移服从正态分布，允许极限位移的 95% 在区间 $[u_1^0, u_2^0]$ 内，其中间值为 $u_0 = (u_1^0 + u_2^0)/2$，而 $u_1^0 = u_0 - 2\sigma_0$，$u_2^0 = u_0 + 2\sigma_0$，求得标准差 $\sigma_0 = (u_2^0 - u_1^0)/4$。用直线代替曲线后，要满足在 $[u_1^0, u_2^0]$ 具有 95% 的失稳概率，则得出：

$$u_1 = u_1^0 - (u_2^0 - u_1^0)/38 \qquad (3.188)$$

$$u_2 = u_2^0 + (u_2^0 - u_1^0)/38 \qquad (3.189)$$

对于 u_1^0、u_2^0 的取值问题，不同隧道取值不同，相关规范提出的参考值亦不尽相同，隧道稳定性模糊概率分析的关键和难点就是允许变形量的确定，任一点的允许变形都是在具体条件下的隧道稳定极限变形量，并没有统一的标准。本文依据大量工程实践及现有理论分类方法，将相对径向位移（变形量）达到 5%～10% 之间作为围岩失稳的标志。由于围岩变形量为一随机变量，假设服从正态分布，则概率密度函数为：

$$p(x) = \frac{1}{\sqrt{2\pi}\sigma} \exp\left[-\frac{(x-u)^2}{2\sigma^2}\right] \qquad (3.190)$$

式中：u 为某时刻实测的围岩位移，σ 为相应的标准差或回归曲线的剩余标准离差。

$$\sigma = \sqrt{\frac{1}{n-1} \sum_{i=1}^{n} (u_i - \bar{u}_i)^2} \qquad (3.191)$$

式中：n 为测点数，u_i 为实测变形，$\bar{u}_i$ 为回归方程计算值。

将式（3.187）和式（3.190）代入式（3.182）并引入标准正态函数，推导得：

$$
\begin{aligned}
P(x) &= \int_0^{u_1} \frac{1}{\sqrt{2\pi}\sigma} \exp\left[-\frac{(x-u)^2}{2\sigma^2}\right] dx + \\
&\quad \int_{u_1}^{u_2} \frac{u_2 - x}{u_2 - u_1} \frac{1}{\sqrt{2\pi}\sigma} \exp\left[-\frac{(x-u)^2}{2\sigma^2}\right] dx \\
&= \Phi\left(\frac{u_1 - u}{\sigma}\right) + \int_{u_1}^{u_2} \frac{u_2 - x}{u_2 - u_1} \frac{1}{\sqrt{2\pi}\sigma} \exp\left[-\frac{(x-u)^2}{2\sigma^2}\right] dx \\
&= \Phi\left(\frac{u_1 - u}{\sigma}\right) + A \cdot \left[\frac{u_2 - u_c}{u_2 - u_1}\right]
\end{aligned}
$$

$$(3.192)$$

式中：A 为 $u_1 \sim u_2$ 之间正态曲线面积，u_c 为该面积形心（见图 3.8-3）。

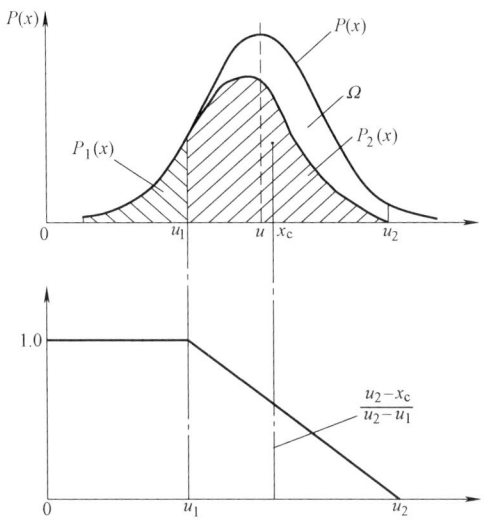

图 3.8-3　隧道稳定概率几何关系图

$$A = \left[\Phi\left(\frac{u_2 - u}{\sigma}\right) - \Phi\left(\frac{u_1 - u}{\sigma}\right) \right] \tag{3.193}$$

$$u_c = u + \frac{\sigma}{A \cdot \sqrt{2\pi}} \left\{ \exp\left[-\frac{(u_1 - u)}{2\sigma^2}\right] - \exp\left[-\frac{(u_2 - u)}{2\sigma^2}\right] \right\} \tag{3.194}$$

将式（3.193）、式（3.194）代入式（3.192），即可计算出隧道在变形量时稳定概率。

3. 实例分析

乌鞘岭隧道为两座平行的单线隧道，最大埋深 1100m 左右。该区域地层岩性较复杂，隧道通过 4 条区域性大断裂。地应力场属于高地应力区，施工中出现了大变形。故本例以开挖 18 天时隧道周边位移为研究对象，分析其稳定性。此时，左线隧道边墙水平位移为 493mm；拱顶下沉量为 250mm。右线隧道边墙水平位移为 271mm；拱顶下沉量为 85mm。隧道半径为 5.30m，取相对值，整理结果见表 3.8-1。

结合本工程实际，在埋深大于 300m 的Ⅳ级围岩中，隧道允许相对变形量取 5% ～10%，可得：

$$u_1 = u_1^0 - (u_2^0 - u_1^0)/38 = 5\% - (10\% - 5\%)/38 = 4.87\%$$

$$u_2 = u_2^0 + (u_2^0 - u_1^0)/38 = 10\% + (10\% - 5\%)/38 = 10.1\%$$

边墙和拱部相对位移 　　　　　　表 3.8-1

观测范围	地质条件	开挖半径 r(m)	开挖后天数(d)	边墙相对水平位移(%)		拱部相对下沉变形(%)	
				ε	σ	ε	σ
10号斜井左线隧道	F7断层泥砾带	5.3	18	9.3	0.15	4.7	0.28
10号斜井右线隧道	F7断层泥砾带	5.3	18	5.1	0.17	1.6	0.19

将 u_1、u_2 代入公式（3.187），求出隶属函数：

$$\mu_A(x)=\begin{cases} 1 & 0<x\leqslant 4.87\% \\ \dfrac{10.1\%-x}{10.1\%-4.87\%} & 4.87\%<x\leqslant 10.1\% \\ 0 & x>10.1\% \end{cases}$$

将隶属函数及隧道实际相对变形量和标准差代入式（3.192），可求得此时隧道稳定性的概率。

左线隧道：边墙水平位移 493mm 时，隧道稳定概率为 15.2%，拱部下沉变形 250mm 时，隧道稳定概率为 99.1%，由于边墙水平位移过大，此时隧道整体稳定性已极大降低，倾向于失稳状态，需要采取措施对围岩进行有效支护。右线隧道：边墙水平位移 271mm 时，隧道稳定概率为 95.5%，拱部下沉变形 85mm 时，隧道稳定概率为 1，此时根据边墙和拱部计算结果都表明，隧道比较稳定，施工可以安全顺利进行。

通过深入研究乌鞘岭深埋隧道软弱围岩大变形，提出开挖轮廓及初期支护预留变形量应控制在 35～45cm 为宜，尽管拱部初期支护喷混凝土开始出现龟裂或局部掉块现象，支护体系仍有一定的支撑能力，此时支护体系仍是稳定的，本例对 DK177+610 段左、右线隧道稳定性的判别结果与之基本相符，表明模糊概率理论用于软弱围岩稳定性分析具有一定合理性。

3.9　隧道施工时高地温风险概率分析

1. 概述

深埋长隧道由于其埋深较大、穿越的不同地质单元多，因而，除了具有一般浅埋隧道的工程地质问题外，还有一系列特殊的或较浅埋隧道更为严重的工程地质和地质灾害问题，其中高地温问题尤为突出。尤其在区域活动断层带、地温异常区、高地应力或深埋（大于 1500m）的隧道内，都可能遇到大于 35℃ 的高温情况，而且岩石的蠕变可能性增加，这无疑给施工场地的通风和降温增加了很大困难。

一般来说，地温超过 30℃ 时，称为高地温。隧道越长、埋深越大，高地温问题越严重。地温一般随隧道埋深的增加而升高，当埋深小于 1000m 时，地温起伏变化不大；当埋深大于 1500m 时，随着深度的增加，地温将急剧升高。从国内外高地温隧道实践情况来看，当原始岩温达 35℃、湿度达 80% 时，深埋隧道中的高地温问题已非常严重。

2. 高地温对隧道施工影响分析

对于深埋长大隧道施工来讲，高地温主要有以下影响：

（1）对人体的危害

工人在湿热环境中较长时间作业，会发生中暑、热虚脱等疾病，同时还会引起某些机能障碍如，体温调节发生障碍，主要表现为体温和皮温升高；水盐代谢出现紊乱，使机体的机能受到影响；循环系统、消化系统、泌尿系统、神经系统等均会因高温高湿大量失水，改变正常的功能，甚至致病。高温的作业环境使工人的身体健康受到严重危害，许多人经常出现乏力、气短、胸闷、头晕、皮肤湿疹等病症。

（2）对劳动生产率和安全的影响

在高温中，一般生产率均较低，有的相对劳动效率仅为 30%～40%。德国调查统计，当作业环境气温超过 28℃ 时，事故发生率将增加 20%。根据南非资料：工作面温度超过标准 1℃，工人的劳动效率降低 7%～10%。苏联的统计资料：工作面温度超过 26℃，劳动效率系数为 0.8，高于 30℃ 时，劳动效率系数为 0.7，作业环境气温每超过标准（26℃）1℃ 时劳动生产率便下降 6.8%。据日本、俄罗斯、中国的高温矿井统计：矿内工作面风流温度超过标准 1℃，工人的劳动生产效率将降低 6%～8%。

（3）导致事故率增高

在闷热环境中，人的中枢神经产生抑制，大脑皮层兴奋过程减弱，条件反射潜伏期延长，出现注意力不集中和易瞌睡、精神恍惚、疲劳、周身无力、昏昏沉沉、协调较慢等现象。它使工作能力下降，控制能力下降，反应迟钝，在隧道内极易导致事故。根据日本 7 个矿井的调查结果表明：在 30℃～37℃ 以上的工作面较 30℃ 以下工作面的事故率增加 1.5～2.3 倍。

3. 深埋隧道 TBM 施工热源分析

隧道施工过程中的热源主要来自围岩散热、机械设备工作及照明设备放热、洞内化学热源放热和人体散热等。

（1）围岩散热

恒温层以下的岩层，深度愈大，岩温越高。高温岩石围岩向洞内的放热量与其热物理性质、原岩温度、空气湿度、散热面积及围岩暴露时间等因素有关。

（2）机械设备工作及照明设备放热

目前施工中机械化程度较高，机电设备放热在热源中比重越来越大，掘进机是大功率机械，机械发热大，给施工带来极大的困难。

（3）人体散热

一般情况下，体力劳动时每人每小时放热约为 $180\sim250K$。

（4）另外，裂隙水带出热、局部放射性产热和空气压缩热也为洞内热源，在一些高温热水存在地带，地下热水往往使得围岩温度急剧升高，特别是温泉所分布区域，温泉影响不可忽视。

4. 国内外部分深埋长大隧道地温值统计

表 3.8-2 列举了国内外部分深埋长隧道的地温值及穿越的主要地层岩性，从表中可以看出，大部分深埋长隧道都修建在比较坚硬的岩石中，如花岗岩、片麻岩、混合岩、石英岩、灰岩等。对于各类坚硬、致密岩石，由于热导率较低，传热性能差，在岩体中易于聚集热能，因此随着隧道工程埋深的增加，地温一般也逐渐增加，但这种增加的趋势是非线性的。

地温值的大小不只简单地取决于埋深，事实上，地温值与隧道所在地区的地层岩性、地质构造、近期岩浆活动等因素都有密切关系。在火成岩、变质岩地段，尤其是有温泉的地段，都可能有高地温出现，此外，地温值还与地下水的状态有关，很多已建成的隧道原预测温度很高，但实际施工时发现并不高，如西康铁路秦岭隧道。

国内外部分深埋长隧道的地温值　　　　　　　表 3.8-2

国别	隧道名称	长度（km）	最大埋深（m）	主要岩性	温度（℃）
法国、意大利	里昂—都灵（Lyon—Torino）隧道	54.0	2000	砂页岩、灰岩、片麻岩、石英岩	40
日本	安房公路隧道	4.35	700	粘板岩、砂岩、花岗闪绿斑岩	75
瑞士	辛普隆（Simplon）隧道	19.8	2140	流纹岩、片麻岩、花岗岩	55.4

续表

国别	隧道名称	长度(km)	最大埋深(m)	主要岩性	温度(℃)
瑞士	新列奇堡(Leotchberg)隧道	33.0	2200	片麻岩、花岗岩	42
瑞士	新圣哥达(St Gotthard)隧道	57.0	2300	片麻岩、白云岩	45
瑞士	老圣哥达(St Gotthard)隧道	14.9	1706	花岗岩、花岗片麻岩、片岩	30.8
瑞士	老列奇堡(Leotchberg)隧道	14.6	1640	石灰岩、片麻岩、花岗岩	34
法国、意大利	勃朗峰公路隧道	11.6	2480	花岗岩、结晶片岩、片麻岩	35
美国	特科洛特(Tecolote)公路隧道	6.4	2287	砂岩、粉砂岩	47
意大利	亚平宁(Appenine)铁路隧道	18.5	2000	砂质片麻岩、软岩、黏土	63.8
苏联	阿尔帕—谢万调水隧道	48.4	1230	玢岩,角砾岩,凝灰岩,安山玄武岩	33
美国	喀斯卡特(Cascade)隧道	12.5	560	花岗岩	24
日本	新黑部第三水电站输水隧道	5.2	765	片麻岩、闪长岩	170
奥地利	阿尔贝格(Arlberg)隧道	10.2	720	长石质云母片岩、片麻岩、闪长岩	18.5
法国、意大利	仙尼斯峰(Mt. Genis)隧道	12.8	1600	石灰岩、片麻岩、砂岩	29
法国、意大利	伊泽尔—阿克(Isere—Arc)	10.7	1850	花岗岩、片麻岩	37
法国、意大利	阿克—伊泽尔(Arc—Isere)	8.2	2100	片麻岩、页岩	42
法国、意大利	道艾尔(TayaPH)隧道	8.6	1570	石灰岩、片麻岩	24
法国、意大利	弗雷儒斯(Frèjus)	4.2	1610	页岩	29.5
奥地利	陶恩(Tauern)隧道	5.8	1570	片麻岩	23.9
法国	勒布尔热(Le Bourget)	3.1	1500	石灰岩	22
中国	成昆铁路关村坝隧道	6.1	1550	灰岩	28

国别	隧道名称	长度(km)	最大埋深(m)	主要岩性	温度(℃)
中国	锦屏二级水电站引水隧道	18.0	2600	大理岩、砂板岩	12
中国	西康铁路秦岭隧道	18.4	1600	混合花岗岩、混合片麻岩	40
中国	高黎贡山铁路特长隧道	39.6	800	页岩	40~75
中国	大瑶山隧道	14.8	880	白云质灰岩，凝灰岩、板岩、板状页岩	30.5
中国	羊八井隧道	3.3	330	花岗岩	14.8

5. 深埋长大隧道中的地温异常现象

从表 3.8-2 中我们发现两个特例：日本安房隧道埋深 700m，地温达 75℃，而中国雅砻江锦屏二级水电站引水隧道埋深 2700m 以上，地温却仅 12℃，这是地温异常现象。

日本安房隧道靠近乘鞍火山带，距最近的烧岳活火山仅 3km，主要岩性为二叠纪的粘板岩、燧石、砂岩和贯穿其中的中生代至新生代第三纪的侵入岩，上覆有第四纪火山喷出物。根据开挖的调查坑，发现隧道中岩温达 50℃ 以上（最高温度达 75℃），并同时伴有地下热水的涌出。所以安房隧道的高地温问题与地下水的流动有关，称为地温正异常。

锦屏二级水电站的 4km 长探洞，平均埋深已超过 1000m，地温值却在 12℃ 附近波动，若按正常地温梯度计算，平洞中的地温至少在 30℃ 以上。锦屏二级水电站地处高山峡谷地区，岩性为三叠纪的大理岩和砂板岩，构造裂隙和深部岩溶发育，区内地下水由高山雪水和大气降雨补给，并最终排入雅砻江，地下水强烈的深部循环，带走了岩石中存贮的热量，造成地温负异常。

6. 深埋隧道工程岩体传热类型

传热通常有三种方式：传导、对流和辐射。岩石作为一种固体，传导始终是热量传递的主导方式。当岩石完全致密或岩石中的孔隙很小时，对流传热机制完全受到抑制，岩体的传热仅靠传导方式进行。有不少的隧道工程，就属于这种纯传导型，如金沙江某水电站坝区坐落在玄武岩上，岩体完整性极好，平硐中干燥无水，随着洞深增加，埋深增大，地温值也明显增高，洞内十分闷热，这是一种典型的纯传导型实例。

一般隧道工程中岩体完整性并不好，断层、裂隙都很发育，隧道中常遇到滴水、渗水，甚至涌水、突水等问题。在有地下水作用情况下，地下水与围岩进行热交换，热交换的过程是传导和对流的叠加过程，因此传热类型变成了传导—对流混合型。显然，日本安房公路隧道和我国锦屏二级水电站水工隧道就属于这种类型。秦岭隧道岩性为混合花岗岩和混合片麻岩，岩体强度极高，完整性较好，但隧道中发育的各小断层几乎都是导水断层，地下水流量虽不大，但隧道中地温却并不高，在距北口 2km 附近平均埋深 650m 左右，地温值仅 21.7℃，还未出现高地温的迹象。

7. 深埋隧道地温预测

随埋深增加，地温也会相应增加，尤其是在区域活动断层带、地温异常区、高地应力或深埋的隧道内都有可能出现高地温现象。

深埋隧道随着埋深的增加，温度相应增高的原因有二：一是地壳的地温梯度引起的温度升高；二是地热异常引起的温度升高。在有温泉出露、岩浆活动及放射性元素存在的洞线区，地温值可能更高。

通常隧道的地温可按地温梯度计算的近似公式预测。

$$T = t + (H - h) \times G_T \tag{3.195}$$

式中：T—隧道岩温（℃）；t—恒温层温度（℃）；H—隧道埋深（m）；h—恒温层深度（m）；G_T—地温梯度，即地温升高 1℃ 所需下降的深度（℃/100m）。

上述公式中关键是恒温层的温度、深度及地温梯度的确定，可在钻孔中进行测温，分析工程区的实际恒温层温度、深度及平均地温梯度。施工过程中还要进行地温实测工作，以便根据实测结果对上述公式进行修正，使其更接近实际。

地温梯度的取值应根据地质条件准确取值。一般情况下，岩体受构造影响严重地区，地温梯度宜取平均值；较大断层破碎带附近宜取高值；岩体受构造影响轻微地区，地温梯度宜取低值；在地形变化较大地区，地形影响系数宜取高值，反之取小值；另外，岩石埋深大于 300m 后，构造对地温梯度的影响较小，地温梯度宜取平均值，地形影响系数取低值或取为零。

上述公式为一般地区的地温状况，如果洞线通过地温异常区时，地温梯度将很大，"热害"问题就更严重，由于深埋隧道埋深大，地质条件复杂，影响因素众多，开挖之前难以准确描述隧道地质情况，因此深埋隧道地温的预测是一件比较困难的事。

8. 高地温分级

我国规范关于隧道内气温限值

（1）《铁路隧道设计规范》TB 10003—2016 规定：

隧道内气温不得超过 28℃。

（2）《煤矿安全规程》明确规定：

采掘工作面空气温度不得超过 26℃，机电洞室的空气温度不得超过 30℃，并且，当上述两工作地点的空气温度超过 30℃和 34℃时，必须停止作业。

（3）《金属非金属矿山安全规程》GB 16423—2016 规定：

金属矿山井下作业地点的空气温度≤26℃，凡超过此限值必须采取降温措施。

（4）《煤炭资源地质勘探地温测量若干规定》指出：

平均地温梯度不超过 3℃/100m 的地区为地温正常区；超过 3℃/100m 为高温异常区。原岩岩温高于 31℃的地区为一级热害区，原岩岩温高于 37℃的地区为二级热害区。

（5）《铁路隧道运营通风设计规范》TB 10068—2010 规定：

电化运营隧道内的卫生标准其温度应低于 28℃。

（6）《工业企业设计卫生标准》GBZ 1—2010 规定：

特殊高温作业，应有良好的隔热措施，热辐射强度应小于 700W/m²，室内气温不应超过 28℃。

根据上述规定可以看出，如果隧道内气温低于 26℃，由于高地温引起的热害风险是可以忽略或者说是可以接受的，属于一级风险。

当气温超过 28℃时，高地温引起的热害问题开始严重，需要采取降温措施。属于三级风险。

当气温在 26℃～28℃时，可归类为二级风险。

当气温超过 30℃时，热害问题已经相当严重，必须停止作业，根据实际情况，可归类为四级或五级风险。

9. 高地温风险功能函数模型

根据公式（3.195）可得高地温风险功能函数模型为：

$$Z = R - S = T' - [t + (H - h) \times G_T] \tag{3.196}$$

式中：T' 为地温分级阀值，t、H、h、G_T 为随机变量。

则各等级高地温风险发生概率为：

一级风险：

$$P_1 = P((t+(H-h)\times G_T)\leqslant 26) \tag{3.197}$$

二级风险：
$$P_2 = P(26<(t+(H-h)\times G_T)\leqslant 28) \tag{3.198}$$

三级风险：
$$P_3 = P(28<(t+(H-h)\times G_T)\leqslant 30) \tag{3.199}$$

四级风险：
$$P_4 = P(30<(t+(H-h)\times G_T)\leqslant 35) \tag{3.200}$$

五级风险：
$$P_5 = P((t+(H-h)\times G_T)>35) \tag{3.201}$$

10. 高地温风险应对措施

当温度低于28℃时，对隧道施工影响不大，只需对施工过程进行常规管理，不需要采取降温措施。

当温度高于28℃时，需要采取降温措施。

当超过30℃时，必须停止作业。

如果出现高地温现象，可以从以下几个方面进行工作，主要措施有：

（1）通风降温

增加风量可以极大降低空气的含热量，是一种有效的降温措施。日本试验研究结果表明：增加通风量，则气流温度大幅度下降，并且该温度的下降程度在通风量达到一定量时则有急剧加快之势，如果风量再增加则气流温度的下降又逐渐缓慢下来。总之，在热害不太严重的情况下，加大风量降低作业区段环境温度是有效的。日本的安房隧道调查坑道曾出现最高温度为75℃的热水涌出，成为"热水带"，有近1000m的隧道附近的岩体温度超过50℃，该隧道施工时在洞口设置了通风量为2400m³/min的通风设备，用三根风管向工作面送风，并在工作面附近设置局部冷气设备。同时由于调查坑道的排水效果，以及正洞隧道开挖断面积大（约100m²）对送风有利，所以在岩体温度最高达75℃时也可将洞内作业环境温度保持在28℃，因此确保了安全施工。

（2）个体防护

个体防护的制冷成本仅为其他制冷成本的1/5左右。个体防护的主要措施是工人穿冷却服，从冷却服的工作介质来看，有干冰、压缩空气、冷水及自冷却作用的冷却服。用冰作介质的冷却服质量最为可靠，效果也最好，但冷却时间一般只有2h左右（5kg冰）。在分散的高温作业地点，不便采取集中降温措施时，可采用个体防护措施。

（3）减少热源

隧道内热源主要包括：围岩散热、机电设备散热、热水散热、矿物氧化放热等。对于高地温隧道来讲主要是围岩散热。国外在隔绝围岩放热方面进行过大量的研究，基本结论是：在围岩壁上涂敷绝热材料，岩温较高时作用较大，经过一定时间后作用消失。因而对高温原岩的放热，可以通过在隧道壁面涂敷一层隔热材料或能降低隧道壁面与空气热传导系数的物质来减少原岩对空气的放热量。

（4）人工制冷降温

根据国内外的多年实践经验，当采用隔绝热源、加强通风措施不足以消除热害，或技术经济效果不佳的情况下，才采取人工制冷降温。按制冷机的容量和设置位置可大致分为两种：

① 独立移动式制冷机，即在各工作面实施局部制冷的方式。

②大型制冷机安装在隧道外的集中固定式制冷方式，即制冷机在隧道口冷却全部进风的直接制冷方式，以及制冷机的冷水用送水管送往工作面附近与移动式热交换器配套，组成局部冷却的分散制冷方式。

3.10　隧道施工时有害气体风险分析

1. 概述

隧道工程中的有害气体问题通常是指瓦斯、沼气（甲烷 CH_4）等天然气体。这些有害气体经常发生在相对封闭构造的煤系地层中，也可能发生在非煤系地层中。有害气体不仅对人体的健康有危害，而且因突然喷出、燃烧或爆炸等，急剧恶化隧道施工条件，造成灾难性破坏。如阿尔帕—谢万引水隧道长 48.3km，曾发生 6 次大规模的喷发。仅其中一次喷发后，一昼夜逸出瓦斯 15 万 m^3、喷发物达 4370t，持续 5 个月逸出量达 150 万 m^3，且由于喷发时的气体动力现象，将岩石抛出工作面达 150m，引起的空气冲击波在距喷发点 4km 远处能收集并记录下来；各次喷发还形成许多大型空穴，空穴容积最大超过 2500m^3，大大超出顶板设计轮廓线；意大利的 Appenine 隧道长 18.518km，曾发生 4 次瓦斯爆炸，停工达 7 个月。我国的贵昆线岩脚寨隧道、成昆线沙木拉达隧道、达成线炮台山隧道、内昆线天星场至仙水段、南昆线的家竹箐隧道等都出现大量的瓦斯喷发或爆炸，造成严重的经济损失，仅岩脚寨隧道因施工时瓦斯失控发生爆炸就导致 70 余人遇难，炮台山隧道的瓦斯爆炸也死亡 13 人。因此，加强对深埋长隧道有害气体的特征形成条件的研究，对深埋长隧道的工程建设以及施工者的健康和安全、选择合适的施工机械设备具有重要的现实意义及经济价值。尤其是通常采用的钻爆法施工，施工机具大多未能达到防火或防爆的要求，对出现的有害气体，特别是可燃性气体的防护能力较差。

2. 有害气体的基本特征

地下有害气体主要有沼气（甲烷 CH_4）、二氧化碳（CO_2）、硫化氢（H_2S）、缺氧空气以及施工爆破中产生的一氧化碳（CO）、氮氧化物及二氧化硫（SO_2）、粉尘等。它们具有显著的空间分布、易燃易爆性。

（1）隧道中具有明显的空间分布特征

比重最轻的为甲烷（CH_4），仅 0.55，常富集在隧道顶板附近。若隧道中有集中甲烷气源时，甲烷可在隧道顶部发生层状聚。其次为一氧化碳（CO），比重为 0.967，比空气略轻，常分布于隧道中上部位；而硫化氢（H_2S）、二氧化碳（CO_2）、二氧化硫（SO_2）的比重分布分别为 1.19、1.53、2.3，比重较大，通常富集于隧道的中下部及底板附近。针对上述隧道主要有害气体的空间分布特点，在施工中可以有目的地对隧道有害气体的类型来布置通风、排气管道。

（2）易燃易爆性

地下有害气体中，易燃易爆的气体主要有甲烷（CH_4）、一氧化碳（CO）、硫化氢（H_2S）等。这些气体在隧道空气中的含量达到一定范围，在有火源引发条件下有可能发生爆炸。甲烷在空气中的含量达到 5％～15％范围内将发生爆炸，尤其当其含量为 8％时最易爆炸，含量达 9.5％时爆炸力最强，而当甲烷在空气中的含量大于 15％时，则它既不会爆炸，也不会燃烧；硫化氢在隧道空气中含量达 4.3％～45.5％时，为其爆炸界限；一氧化碳的爆炸界限为含量 12.5％～75.0％。显然，在上述三种易燃易爆的气体中，甲烷的爆炸界限最小，其次分别为硫化氢与一氧化碳，因此，可通过对隧道各气体含量的实时监测结果，对隧道有害气体的易燃易爆的灾害进行预测预报。

（3）人体健康的危害性

隧道有害气体中，对人体健康有危害的气体主要有一氧化碳（CO）、氮氧化物（NO、NO_2）、硫化氢（H_2S）、二氧化硫（SO_2）、二氧化碳（CO_2）等。它们将直接影响施工者的健康，甚至威胁施工人员的生命安全。如隧道中一氧化碳含量达 $1\%\sim2\%$，人体有不舒服感；含量达 $3\%\sim4\%$，将导致人体血压上升、头疼；含量达 6%，呼吸困难；含量达 7%，数分钟可导致死亡。有害气体对人体健康的影响可通过中毒指数来评价。中毒指数是有害气体浓度（单位为 ppm）与暴露时间（单位为 h）的积。研究表明，不同有害气体对人体健康危害的中毒指数界限是不同的（表3.10-1）。

主要有害气体对人体健康的影响　　　　　　　　表 3.10-1

气体名称	中毒指数 （ppm）	对人体影响	气体名称	中毒指数 （ppm）	对人体影响
一氧化碳 （CO）	＜300 ＜900 ＜1200	无作用， 头疼、呕吐， 生命危险	硫化氢 （H_2S）	100～150 600 700	数小时后有轻微症状， 30min 内有生命危险， 数分钟内可窒息死亡
二氧化氮 （NO_2）	5 50 100～150 ＞200	很强的臭气， 1min 时引起呼吸不畅 30～60min 肺水肿， 瞬间暴露有生命危险	二氧化硫 （SO_2）	6～12 20 50～100 400～500	对鼻、喉有刺激， 对眼睛有刺激， 可承受 30～60min 有生命危险

根据表 3.10-1 中有害气体对人体的影响分析，在施工中应加强隧道的通风，并对有害气体类型、浓度进行实时监测、预报，切实保障施工人员的身体健康。

3. 国内外发生有害气体事故案例及地质条件

国内外隧道有害气体情况见表 3.10-2。

国内外隧道有害气体情况　　　　　　　　表 3.10-2

国家	隧道名称	地质条件	有害气体特征
中国	华蓥山隧道	岩性为灰岩、白云岩、泥岩、页岩和含煤地层	煤层中甲烷涌出量最大达 17.86m³/min，压力 1.87MPa，在井口灰岩段可能有 H_2S 涌出，涌出量达 0.045～0.067m³/min
	云台山隧道	煤系底层	大量瓦斯，气体压力 0.32MPa，瓦斯含量 4.42m³/t
	岩脚寨隧道	含煤底层	瓦斯压力达 0.406MPa
	引黄入晋输水隧道	穿越石炭系太原组、侏罗纪大同组含煤地层	有害气体主要为 N_2、CO_2、CH_4 等
	沙木拉达隧道	白垩统红色砂岩、泥岩	突出大量瓦斯

国家	隧道名称	地质条件	有害气体特征
中国	家竹菁隧道	二叠系上统煤系地层,洞内长近1000m煤层多达26层,最厚达16m	大量瓦斯,含量达34.5m³/t,瓦斯压力高达15.58MPa
	黄家阱隧道	岩性主要为砂岩、灰质砾岩、泥灰岩	施工中有CO_2气体涌出
	长梁山隧道	煤系地层,岩体中断裂、节理裂隙发育	勘探结果表明,隧道存在超级瓦斯灾害现象
	炮台山隧道	隧道通过区主要为侏罗系的红色地层,但其下伏二叠系煤系地层,岩体中节理裂隙发育	施工中出现大量瓦斯,曾发生爆炸,死亡13人
	董家山隧道	隧道岩性以灰色、深灰色泥岩夹灰黑色炭质泥岩、薄煤层等。软质岩(煤层厚度可达0.9m,赋存瓦斯有害气体)为主,黄灰色粉砂岩~中粒砂岩等硬质岩为次。地质穿越F10-1,F11断层和龚家背斜	瓦斯爆炸
	白云隧道	隧道围岩主要有石灰岩、页岩、泥岩,有断层破碎带、含煤地层、岩溶	瓦斯、硫化氢
	明月山隧道	灰白色中~细粒长石石英砂岩,含煤段与砂岩段相间轮流出现	乙炔爆炸
	秦岭终南山隧道	洞身通过的主要地层为:混合片麻岩,夹有片麻岩和片麻岩残体;混合花岗岩,含绿色矿物的混合花岗岩、间夹蚀变闪长玢岩、霏细岩、变安山岩等次火山岩岩脉	瓦斯爆炸
	中梁山隧道	隧道通过地段有丰富的龙潭组煤系地层	施工中出现严重的瓦斯突出
苏联	阿尔帕—谢万隧道	岩性为玄武岩、安山玄武岩、安山玢岩和灰绿玢岩,在构造断裂带具辉长岩、闪长岩侵入体	一昼夜逸出瓦斯15万m³、喷发物达4370t,持续5个月逸出量达150万m³,且由于喷发时的气体动力现象,将岩石抛出工作面达150m
	泽连丘克期基引水隧道	岩性为粉砂岩、泥板岩、砂岩,断层及节理裂隙发育	有害气体成分为甲烷,主要是下覆岩浆岩,生物岩类中的气体沿不连续的构造断层带、裂隙渗入,且具有夏季涌出量大,冬季没有瓦斯突出的现象

国家	隧道名称	地质条件	有害气体特征
意大利	卡波卡那隧道	岩性为变质千枚岩、沉积砾岩、粉砂石英碎屑岩；接触带为铬华岩带，该有害气体是与远处爱奥尼亚群岛的火山作用有关	主要为 CO_2（98.07%，体积计），其余还有 CH_4（0.61%）、H_2S（0.08%）、NO_2（24%）；压力达 2MPa，涌出量最大达 5000～6000l/min，沿铬华岩带涌出
奥地利-南斯拉夫	卡拉万克山隧道	岩性为白云岩、解砾岩、页岩、泥灰岩、灰岩等组成	在南斯拉夫境内出现瓦斯涌出
英国-法国	英法海峡隧道	隧道位于白垩统的含煤地层及泥灰岩中	出现的有害气体为甲烷
美国	特科洛特隧道	主要位于一大背斜的南翼，其核部发育断层，岩性为砾岩、砂岩、粉砂岩、泥岩组成	主要成分为甲烷和硫化氢，洞内引起两次爆炸事故，隧道涌水中也含有大量 H_2S
美国	洛杉矶地铁隧道	发育于 San Pedro 的早更新统的细砂、中砂、偶带粉砂岩中，其中有一层柏油砂岩层	主要成分为 H_2S 和 CH_4
日本	新宁津隧道	岩性为第三纪的泥岩、凝灰岩堆积物	有害气体主要为甲烷，其次为硫化氢、氨气，且主要位于黑色泥岩及少量黏土化凝灰岩中

4. 有害气体发生的地质条件分析

通过现场调查及收集国内外部分深埋长大隧道有害气体发生的地层岩性、地质构造等地质条件。可见，地下有害气体的成分、浓度、涌出方式不仅与隧道所处的岩石性质、组成岩石的矿物成分有关外，还与其地质构造特征密切相关。爆炸性的气体主要在含煤层、沥青质岩层、含油层等特殊岩石中分布；有毒气体常存在于新出现的火山作用源处和剧烈的地壳断裂活动处；在年轻的活动地槽带的断裂构造部位，常含二氧化碳气体；在含有机物的地下水中常溢出硫化氢，而甲烷的析出量很少。

（1）地层岩性条件

隧道所处的地层岩性条件是决定有无有害气体灾害、有害气体成分及浓度的基础。如甲烷常伴生于有机黏土、油页岩、煤层、含碳及沥青质页岩、泥灰岩等岩类中，且集中分布于石油、天然气、煤炭、褐煤分布地区及富含有机物的泥炭层、腐殖土等地区。通过对国内外大量文献及现场调查结果综合分析，有害气体主要分布于半坚硬岩及富含有机质等特殊成分的岩石类，如含煤地层、煤层类，砂岩、粉砂岩、泥岩类，白云岩、灰岩、泥灰岩类，碳质页岩、含沥青质岩类，以及富含有机质的淤泥、腐土层、黏土层等类型，而坚硬岩一般无有害气体灾害现象发育，这为有害气体灾害的超前地质预报提供了参考依据。

（2）地质构造条件

有害气体形成的地层岩性条件具备后，能否造成危害还取决于一定的富集、储存条件。如煤在煤化过程中，每吨煤可产生 $1300m^3$ 的各种气体，而这些气体中的甲烷仅有部分能保持在煤层内，大多数气体则流失到大气中或溶解于循环的地下水中而被转移。在有利的地质条件下被保存下来的甲烷将转移到煤层周围高孔隙率的沉积岩层内适当部位富集。因此，决定有害气体储存的主要因素是地质构造、覆盖层厚度、岩性等因素。

最适合有害气体储集的是背斜构造（或穹窿构造），有害气体常分布于成层的盖、底板之间。背斜构造中，它不仅对有害气体有顶部封堵，而且也提供了侧向封堵，因而核部常大量富集有害气体，翼部气体含量较少；而向斜构造核部地带有害气体含量较翼部少，若一翼出露地表，倾角陡者比倾角缓者气体含量少。如美国长 103km、最大埋深 650m 的特科洛特引水隧道，在其进口段，由一小向斜和一大背斜构造组成，在其小向斜的南翼或大背斜的北翼地段有少量的甲烷及硫化氢溢出，而在靠近大背斜核部地带聚集的大量气体曾产生爆炸，使得几名工作人员受伤。

除背斜构造外，岩体中的断裂带尤其是深部岩体断裂带、节理裂隙密集带、活动火山活动源处或剧烈的地表活动区，也常成为有害气体运移和富集场所，但有害气体能否富集主要取决于在断裂带上发育的覆盖层厚度与岩性条件。已有研究表明，渗透率低于 $10m/s\sim3m/s$、厚度大于 3m 的泥质岩即可成为中低压气体有效盖层下限（王少昌，1987），而能够作为有害气体盖层的岩性较广，如岩盐、泥页岩、泥灰岩、灰岩、火成岩等。因此，对深埋长大隧道，因埋深大延伸长，往往具有良好的储存封闭条件，有利于地下有害气体的储存富集。当具备上述的岩性及构造条件时，隧道施工时应作好有害气体灾害的预报及防治工作。

5. 有害气体预测

对有害气体问题的预测，目前基本上还是经验性的。对于隧道工程，只要在隧道选线时尽量避开煤系地层或贮气油构造的核部；施工时尽量加强预警监测，采取有效的排放措施，研制新型的衬砌材料封闭隧道围岩，这类灾害可以避免。

根据有害气体发育的地质条件，在隧道工程地质勘察中可通过隧道沿线地质测绘、钻探、坑探同时结合地球物理勘探、遥感解译等工作，对隧道沿线可能出现的有害气体灾害进行超前地质预测，以便为工程设计、施工组织提供依据，这无疑对深埋长大隧道的工程实践具有重要的现实意义和指导意义。

6. 有害气体综合治理

（1）加强监测及通风措施

在施工时一旦证明或预测隧道中有害气体存在，尤其是易燃、易爆的甲烷、硫化氢时，应建立起监控系统，连续地、有规律地对隧道中的气体进行预测。在监测时，不仅要监测隧道内有害气体浓度，而且还要注意其量值，同时加强通风措施，以降低气体的浓度，还应杜绝火源，对机电设备采取防爆措施。

（2）钻孔排气降压、工作面减荷措施

隧道工作面前方存在具有高压、含气量较大的有害气体时，可用超前钻孔、辅助导坑或竖井进行排气降压，防止施工中气体、岩石的突然喷发或引起灾难性爆炸。坑道施工的经验表明，在具备高效率且可靠的开缝装置情况下，可通过在岩体内开掘不同形状沟、槽（缝）使岩体预先减荷，这也是防止有害气体喷发的先进而有效的方法之一。

（3）有害气体的封堵措施

施工时采用的封堵措施主要取决于有害气体的含量、压力以及让其自由排出与采用相应封堵的经济效益等问题。目前常见的主要有两种：即衬砌与注浆。

① 衬砌

由于隧道开挖破坏了原来的平衡条件，提高了围岩的渗透性，有害气体及含有有害气体的地下水将因压力差向渗透性高的隧道内渗透。因此，必须尽最大可能将开挖空间周围围岩的渗透性降低到最小。目前最常用、最简易的方法是用混凝土进行衬砌，使混凝土衬砌成为一个低渗透率的屏障。目前采用带仰拱预防有害气体层的封闭衬砌或气密性混凝土来实现（如有地下水时则用安装带防水薄膜的初砌），对仰拱与边墙联接处，为防止水泥收缩产生裂隙，可预先留一定宽度的槽，待仰拱和边墙的混凝土达到设计强度后再用膨胀水泥塞缝，以防止有害气体渗出；当衬砌所封闭的有害气体压力较大时，在采用曲墙或带仰拱的封闭衬砌或特别设计断面的同时，还需要在衬砌背后沿隧道线上坡方向预留有害气体的排放通道，以降低其压力。

② 注浆

注浆措施在工程中常用于止水堵漏、加固岩土体的工程特性，采用的注浆材料主要是水泥。通过水泥注浆能很大程度地填堵岩土体中的节理裂隙孔隙等。因而其在隧道中对封堵有害气体具有一定的适用性。但水泥注浆不能封堵小于 0.15mm 宽的裂隙，因而不能完全防止有害气体向隧道内渗入。因此，要达到较好控制有害气体，必须选用封堵效果更好的低黏性化学材料对围岩裂隙和孔隙进行二次注浆，而且还能承受施工爆破的影响，而不致气体渗出。选用水泥混合浆及化学浆可以达到封堵隧道中有害气体的目的。

7. 既有隧道有害气体分析

（1）某工程线路区主要围岩为砂岩夹板岩、砂板岩互层、板岩夹砂岩、岩浆岩组及构造破碎岩组，属于硬岩隧道。通过对国内外大量文献及现场调查结果综合分析，本工程有害气体有可能分布于砂岩、板岩及砂板岩互层中，由于本工程没有富含有机质的淤泥、腐土层、黏土层等类型，因此不太可能出现甲烷、硫化氢等有害气体。

（2）由于采用机械化施工，隧道内出现的有害气体主要为粉尘、柴油机废气等，加之隧道较长，含氧量低，应加强机械通风，减少柴油机车进入尤其是汽油进洞，工人采取个人防护。

（3）由于隧道地质条件复杂，在靠近大背斜核部地带，岩体中的断裂带尤其是深部岩体断裂带、节理裂隙密集带、活动火山活动源处或剧烈的地表活动区，可能有有害气体运移和富集。

根据风险评价矩阵法知，本工程由有害气体引起的风险事故如瓦斯爆炸、中毒风险较小，主要是粉尘、机械产生废气，这些对人体影响不大，只有采取相应措施，可以忽略。

3.11　隧道施工时塌方风险分析

1. 概述

塌方是岩石隧道施工中常见的地质灾害，它不仅会对隧道施工带来极大困难，而且严重影响工程施工设备及人员的安全，往往给工程带来重大损失，造成不良的社会影响。据统计我国南昆铁路的 415 座隧道中 15% 的洞段发生过塌方，青藏铁路关角隧道修建过程中发生塌方达 60 余次，大瑶山隧道建设过程中发生大规模塌方 29 次，兰武铁路 9 座隧道施工中发生塌方 11 次，日本的统计资料表明，塌方约占隧道工程事故的 35%，因此对塌方风险进行分析具有重要意义。

2. 塌方风险影响因素分析

根据国内外经验，造成塌方事故的原因主要有：地质不明、设计失误、计算模拟失误、施工失误和管理控制失误 5 类。实际上隧道工程中大量不确定因素的存在是塌方事故频发的根源，隧道塌方由多种因素共同诱发，王燕等用数理统计方法对塌方风险进行了分析，其将风险因素归结为水的因素、地质因素和人为因素三大类，统计表明，约 96% 的事故伴随有各种不良地质，67% 的事故伴随有水的影响，78% 的事故中含有人为因素的影响。

综上，可将风险因素归纳为以下几点：

（1）地壳在构造运动的作用下，薄层岩体形成小褶曲，隧道在错动发育地段施工通过时，常发生塌方。

（2）隧道穿过断层及其破碎带。断层破碎带地应力集中，一经开挖，潜在应力释放，承压快，围岩失稳而塌方。有资料表明，地下工程的塌方 80% 以上是由断层破碎带引起的。

（3）节理层理裂隙发育。裂隙也称为节理，岩体中存在裂隙，破坏了岩体的整体性，促进了岩体风化速度，增强了岩体的透水性，因而使岩体的强度和稳定性降低。当裂隙主要发育方向与路线走向平行，容易发生围岩不稳定现象。

（4）岩层软硬相间或有软弱夹层的岩体，在地下水的作用下，软弱面的强度大大降低，因而发生塌方。

（5）地下水的软化、浸泡、冲蚀、溶解等作用，加剧岩体的失稳和塌方。力学强度降低，引起塌方。地下水的静水压力和动水压力，特别是被不透水地层隔开的地下水，潜伏危害大。隧道通过断层破碎带时，若突然遇到较高水压富水洞段，地下水向洞室内漏出，淘空断层破碎带中破碎岩体和充填物，则断层破碎带极易在静水压力的作用下突然垮塌。

（6）特殊地质因素。隧道工程开挖过程经常会遇到一些特殊的地质地段，如膨胀性围岩、溶洞、瓦斯地层等，对施工过程造成很大的不良影响，并极易产生围岩不稳定现象。

（7）设计方面因素。地质勘察资料不足，地质勘察失误，衬砌设计偏于危险，衬砌设计变更不及时等。

（8）施工方面因素。施工方式选择不合理，初期支护或超前支护不及时或措施不当。

3.12　隧道施工时通风风险分析

1. 概述

在隧道施工中，通风的作用一方面是向工作面输送足够的新鲜空气、滤除开挖掌子面附近空气中的粉尘；同时由于掘进机运行过程会产生大量的热量，必须通过通风达到散热的目的。相对比传统的钻孔爆破法施工，利用 TBM 施工的隧道，刀盘附近都设有密闭的除尘装置，使掌子面上产生的粉尘与洞段主体隔绝，洞内质量要好得多。但是，机器运转产生的废气及刀盘进料口附近的部分粉尘仍然需要及时排出洞外，因此为确保施工人员有足够的新鲜空气，以及及时排出有可能遇到的有毒有害气体，创造良好的通风环境，施工通风仍然是必须的。在没有任何通风支洞或竖井的情况下，施工中的通风一般采用压入式或混合式的通风方式，但由于通风距离过长，散热效果很难保证。

通风方案：隧道工程施工机械通风方式有压入式、抽出式及混合式 3 种。TBM 隧道施工通风一般采用压入式通风方式；对超长隧道的施工，混合式通风方式更为有效。

通风设备：①通风管，目前使用的通风管道有刚性和柔性两种，刚性风管笨重，体积大，搬运、安装均不方便，不适合长距离通风。而大直径、低阻低漏、使用寿命长的 PVC 新型软风管能较好解决长距离送风的难题，风管直径可达近 3m，每节长度可达 100m 以上。②风机，对长距离通风，国内外广泛运用风量较大的无级变速节能风机。

通风方面存在的主要问题独头掘进通风距离：迄今为止，国外的最长独头掘进通风距离为 10km 左右，国内目前最长独头掘进通风距离为 6.2km（秦岭隧道Ⅱ线）。国外隧道掘进专家预计，按现有国际通风设备的水平，独头通风距离超过 15km 时将会有困难。而国内专家预计，按现有国内通风水平，独头通风的最大距离约为 12km。另外关于漏风的计算公式都是经验公式，不能很准确地计算出长距离通风中的漏风量。

由于我国隧道施工长期沿用矿山巷道掘进通风技术与设备，通风方式、通风系统设计及现场管理落后。从 20 世纪 80 年代开始，采用全断面掘进机进行长隧道工程的施工，在掘进最大月进尺、独头通风长度等均已达到世界水平。据统计，目前掘进机施工的独头通风长度为 10km 左右，钻爆法无轨运输施工的独头通风长度在 3km 左右，钻爆法有轨运输施工的独头通风长度在 6km 左右，大直径隧道施工通风采用的风机、风管以进口产品为主。目前国内的风机风量小、风压低、风管质量差，承压低、阻力大、漏风大，风管直径在 2.0m 以下，远远不能满足独头通风长度达到 14km 的要求，更无法达到独头掘进 25km 长距离通风问题。

2. 深埋长大隧道施工通风特点

单向掘进长度超过 20km 的隧道施工主要受到掘进机及后配套系统的供应及维护方面因素的限制，这已经成为国内外掘进专家的共识。在隧道施工中，通风主要起到两方面的作用：一是向工作面输送足够的新鲜空气、滤除开挖掌子面附近空气中的粉尘；二是由于掘进机在运行过程中产生大量的热量，必须通过通风达到散热的目的。相对比传统的钻孔爆破法施工，TBM 长隧道通风问题相对较简单，一般采用压入式和混合式两种通风方式。作为施工期通风，保证通风效果与经济性是隧道施工中一对较难解决的矛盾。

3. 通风风险来源

隧道通风设计是按隧道的布置方案、施工程序、施工方法、开挖断面大小、隧道长短及国家有关通风、防尘卫生标准来选择通风方式。目前国内外尚无专门针对 TBM 隧道施工的通风标准。

该风险可能是由于通风系统设计失误、通风系统硬件故障、通风系统软件故障、管理失误等风险造成。对于深埋长大隧道来说，通风风险主要来自于：通风计算方法不当；通风方案不当；通风设备及通风管的技术参数和选型配套方法选择失误；无法解决独头掘进 15km 的通风问题。

3.13　隧道施工 TBM 选型风险分析

根据国内外隧道施工经验，TBM 施工的成功率，80% 取决于掘进机的选型。TBM 专业性强、种类繁多，不同的机型其功能和地质适应性都有较大的差异。因此，设备选型的成功与否是决定掘进机能否满足施工要求的重要条件。

TBM 选型主要考虑三个方面：

（1）钻爆法与 TBM 法技术、经济比较；

（2）敞开式 TBM 与护盾式 TBM 之间的选择；

（3）同类 TBM 之间结构、参数的选择。

1. 钻爆法与 TBM 法技术、经济比较

通过对钻爆法和 TBM 法施工的通用范围、掘进速度、人员配备、设备工作、支护衬砌、大修周期、安全、质量等进行技术对比，对于长度超过 3km 以上的隧道，TBM 施工为首选方案。

从成本上来讲，成洞成本是开挖费用和衬砌费用的总和。在国内，尽管 TBM 纯开挖成本比钻爆法高 10％～25％，但由于 TBM 的超挖量比钻爆法减少 3％～10％，可以节约近 50％的混凝土衬砌费用，所以总成洞成本并不高于钻爆法。

由于 TBM 法比钻爆法具有明显的快速、优质、经济、安全及环保等优点，如设计、工期、资金等条件许可，一般长隧道施工应优选 TBM 法。

2. 敞开式 TBM 与护盾式 TBM 之间的选择

全断面 TBM 分为敞开式和护盾式。敞开式适用于围岩比较稳定的隧道开挖，这种岩石一方面应能够自稳，而且岩石强度应能够提供足够的承受水平支撑的巨大支撑力，还需要承受机头接地而不下沉。敞开式 TBM 可以及时探明掘进前方地质情况并对不良地质进行及时处理。但是遇到断层时，敞开式 TBM 支撑无法工作，被迫停机。需要大面积围岩支护，特别是遇到大涌水时，掘进速度较慢。在非常软弱围岩条件下，难以控制掘进机掘进方向。

护盾式 TBM 目前使用较多的主要是双护盾 TBM，适应于通过复杂岩层，人员及设备在护盾的保护下进行工作，安全性较敞开式 TBM 好。当岩石软硬兼有，又有断层及破碎带，此时双护盾 TBM 能充分发挥其优势，遇软岩时，软岩又不能承受支撑板的压应力，则可由盾尾副推进液压缸支撑在已拼装的预制衬砌管片上以推进刀盘破岩前进；遇硬岩时，则靠支撑板撑紧洞壁，由主推进液压缸推进刀盘破岩前进。预制钢筋混凝土衬砌管片在盾尾的保护下，由管片拼装机进行拼装，实现边掘进边衬砌，隧道贯通衬砌也完成，不过掘进与衬砌是交替进行，不能同时并举；这种边掘进边衬砌见不到洞壁岩性的变化，不能进行地质图描绘。而且双护盾 TBM 造价高，比敞开式高 30％左右。

不同类型 TBM 施工的比较如表 3.13-1 所示。

敞开式与护盾式 TBM 施工比较　　　　　表 3.13-1

对比项目	敞开式 TBM	双护盾 TBM	单护盾 TBM
掘进性能	可根据不同地质,采用不同的掘进参数,随时调整	可根据不同地质,采用不同的掘进参数,随时调整	可根据不同地质,采用不同的掘进参数,随时调整
支护速度	地质好时只需进行锚网喷,支护工作量小,速度快。地质差时需要超前加固,支护工作量大,速度慢	采用管片支护,支护速度快	管片支护,支护速度快
地质适应性	硬岩掘进的适应性好,软弱围岩需对地层超前加固。较适合Ⅱ、Ⅲ级围岩为主的隧道	硬岩掘进的适应性同开敞式,软弱围岩采用单护盾模式,比开敞式有更好的适应性,较适合复杂地层	主要针对软弱围岩为主的隧道
安全性	设备与人员暴露在围岩下,需加强防护	处于护盾保护下,安全性好	安全性高
掘进速度	受地质条件影响大	受地质条件影响比开敞式小	受地质条件影响比开敞式小
衬砌方式	根据情况可进行二次混凝土衬砌	采用管片衬砌,岩层好时不用管片衬砌,节约成本	采用管片衬砌
施工地质描述	掘进过程可直接观测到洞壁岩性变化,便于地质图描绘。地质勘测资料不详细时,施工风险较小	不能系统地进行施工地质描述,也难以进行收敛变形量测。地质勘测资料不详细时施工风险较大	不能系统地进行施工地质描述,也难以进行收敛变形量测。地质勘测资料不详细时,施工风险较大

根据隧道复杂的地质条件,存在硬岩,断层带较多时,可优先选用双护盾 TBM。但是双护盾 TBM 遇到开挖面坍塌时,无法控制进渣量,经常被迫停机,清除塌方,难以加固掌子面。由于护盾式机身较长,遇到挤压地层时容易卡机,难以克服。双盾构 TBM 施工采用刚性管片支护,这与高应力条件下的支护原则是不相符的,相对于柔性支护来说,更容易受损,因此施工风险较大。

3. TBM 对地层适应性分析

如果工程区地质条件复杂,选型时必须充分考虑线路区的地层条件,根据已有的 TBM 施工经验,不同施工环境,对 TBM 性能有不同的要求,因此在选型时需综合考虑各种因素,选择能适应特殊环境的机型、设计布置合理刀盘刀具形式,以及配备不同的辅助工法。

（1）不适宜采用 TBM 施工地质

根据工程经验，TBM 并不是适合所有的工程，以下情况不适宜 TBM 施工。

塑性地压比较大的软弱围岩；类砂性土构成的软弱围岩和具有中等以上膨胀性的围岩；断层破碎带；岩溶发育带；涌水突水严重地段；岩石单轴抗压强度超过 350MPa 的极硬岩且节理不发育、高硬度或高拉伸强度及高磨蚀性岩石材料。

根据已经建成的隧道经验，TBM 最适合单轴抗压强度 30～150MPa 的硬岩。

（2）复杂地层 TBM 选型要求

① 穿越断层和破碎带

部分工程邻近或穿越多条活动性断裂，断裂带宽度常达数百米，其完整性差，断层节理裂隙发育、自稳性差，易产生塌方，给 TBM 施工带来风险。加剧或造成掘进机损坏事故。而且该地带往往是富水地带，容易发生突水、突泥事故，这就要求 TBM 应具有良好的密封性，功能强大的排水设备。同时为了对断层带属性和影响范围做出预报，要求 TBM 应配备地质超前钻探的机具或装备这些设备的预留装置，并配备注浆设备。

② 能有效处理大量涌水

深埋长隧道的涌水主要是基岩裂隙水和构造裂隙水，涌水量大、水头压力高、补给丰富。目前国内外对岩体裂隙水涌水预测预报的研究有一定发展，但准确性有待进一步提高。因此，TBM 应配备功率较大的排水设备、并且具有防止喷水、喷涌风险的装置。

③ 穿越砂板岩地带

如果隧道主要岩层为砂板岩互层及其韵律层，砂岩强度较高，板岩较低，岩石强度和稳定性变化较大，需要采用复合型的 TBM。由于砂岩强度较高，TBM 选型时应考虑适当的辅助工法，刀盘应具有较高的刚度和重量，刀具布置需全断面配置不同类型和数量的滚刀。

④ 能适应高地温施工环境

隧道局部地温异常区的洞室围岩温度可达 53℃～68℃。高地温将对 TBM 的工作寿命、机械零件疲劳强度、工作状况等产生不利影响，特别是超长隧道的施工，一般的配备的通风冷却设备不能满足正常的施工要求，需要考虑设置特殊的降温措施。

⑤ 能适应高寒、缺氧气候条件

在海拔高程 3500m 左右，地面气压仅相当于海平面气压的 60%～70%，空气中的含氧量也相当于海平面的 60%～70%。极端最低气温为 −30℃～−40℃。在这种条件下，TBM 的发动机功率、燃油消耗率、起动性能、冷却系统、散热能力、碳烟排放、整个装备的动力性能都将发生重大变化，需采取适应高原特殊环境的技术措施。

⑥ 能满足超长隧道对出渣与通风的要求

出渣也是超长隧道 TBM 施工必须着重考虑的问题。计算表明，在一些较大隧道的施工中，每公里将产生 7.85 万 m³ 渣土，运输距离将达到数十公里，运输能力必须满足 TBM 最高掘进速度的要求。由于一些工程地处高海拔高寒缺氧地带，通风风险也比较大，应考虑竖井通风，间距不宜太大。竖井布置应考虑工程地址、地形与水文地质条件，避开大的断层、破碎带等恶劣地质状况。同时通风管的管径、风量、进风口的位置也要认真设计和选择。

4. TBM 改进措施

深埋长大隧道若采用 TBM 施工，为避免产生不必要的损失，需要进行改进，以适应复杂环境，根据国内研究，认为可从以下几个方面改进。

（1）尽量缩短掘进机机身，减少被卡概率；

（2）将机身设计成锥形，减少护盾摩擦力；

（3）刀头增设扩孔设备，减少护盾摩擦力；

（4）刀盘正面设计成平面，减少刀盘与围岩之间的摩擦力，同时支撑围岩面；

（5）加大刀盘扭矩设计，增大刀盘的脱困能力；

（6）增设刀盘进渣量控制系统，减少停机清渣概率；

（7）增设注浆与超前预报系统；

（8）提高刀具的承载能力，防止刀具磨损过快；

（9）配备强大的降温设备；

（10）通风设备功率要大，要有保证充足氧气的功能。

3.14　隧道施工时地震影响风险分析

深埋长大隧道工程若穿越断层较多，活断层处地震往往威胁工程的安全，活断层对工程的影响主要是震动引起的破坏和由错动造成的破坏。对于深埋长大隧道来说，由于埋深较大，由于震动引起的破坏较小，断层对隧道主要的影响是断层错动造成的隧道错动破坏。较缓慢的断层错动可以采用柔性支护解决，而比较突然的错动破坏力极强，错动发生时间、错动量及其对工程的破坏程度难以预测，目前仍未有可靠的方法处理。因此，隧道的布置应该尽量避免穿越活断层。

3.15　单元洞段隧道施工风险综合风险率模型

深埋长大隧道是一个复杂的系统，各子系统之间并不是完全孤立存在的，而是具有一定相关性，因此在计算单元洞段综合失事风险率时，需要考虑各分项失效模式之间的相关系数，但各分项失效模式之间既不是完全相关，又不是完全独立的。由于各失效模式之间的随机变量不尽相同，而且相关系数难以准确量值，认为各失效模式之间相关性很弱，即为独立事件。

因此，本研究将单元洞段综合失事风险率视为单一"或门"故障率，则风险率为：

$$P_f^d = 1 - \prod_{i=1}^{n}(1 - q_i) = 1 - (1 - P_{涌水})(1 - P_{岩爆})(1 - P_{卡机}) \cdots$$

$$(3.202)$$

式中：P_f^d 为单元洞段综合失事风险率；$P_{涌水}$、$P_{岩爆}$、$P_{卡机}$ 分别为单元洞段涌水风险、岩爆风险、TBM 卡机风险等失效模式的风险率。

3.16　深埋隧道失事风险概率求解方法研究

1. 概述

根据建立的风险概率计算模型，可以定量计算出各风险失效概率，但是不同失效模式的功能函数不同，有的简单，有的复杂，特别是在随机变量众多，概率密度函数复杂的情况下，利用现有积分方法是难以求出结果的，迫切需要采用其他更方便、快捷的计算方法，而 Monte-Carlo 方法和随机有限元为我们提供了求解概率风险的途径。

2. 不同分项失效模式风险概率求解方法

概率风险分析研究已经取得许多成果，目前概率计算方法主要有：重现期法、直接积分法、随机抽样方法、一次二阶矩及其扩展方法、点估计法、响应面法、随机有限元方法等。不同计算方法各有利弊，比较常用方法主要是 Monte-Carlo 法和验算点法，随机有限元法由于其独特优势，也得到了越来越广泛的应用。

3. 蒙特卡洛法的求解过程

蒙特卡洛法（MC 法）是一种随机抽样法，由于具有诸多优点，如收敛速度与基本随机变量维数无关、极限状态函数复杂程度与模拟过程无关、程序简单等优点，在求解风险概率中得到了大量应用。其求解过程为：

首先根据隧道围岩岩体结构、破坏机理和受力情况建立功能函数

$$Z = g(x_1, x_2, \cdots, x_n)$$

则蒙特卡洛法模拟步骤如下：

（1）利用随机抽样获得各变量分位值 x_1，x_2，$\cdots$，x_n。

（2）计算功能函数值 Z_i

$$Z_i = g(x_1, x_2, \cdots, x_n) \tag{3.203}$$

（3）设抽样次数为 N，每组抽样变量分位值对应的功能函数值为 Z_i，$Z_i \leqslant 0$ 的次数为 L，则大批抽样后，结构失效概率为

$$P_f = \frac{L}{N} \tag{3.204}$$

该法为直接抽样，但是在抽样过程中，往往存在各随机变量产生的随机数序列统计相关的缺点，其主要缺点是需要大量的循环，因此效率不高。另一个缺点是对抽样过程没有"记忆"功能。所采集的点易出现集中，因此，要解决该缺点可采用超立方抽样技术。

4. ANSYS 的 PDS 模块进行随机有限元求解

确定性有限元分析中，所有的参数都是确定不变的，计算得出的结果也是不变的。实际上，深埋长大隧道中存在大量不确定性因素，许多输入变量都是不确定的，因此在有限元分析中需要考虑不确定性。ANSYS 程序提供的 PDS 技术就是基于概率的随机有限元，可以很好解决有限元分析中的不确定性问题。

其计算过程如下：

（1）创建概率设计的分析文件。

参数化有限元建模。

求解。

提取数据并存储到制定的参数中。

（2）在 ANSYS 环境中执行分析文件中包含的命令流。

（3）进入 PDS 处理器并指定分析文件。

（4）定义随机输入参数。

（5）定义随机输入参数间的相关性。

（6）定义随机输出参数。

（7）选择概率设计方法。

（8）执行概率设计分析。

（9）观察分析结果。

3.17　隧道施工风险失事后果估计模型研究

1. 概述

对工程进行风险分析，一是要估计风险发生概率，二是要计算由此造成的损失，即风险后果（损失）估计，二者综合起来才能对工程风险进行准确评价，为工程决策提供依据。风险损失一般包括经济损失，人员伤亡，工期延误，对环境、社会、文化等带来的损害等。国际隧道协会（2004）（ITA，International Tunnelling Association）将风险后果分为人员伤亡损失、第三方人员伤亡、第三方财产损失、环境危害、工期延误损失、业主经济损失、社会影响损失等，并根据实际工程建立了相应的风险等级。黄宏伟将盾构隧道施工造成的损失划分为：工期损失、耐久性损失、直接经济损失、环境影响损失、社会影响损失、生态环境损失、人员安全损失等七项损失。对施工来说，人们最关注的是工程安全，因此隧道施工所关注的重点应该是工程安全风险，与工程安全对应，风险损失可分为：隧道本身的损害、施工机械的损毁、人员伤亡、工期延误以及与之相应的经济损失。

2. 风险后果估计研究存在的不足

目前对于风险后果的估计主要有两种：一是定性估计法；二是定量估计法。定性方法主要是用定性的指标和方法对风险后果进行简单描述，如采用"轻微、一般、严重"估计风险后果，这种方法比较笼统，缺乏说服力。定量方法是采用量化的指标来度量风险后果的大小或严重程度，如：用人员伤亡数表示人员伤亡损失、用货币多少描述经济损失等。定量方法比较符合客观实际，可以准确确定风险后果，但是工程中往往存在大量不确定性，使得损失难以估计，而且所得结果仅适用于特定工程。鉴于此，采用定性定量相结合的风险后果估计方法更能反映工程现实。

3. 风险后果估计过程

本研究为侧重深埋长大隧道围岩失稳风险研究，由围岩失稳造成的风险损失估计可以按以下几个步骤进行：

（1）研究系统、范围和对象；（2）风险后果分类；（3）建立风险后果综合估计模型；（4）风险后果分项估算；（5）后果综合估计。

图 3.17-1 为风险后果估计过程。

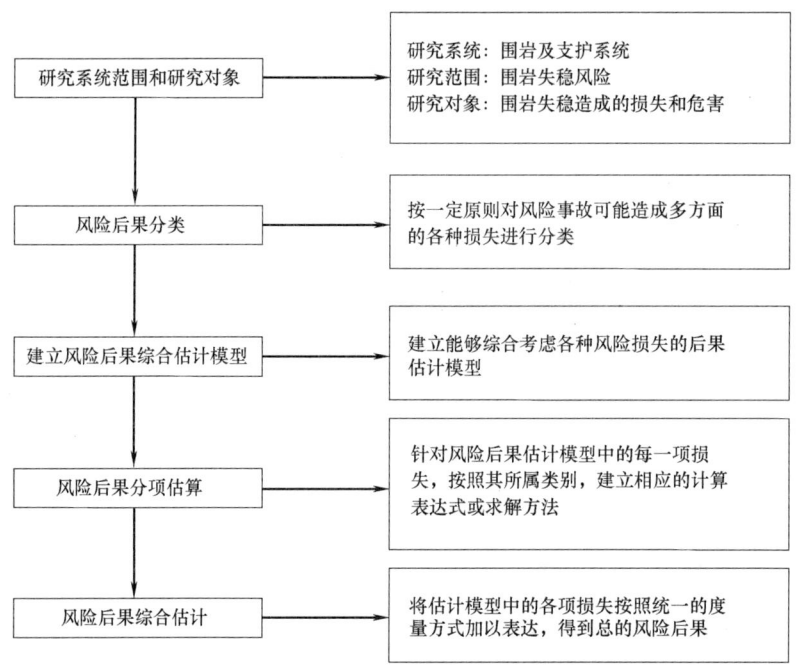

图 3.17-1　风险后果估计过程

4. 风险后果及其分类

深埋长大隧道施工期间可能发生各种事故，造成各种风险后果损失：如隧道结构破坏、人员伤亡、工期延误等，对于风险后果造成的损失，不同研究对象，其分类方法是不同的，但主要有两大类：经济损失和非经济损失。本文将风险损失分为：隧道本身的损害、施工机械的损毁、人员伤亡、工期延误以及与之相应的经济损失。图 3.17-2 为施工风险后果与分类。

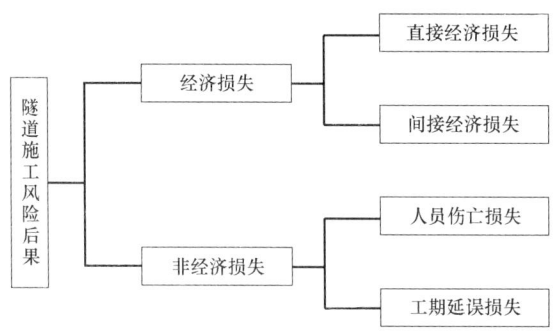

图 3.17-2　隧道施工风险后果构成与分类

直接经济损失：主要是指该损失可以用货币形态进行计量、由风险事故直接造成的损失，本研究中的直接经济损失包括：隧道损坏损失、施工机械设备损毁损失。

间接经济损失：主要是由风险事故间接造成的，除直接经济损失以外的经济损失，主要是指工期延误造成的经济损失、现场救护与清理投入（包括人员、物资、资金投入等）的经济损失。

人员伤亡损失：采用风险事故造成的人员伤残和死亡人数计量。

工期延误损失：用风险事故引起的工期拖延天数来表示。

5. 风险后果估计模型

根据以上后果分类，可以建立风险后果估计综合模型为：

$$C_{tunnel} = C_{direct} + C_{indirect} + C_{life} + C_{delay} \qquad (3.205)$$

式中：C_{tunnel} 为各分项失事模式总的风险损失；C_{direct} 为直接经济损失；$C_{indirect}$ 为间接经济损失；C_{life} 为人员伤亡损失；C_{delay} 为工期延误损失。

（1）直接经济损失

风险事故造成的直接经济损失 C_{direct} 可用下式表示

$$C_{direct} = C_{d1} + C_{d2} \qquad (3.206)$$

C_{d1} 为隧道结构损坏造成的损失；C_{d2} 为风险事故造成的机械、设备等损坏而造成的损失。

（2）间接经济损失

风险事故造成的间接经济损失 $C_{indirect}$ 可表示为

$$C_{indirect} = C_{ind1} + C_{ind2} + C_{ind3} + C_{ind4} \tag{3.207}$$

式中：C_{ind1} 为事故发生后清理现场的投入、对现场伤亡人员和设备的救护投入等；C_{ind2} 为事故造成的工程停工、工期延误等给工程各方面造成的损失；C_{ind3} 为隧道延期使用而造成的收益损失；C_{ind4} 为对受损部位进行加固造成的额外费用。

（3）人员伤亡损失

风险事故若造成人员伤亡，将带来极大的社会影响，因此，人员伤亡损失不能简单地以金钱来计量，而是以死亡人数或伤残人数来进行估计，可表示为

$$C_{life} = C_{l1} + C_{l2} \tag{3.208}$$

式中：C_{l1} 为风险事故造成的人员死亡数；C_{l2} 为风险事故造成的受伤人数。

（4）工期延误损失

工期延误损失其实可以算为间接经济损失的一种，但为了后面建立风险接受准则考虑，将其独立出来，该损失可以直接用一次风险事故造成的工期延误天数来表示。

3.18　本章小结

本章采用定量与定性相结合的方法对深埋长大隧道施工过程中可能遇到的风险进行了概率及后果估计。基于不确定性理论研究了部分风险因子如涌水、大变形、岩爆等的失效概率，采用对比分析法对高地温、有害气体、塌方、通风、TBM 选型等导致的风险事故进行了深入分析，提出了风险概率估计模型；提出了基于深埋长大隧道施工的风险后果估计模型；为下一步风险评价做好了准备。

第 4 章　深埋长大隧道施工风险评价研究

4.1　引言

风险估计是对风险事件的发生概率和引起的损失进行分析，并没有涉及各风险事件的共同作用，也没有考虑风险事件的发生概率和引起损失的综合后果，更未研究风险的可接受水平。因此，在对风险进行准确管理过程中，风险评价尤为重要。FELL & HARTFORD（1997）依据加拿大标准协会提出了风险管理流程，可供大多数工程风险分析与管理项目参考，如图 4.1-1 所示。

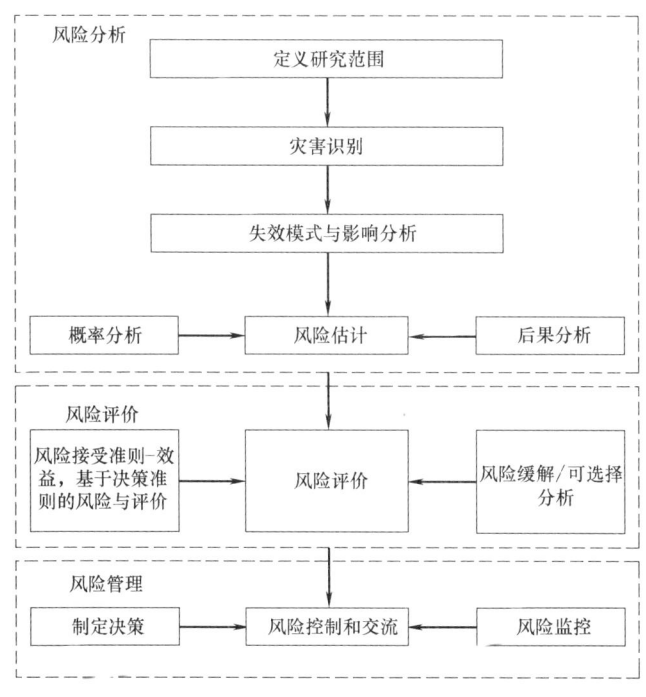

图 4.1-1　风险管理流程（FELL&HARTFORD，1997）

典型的风险包括两个方面，即人们不希望出现的后果的发生概率和这种后果引起的损失，用公式来表示就是：

$$Risk = Probability \times Consequence \qquad (4.1)$$

简化为：

$$R = P \times C \qquad (4.2)$$

式中：R 为风险；P 为风险事故发生概率，为无量纲因子；C 为风险事故造成的损失，可能是经济上的损失、人员的伤亡数、环境损失等。

风险发生概率 P 和风险损失 C 的确定，可由第2章提出的风险率计算模型和风险损失计算模型进行定量分析，由二者的乘积即式（4.2）可得总的风险量大小。计算出风险量之后，如何对其进行定性定量评价，什么样的风险是可接受的，风险等级如何确定，怎样进行风险决策、分担、管理，是下一步要深入研究的问题。

根据国际隧道协会（ITA）提出的隧道风险管理手册，隧道建设各个阶段的风险评价流程可用图4.1-2表示。

可见对风险进行评价首先要建立风险接受准则（Risk Acceptance Criteria），风险接受准则是指在规定的时间内或项目某个阶段内可接受或管理的风险水平分级，它是工程中对各项风险进行评价的基础，决定了所实施的风险控制措施，目前的风险接受准则有定性方法和定量方法两种。

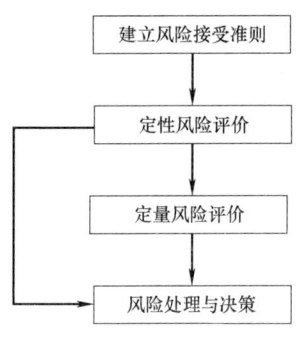

图4.1-2 风险评价流程

4.2 国内外风险接受准则研究现状及不足

1. 风险接受准则分类

风险接受准则的确定涉及安全、经济、环境等各个方面，制定风险接受准则的原则有：（1）最低合理可行原则（ALARP）；（2）最低合理可实现原则（ALARA）。以目前研究来看，风险接受准则主要分为四类：个人风险接受准则；社会风险接受准则；经济风险接受准则；环境风险接受准则。图4.2-1为个人风险的 ALARP 准则。

ALARP 风险决策准则主要是将整个风险区域划分为不可接受区

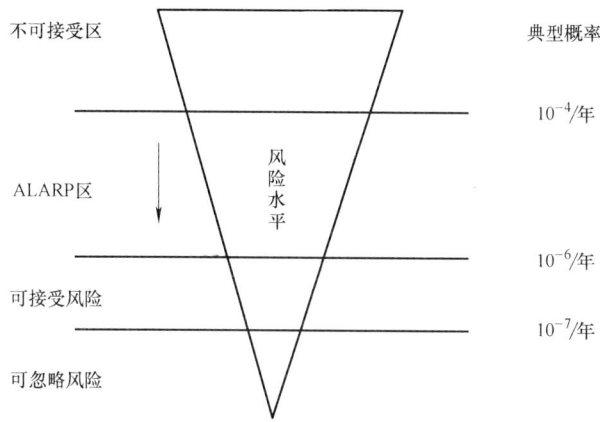

图 4.2-1　基于英国经验的风险水平与 ALARP 原则

（Risk Unacceptable）、合理控制区域（As Low As Reasonably Possible）、
可接受区（Risk Acceptable）、可忽略区（Negligible）。位于风险不可接
受区的风险，该风险不可接受，必须降低。位于可接受区以下的风险，低
于个人和社会可接受水平，这类风险可以接受，不需采取任何措施。位于
不可接受区和可接受区的风险为可容忍的风险，应以合理成本进行降低，
在要求较高的风险评估案例，还应进行成本—效益分析，如果投入的安全
措施对风险降低水平贡献不大，则可容忍该风险存在。

　　个人风险（Individual Risk，IR）主要是指致命的意外事故率（Fatal
Accident Rates），定义为个人在从事特定活动中由于风险事故而导致的年
死亡概率，人员出现死亡的概率，数学表达式为：

$$IR = P_f \cdot P_{d|f} \qquad (4.3)$$

　　式中：P_f 为风险事故发生概率；$P_{d|f}$ 为事故发生后人员未采取任何
防护措施的死亡概率。

　　荷兰 VROM 制定的风险接受准则为

$$IR \leqslant 10^{-6}/年 \qquad (4.4)$$

　　英国 HSE 制定的个人风险接受准则为

$$IR_{HSE} \leqslant 10^{-6} \qquad (4.5)$$

　　社会风险（Social Risk，SR）主要用来描述事故发生概率与死亡人数
之间的关系，与个人风险不同，个人风险用来表示单个的伤亡概率，而社
会风险用来描述许多人遭受事故的伤亡概率。目前比较著名的确定方法
有：ALARP 原则、F-N 曲线、风险矩阵等。

图 4.2-2 为典型的 F-N 曲线。

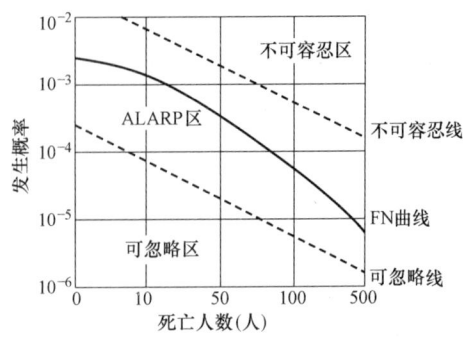

图 4.2-2　用 F-N 曲线表示的社会风险接受准则

F-N 曲线用风险事故发生概率与风险后果的关系来表示，可以分为三个区：风险可忽略区、风险可接受区及风险不可接受区。

经济风险（Economic Risk，ER）表示事故发生概率与经济损失之间的关系，通常用 F-D 曲线表示，该曲线与社会风险接受准则中的 F-N 曲线表示方法类似。超越概率的表示方法可用公式表示为：

$$1-F_{D}(x)=P(D>x)=\int_{0}^{\infty}f_{D}(x)\mathrm{d}x \tag{4.6}$$

$$E(D)=\int_{0}^{\infty}xf_{D}(x)\mathrm{d}x \tag{4.7}$$

式中：$F_{D}(x)$ 为经济损失的概率分布函数；$E(D)$ 为经济损失的期望值。与 F-N 曲线相似，F-D 曲线下方的区域等于期望值 $E(D)$。

环境风险（Environmental Risk，ER）主要是表示工程发生事故对所处的环境造成的影响，对处于地面上的工程而言，环境影响不可忽视，而对处于深埋地下的隧道，环境风险可以忽略不计。

2. 现有风险接受准则用于隧道施工的不足

从上述风险接受准则可以看出，大部分准则都是以"人员死亡率"和"年死亡人数"作为风险评价指标，深埋长大隧道施工遇到的风险主要是由复杂的工程地质、水文地质条件影响而造成的，施工期间不仅会造成隧道结构损坏、机械设备故障，而且还会对施工人员造成伤害、延误工期，以及不良社会影响，因此需要结合本工程实际，提出定性与定量结合的风险接受准则。

4.3 基于深埋长大隧道施工的风险接受准则

1. 风险概率与后果等级划分

现有的风险接受准则显然过于粗糙，它主要依据专家调查对各个风险事故的概率及其后果进行估计，然后进行分级、评价，难以做到定量分析。由于深埋长大隧道施工中涉及不确定因素众多，建立一个符合工程实际而又为广大业主、设计、施工单位接受的通用风险接受准则是不太可能的，因此，利用定性和定量相结合的方法提出适于深埋长大隧道施工的方法是合适的。结合国际隧道协会（ITA）提出的风险接受准则、《生产安全事故报告和调查处理条例》、《企业职工伤亡事故分类标准》、同济大学周扬及相关行业法规、地方法规，提出适于深埋长大隧道施工的风险接受准则，本文提出的风险接受准则是一种定性和定量相结合的准则，该准则主要是根据风险矩阵构造而成，首先建立施工风险发生概率等级，再对风险发生后果进行等级划分。风险概率基于国际隧协分类方法，给出概率范围所属等级，风险损失主要由人员伤亡、经济损失、工期延误损失等三个指标来进行确定，概率和损失可根据实际情况分为 5 级。

基于国际隧协的隧道施工风险概率分级，见表 4.3-1。

<table>
<tr><td colspan="4" align="center">隧道施工风险概率分级</td><td>表 4.3-1</td></tr>
<tr><td>概率等级</td><td>概率范围</td><td>概率中值</td><td colspan="2">风险概率描述</td></tr>
<tr><td>1</td><td>＜0.0003</td><td>0.0001</td><td colspan="2">非常不可能</td></tr>
<tr><td>2</td><td>0.0003～0.003</td><td>0.001</td><td colspan="2">不可能</td></tr>
<tr><td>3</td><td>0.003～0.03</td><td>0.01</td><td colspan="2">偶尔</td></tr>
<tr><td>4</td><td>0.03～0.3</td><td>0.1</td><td colspan="2">可能</td></tr>
<tr><td>5</td><td>＞0.3</td><td>1</td><td colspan="2">很可能</td></tr>
</table>

注：中值表示给定概率范围的对数平均值。

风险后果损失分级主要包括人员伤亡损失分级、经济损失、工期损失等，表 4.3-2 为本文建立的风险后果等级。

风险损失分级　　　　　　　　　　表 4.3-2

风险损失等级	损失分类			
	人员伤亡	经济损失(百万)	工期损失(月)	分析后果描述
1	1MI	<3	<0.5	可忽略
2	1SI,1<MI≤10	3~30	0.5~2	需考虑
3	1<F≤3,2<SI≤10	30~300	2~6	严重
4	3~10F,10<SI≤50	300~3000	6~24	非常严重
5	>10F,SI>50	>3000	>24	灾难性

注：MI，轻伤；SI，重伤；F，死亡。

2. 风险评价矩阵

由于量化风险往往受到资料收集不完善或技术上无法精确估算的限制，其量化的数据存在不确定性，就需要构造出风险矩阵。风险矩阵结构简单，简洁明了，在工程中广泛应用，本文构造出的风险矩阵见表 4.3-3。

风险评价矩阵　　　　　　　　　　表 4.3-3

风险		风险损失分级				
		1(A)	2(B)	3(C)	4(D)	5(E)
发生概率分级	1	可忽略 1A	可忽略 1B	可接受 1C	可接受 1D	ALARP区 1E
	2	可忽略 2A	可接受 2B	可接受 2C	ALARP区 2D	ALARP区 2E
	3	可接受 3A	可接受 3B	ALARP区 3C	ALARP区 3D	不可接受 3E
	4	可接受 4A	ALARP区 4B	ALARP区 4C	不可接受 4D	不可接受 4E
	5	ALARP区 5A	ALARP区 5B	不可接受 5C	不可接受 5D	不可接受 5E

表 4.3-3 即为定性的风险评价矩阵，表中不同颜色代表不同的风险接受准则，该风险准则分为可忽略、可接受、ALARP区、不可接受四种风险接受等级。不同风险等级需要采取不同的风险管理政策与控制措施，表 4.3-4 为详细的风险接受准则描述和基本风险对策。

风险接受准则及基本风险对策　　　　　　　　　　表 4.3-4

等级	风险	接受准则	控 制 措 施
一级	1A、2A、1B、1C	可忽略的	风险水平最低,风险事故后果可以忽略,不必进行管理、审视
二级	3A、2B、3B、2C、1D、1E	可容许的	引起注意,风险水平较低,有事故发生的可能性,后果轻微,只要对风险常规管理,不需采取风险措施
三级	4A、5A、4B、3C、2D、2E	可接受的	风险水平较高,风险事故后果严重,会对工程造成一定范围的破坏,但没有人员伤亡或人员伤亡较轻,需采取一定的应对措施。应引起重视,需防范、监控措施
四级	5B、4C、3D、4D、3E	不可接受	非常危险,风险水平很高,后果很严重,可能在较大范围内对工程造成破坏,并有人员伤亡,需采取控制措施,花费大量金钱。需重要决策,需控制、预警措施
五级	5D、4E、5E	拒绝接受	灾难性的,风险水平最高的等级,必须予以排除。应立即停止,需整改、规避或预案措施

3. 定性与定量相结合的风险评价

第 3 章建立了各分项失效模式的概率计算模型和损失计算模型,基于不确定性计算方法可以对风险发生概率及损失进行定量分析,在此基础上,结合本章提出的风险概率分级、损失分级以及风险接受准则,则可实现对隧道施工风险的综合评价,图 4.3-1 为建议的定量、定性相结合的风险评价方法。

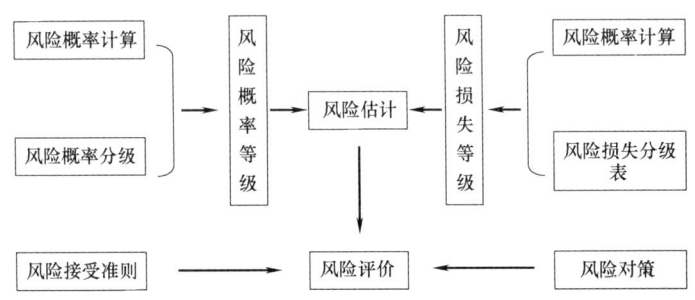

图 4.3-1　定性与定量结合的风险评价

4. 不同风险因子评价矩阵

（1）护盾风险评价矩阵研究

为了评价洞室内壁不同变形导致的风险等级，则必须建立洞室变形风险评价矩阵。而建立评价矩阵必须对该变形导致的后果进行分级，而后结合发生的概率才能形成评价矩阵。

考虑到一些不可预知的因素，通常考虑一定的安全储备，因此 TBM 能够不被卡住要满足以下公式：

$$F/k > (N+T) \times f \tag{4.8}$$

上式中：F 表示 TBM 的有效牵引力，N 表示围岩作用在护盾上的整个压力，T 为 TBM 的自重，f 为摩擦系数。k 为安全储备系数，文献指出 k 通常取 1.5。

假设 TBM 施工时在护盾与围岩之间预留的间隙为 Δr，围岩的径向变形为 u_r。

① 当 $u_r < \Delta r$ 时，此时围岩的变形对 TBM 施工没有影响，可不采取任何措施；

② 当 $u_r \geqslant \Delta r$ 且 $F/k > (N+T) \times f$ 时，此时 TBM 仍然能够前进，但是应当采取一定的措施，防止情况的继续恶化；

③ $F/k \leqslant (N+T) \times f$ 且 $F > (N+T) \times f$，表示此时 TBM 前进已经非常困难，需要采用一定超前支护措施；

④ $F \leqslant (N+T) \times f$ 且 $N < \lambda$（λ 表示 TBM 护盾能够承受的最大压力），此时 TBM 已经严重被困；

⑤ $N \geqslant \lambda$，此时非常危险，TBM 护盾被毁。委内瑞拉的 Yacambú Quibor 隧道就曾经发生过此类事故，造成巨大的损失。

因此根据以上分析可以将变形导致的 TBM 施工风险后果分为以下几个等级：可以忽略的（对应上面的①），需要注意的（对应上面的②），严重的（对应上面的③），重大的（对应上面的④），灾难性的（对应上面的⑤）。结合前人研究，给出以下 TBM 施工变形风险评价矩阵。

根据表 4.3-5 中的风险评价矩阵，结合表 4.3-6 中的风险接受准则，即可对变形引起的 TBM 施工事故进行风险评价。

TBM 施工护盾风险评价矩阵   表 4.3-5

风险		损　失				
		$u_r < \Delta u$	$u_r \geqslant \Delta r$ 且 $F/k \geqslant (N+T) \times f$	$F/k < (N+T) \times f$ 且 $F \geqslant (N+T) \times f$	$F \leqslant (N+T) \times f$ 且 $N < \lambda$	$N \geqslant \lambda$
不可能	$P < 0.01\%$	1A	2A	3A	4A	5A
很少	$0.01\% \leqslant P < 0.1\%$	1B	2B	3B	4B	5B
偶尔	$0.1\% \leqslant P < 1\%$	1C	2C	3C	4C	5C
可能	$1\% \leqslant P < 10\%$	1D	2D	3D	4D	5D
非常可能	$P \geqslant 10\%$	1E	2E	3E	4E	5E

风险接受准则   表 4.3-6

等级	风险指标	接受准则	采　取　措　施
Ⅰ	1A,1B,2A,1C	可忽略	此类风险最小,无需特定的风险管理,可忽略
Ⅱ	3A,1D,2B,1E,2C	可容许	此类风险虽较小,但仍需风险管控措施,如监测
Ⅲ	4A,3B,2D,3C,4B,2E	不希望	此类风险不希望发生,施工前需研究风险减缓措施,施工时配合监测等方式以减缓风险
Ⅳ	5A,5B,3D,4C,3E,4D	难以接受	此类风险难以接受,施工前需启动风险减缓措施,施工时配合加强监测手段以减缓风险
Ⅴ	5C,4E,5D,5E	无法接受	此类风险无法接受,立即停止施工,改变计划

（2）刀盘风险评价矩阵研究

TBM 施工时经过破碎岩体，很容易在刀盘上方和前方产生塌方，导致刀盘卡住无法旋转而停机。

为了评价岩体塌方对刀盘旋转的影响，设刀盘脱困扭矩为 T_r，k 为安全储备系数，阻力产生的扭矩为 F_r，如果 TBM 的刀盘能够正常旋转，则需要满足以下公式：

$$T_r/k > F_r \tag{4.9}$$

根据式（4.9），将塌方导致的后果分为以下五个等级：

① 没有塌方，此时 TBM 的刀盘没有受到落石的干扰，可以正常工作，规定对应的后果为"可以忽略的"；

② 存在塌方，但是 $F_r < T_r/k$，此时刀盘旋转需要的扭矩较无落石时大，但是能继续工作，因此应当引起注意，采取一定的措施，规定对应的后果级别为"需要考虑的"；

③ $F_r \geqslant T_r/k$ 且 $F_r < T_r$，此时刀盘可能被卡或者是旋转很困难，应当采取一定的处置措施，规定后果为"严重的"；

④ $F_r \geqslant T_r$，此时刀盘不能旋转，TBM 彻底被困，将导致较大的工期延误，后果为"非常严重的"。

⑤ 设塌方作用在刀盘上的压力为 N_d，刀盘能够承受的最大压力为 λ_d，$N_d \geqslant \lambda_d$ 时，刀盘被损毁，后果为"灾难性的"。

上面的①中塌方的判断是一个难点，对于断层区域的岩体，由于岩体破碎，质量等级较低，一般为Ⅳ级或Ⅴ级，因此可以认为 TBM 经过该区域时即发生塌方，但是非断层破碎区域也可能发生塌方，比如节理化严重的岩体等，也就是说断层区域的存在是塌方产生的充分不必要条件。对于节理岩体也是根据岩体的质量等级判断在刀盘处是否发生塌方，对于Ⅴ级的岩体，由于岩体无自稳能力，因此认为发生塌方，Ⅳ级岩体，自稳能力较差，因此也可认为在掌子面发生塌方。其他等级的围岩不考虑塌方。关于塌方的高度根据岩体的质量等级进行定性判定。

根据上面划分的五个后果等级，提出表 4.3-7 的刀盘风险评价矩阵。

TBM 施工刀盘单元风险评价矩阵　　　　　　　　表 4.3-7

风险		后　果				
		无塌方	有塌方且 $F_r < T_r/k$	$F_r \geqslant T_r/k$ 且 $F_r < T_r$	$F_r \geqslant T_r$	$N_d \geqslant \lambda_d$
不可能	$P < 0.01\%$	1A	2A	3A	4A	5A
很少	$0.01\% \leqslant P < 0.1\%$	1B	2B	3B	4B	5B
偶尔	$0.1\% \leqslant P < 1\%$	1C	2C	3C	4C	5C
可能	$1\% \leqslant P < 10\%$	1D	2D	3D	4D	5D
非常可能	$P \geqslant 10\%$	1E	2E	3E	4E	5E

根据表 4.3-7 进行风险评价，结合表 4.3-6 即可对风险的等级进行划分，由于塌方最终只会导致 TBM 停机，不会导致 TBM 被毁，因此后果

级别中没有灾难性等级。但是在风险等级中五个等级还是齐全的。

（3）TBM 施工涌水风险评价矩阵研究

洞室的涌水量对 TBM 施工影响也较大，严重时会导致 TBM 被淹埋，但是一般小的涌水量对 TBM 没有太多的影响，这是因为 TBM 可以通过抽排水装置向外部进行排水。下面提出的涌水量大小对 TBM 影响的判据是根据工程实例进行总结的，当然这些数据并非是一成不变的，随着技术的不断进步，TBM 的抽排能力和技术都在进步，因此这些数据也是不断更新的。

我国雪山隧道在施工过程中，TBM 在不同洞段曾经遭遇了不同的涌水量，最大的涌水灾难发生在 38K＋902 处，涌水量达到 $750\sim800L/s$，使得 TBM 被淹没，最后不得不在该段采用钻爆法施工。涌水量达到 50 L/s 时，施工就变得较以前困难了，因此就不得不采取一定的措施。

根据雪山隧道的经验再结合其他一些工程的实际，可以给出以表 4.3-8 所示的等级划分：

涌水后果等级划分 表 4.3-8

后果	可以忽略的	需要注意的	严重的	非常严重的	灾难性的
涌水量 $Q(L/s)$	$Q<30$	$30\leqslant Q<50$	$50\leqslant Q<200$	$200\leqslant Q<500$	$500\leqslant Q$

同理，也可给出涌水的风险评价矩阵，如表 4.3-9 所示。

TBM 施工涌水风险评价矩阵 表 4.3-9

风险		涌水量（L/s）				
		$Q<30$	$30\leqslant Q<50$	$50\leqslant Q<200$	$200\leqslant Q<500$	$500\leqslant Q$
不可能	$P<0.01\%$	1A	2A	3A	4A	5A
很少	$0.01\%\leqslant P<0.1\%$	1B	2B	3B	4B	5B
偶尔	$0.1\%\leqslant P<1\%$	1C	2C	3C	4C	5C
可能	$1\%\leqslant P<10\%$	1D	2D	3D	4D	5D
非常可能	$P\geqslant10\%$	1E	2E	3E	4E	5E

根据表 4.3-9 对涌水进行评价，然后结合表 4.3-6 的风险接受准则即可对涌水风险等级进行划分。

（4）隧道施工岩爆风险评价矩阵研究

为了分析岩爆发生后造成的损失，首先须研究国内外关于岩爆的分级，表 4.3-10 为国内外岩爆烈度分析情况。

表 4.3-10

国内外岩爆烈度分级

方案提出者	岩爆烈度分级及主要依据			
G. 布依欧诺（德国，1981)	轻微损害，不造成生产中断	中等损害，支架部分损害，一般要中断生产	严重损害，工程破坏	
B.F 拉森斯（挪威，1974)	0级，无岩爆	1级，轻微岩爆 岩石有松落、碎裂现象，声响微弱	2级，中等岩爆 岩石有不容忽视的片落、松脱，有随时间发展趋势，有发自岩石内部的强烈爆裂声	3级，严重岩爆 爆破之后，顶板、两帮岩石即严重崩落，底板隆起，周边大量超挖和变形，可以听到岩石内部的强烈弹射声响
谭以安(1988)	弱岩爆（I) 劈裂成板，剪断脱离母体，产生射落；洞壁表面局部轻微破坏，不损坏机械设备；可听到噼啪声响	中等岩爆（II) "劈裂—剪断—弹射"重复交替发生，向洞壁内部发展，形成V形三角坑；洞壁有较大范围破坏，对生产有威胁；个别情况下损坏设备；有似子弹射声	强烈岩爆（III) "劈裂—剪断—弹射"急速发生，并急剧向洞壁深处扩展；几乎全断面破坏，生产中断；有似炮声巨响	极强岩爆（IV) 方式同III，持续时间长，震动强烈，有似闷雷强烈声响，动力损失严重，生产停顿；人财损失严重
铁道部第二勘测设计院(1996)	弱岩爆	中等岩爆	强烈岩爆	
交通部第一公路设计院(1996)	微弱岩爆（一级） 岩石个别松脱和破裂，有微弱声响	中等岩爆（二级） 有相当数量的岩片弹射和松脱，洞内周边岩体变形，有随时间发展趋势，有的岩体有较强烈的爆裂声活动	剧烈岩爆（三级） 顶板、侧围岩爆炸，如炮弹爆炸，底板隆起，洞壁周边岩片弹射，甚至有巨石抛射，其声响深度可达2m左右，可引起洞室坍塌	
二郎山公路隧道高地应力与围岩稳定性课题组（RMR方案,1998)	轻微岩爆（I) 围岩表层剥落，有噼啪响声，岩石松动剥裂裂响声，对施工影响甚微	中等岩爆（II) 爆裂脱落，剥离弹射有离析的弹裂声，少量弹射，持续时间较长，有随时间累进性向深部发展的特征，爆裂深度可达1m左右，对施工有影响	强烈的爆裂现象（III) 强烈的爆裂弹射声，有机枪子弹射击声；持续时间较长，岩爆具延续性；影响深度可达2m左右，对施工影响较大	剧烈岩爆（IV) 剧烈的爆裂弹射甚至坍塌，剧烈的炮声巨响，岩爆具突发性，并迅速向围岩深部扩展，影响深度可达3m左右，严重影响施工甚至摧毁工程

风险损失主要计算：风险事故引起的人员伤亡情况、经济损失、工期延误等方面，由于准确定量分析难以进行，本工程采用定性的分析方法。

风险等级标准包括风险事故发生概率的等级标准（简称风险概率等级）和风险事故发生后损失的等级标准（简称风险损失等级），根据风险的基本定义，制定相应风险的等级标准和接受准则。

依据风险事故发生概率的大小，分为五级，见表 4.3-11。

风险发生概率等级　　　　　　　　　　　　　表 4.3-11

等级	一级	二级	三级	四级	五级
事故描述	不可能	很少发生	偶尔发生	可能发生	频繁
区间概率	$P<0.01\%$	$0.01\%\leqslant P<0.1\%$	$0.1\%\leqslant P<1\%$	$1\%\leqslant P<10\%$	$P\geqslant10\%$

注：P 为风险事故发生概率

隧道工程中，风险事故一旦发生将对工程项目、第三方或周边环境造成损失，考虑损失后果严重程度的不同，建立损失后果的等级标准，见表 4.3-12。需要注意的是，不同的承险体对风险损失后果的定性估计可能不同。

风险损失后果等级标准　　　　　　　　　　表 4.3-12

等级	一级	二级	三级	四级	五级
描述	可忽略	需考虑	严重	非常严重	灾难性

风险矩阵法是最常用且被普遍接受的定性风险分析方法。下面根据不同的风险概率等级和损失后果等级，建立风险等级评价矩阵，见表 4.3-13。

风险评价矩阵　　　　　　　　　　　　　　表 4.3-13

风险		事故损失				
		可忽略的	需考虑的	严重的	非常严重的	灾难性的
发生概率	A：$P<0.01\%$	1A	2A	3A	4A	5A
	B：$0.01\leqslant P<0.1\%$	1B	2B	3B	4B	5B
	C：$0.1\%\leqslant P<1\%$	1C	2C	3C	4C	5C
	D：$1\leqslant P<10\%$	1D	2D	3D	4D	5D
	E：$P\geqslant10\%$	1E	2E	3E	4E	5E

风险接受准则作为可接受风险水平的评判标准，其评判对象就是通过风险分析方法得出的风险水平。本节依据风险矩阵法这一被普遍运用和接

受的定性风险分析方法，提出定性的隧道工程风险接受准则。不同的风险水平需采用不同的风险管理与控制措施，结合风险评估矩阵，不同等级风险的接受准则和相应的控制对策如表 4.3-14 所示。

风险接受准则　　　　　　　　　　　　　　　　表 4.3-14

等级	风险	接受准则	控制措施
一级	1A、2A、1B、1C	可忽略的	风险水平最低，风险事故后果可以忽略，不必进行管理、审视
二级	3A、2B、3B、2C、1D、1E	可容许的	引起注意，风险水平较低，有事故发生的可能性，后果轻微，只要对风险常规管理，不需采取风险措施
三级	4A、5A、4B、3C、2D、2E	可接受的	风险水平较高，风险事故后果严重，会对工程造成一定范围的破坏，但没有人员伤亡或人员伤亡较轻，需采取一定的应对措施。应引起重视，需防范、监控措施
四级	5B、4C、3D、4D、3E	不可接受	非常危险，风险水平很高，后果很严重，可能在较大范围内对工程造成破坏，并有人员伤亡，需采取控制措施，花费大量金钱。需重要决策，需控制、预警措施
五级	5D、4E、5E	拒绝接受	灾难性的，风险水平最高的等级，必须予以排除。应立即停止，需整改、规避或预案措施

实例分析：南水北调西线深埋隧道平均埋深在 500m 左右，在砂岩段，岩爆发生频繁，引起的事故概率较大，根据表 4.3-11，概率可选为五级，频繁，$P \geqslant 10\%$。由于本工程大部分为中等岩爆，后果不严重，仅需要考虑，根据表 4.3-12，后果等级为二级。参照风险评价矩阵表 4.3-13，风险等级为 2E 级别，属于三级风险。

三级风险为可接受风险，风险水平较高，风险事故后果严重，会对工程造成一定范围的破坏，但没有人员伤亡或人员伤亡较轻，需采取一定的应对措施。应引起重视，需防范、监控措施。

（5）TBM 施工高地温风险评价矩阵研究

由于深埋隧道高地温现象因素复杂，难以用定量的方法去评价，因此在给出简要的现状描述后，即进行主观风险评估判定。根据国内隧道及地下工程领域风险管理研究已提出的定性的风险接受准则，参考文献国外提出的定性的隧道工程建设期风险接受准则。高地温风险接受准则与岩爆风险接受准则类似。

4.4 基于模糊综合评判的 TBM 施工风险评价模型

目前国内外对岩石隧道工程风险的研究还处于起步阶段，无论是理论还是实际应用都尚待完善，而且所取得的成果基本上都是定性或半定量的。关于深埋岩石长隧道 TBM 施工风险，国内外都缺乏深入研究，且对于施工过程中遇到的大量不确定性因素，难以做到准确描述。对于具有不确定性和模糊性事件，其分析可以采用模糊数学方法。模糊综合评判法就是从多目标决策中划分出来的一种新的数学方法，当影响事物因素较多又有很强的不确定性和模糊性时，采用此方法进行量化分析具有明显的优越性。TBM 施工受诸多因素影响，由于风险因子众多，在对多因素引起的风险进行评价时，需要采用综合评判的方法。传统的综合评判方法有总分法、加权平均法。当因素可以数量化，可采用传统方法。但是 TBM 施工各因素都是模糊概念，权重亦带有模糊性，需采用模糊综合评判方法进行分析。

本文结合西线深埋隧道工程，在全面分析影响 TBM 施工风险因素的基础上，通过建立 TBM 施工风险综合评价指标体系，引进模糊数学理论，建立 TBM 施工风险二级模糊综合评判计算模型，并利用层次分析法（AHP）确定各级因素权重，逐级估量法确定各因素对评判集的隶属度，分析深埋长隧道 TBM 施工的风险等级，为进一步风险分析及以后类似工程的风险评估提供了参考依据。

1. TBM 施工风险综合评价指标体系

（1）评价指标体系

引进模糊数学理论对深埋长隧道 TBM 施工风险进行风险分析，其关键之一就是确定评价指标。为此，本文通过深入研究影响 TBM 施工的风险因素及工程实际，建立两级评价指标体系，一级指标 8 个，二级指标共 36 个。第一级因素为主因素层，包括：地质风险，自然风险，环境风险，机械故障风险，技术风险，施工管理风险，重大事故风险，材料风险。而每个因素又由若干个评价指标因素决定；这样，评价目标、评价准则及评价指标因素就处于不同层次，形成一个层次结构，如图 4.4-1 所示。

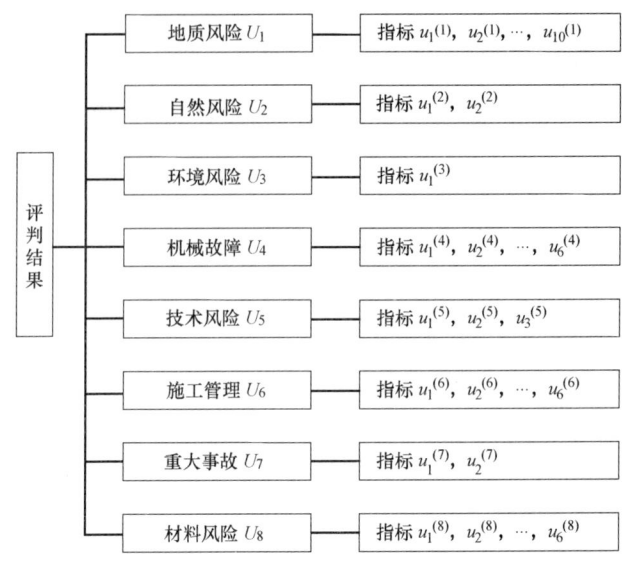

图 4.4-1　TBM 施工风险综合评价指标体系

（2）评价指标内容

地质风险：断层破碎带，高压涌水，高地温，岩爆，塌方，岩溶，洞外危岩落石，洞口滑坡，岩性变化大，高地应力可能引起软岩塑性变形。

自然风险：严寒，缺氧。

环境风险：有毒气体释放。

机械故障：掘进机损坏，刀具磨损过快，施工设备件短缺，施工设备维修不当，设备安装调试失误，机电设备安装事故。

技术风险：隧道轴线定位偏差，隧道变形超过控制，衬砌渗漏。

施工管理：施工控制计划不完善，施工控制计划可操作性差，组织机构人员不落实，施工控制信息不畅通，有效控制方法落后，管理人员素质差等。

重大事故风险：火灾，爆炸等突发事件。

原材料和半成品材料风险：原材料、成品半成品、设备、零件供应不足，品种数量差错，质量和规格不合格，运输存储和施工损耗，特殊材料或新材料质量稳定性，材料价格发生变化。

2. 模糊综合评判原理

在实际应用中，评价的对象往往受到不确定性因素的影响，其中模糊性是最主要的，根据影响因素的层次性，建立二级模糊综合评判模型。

（1）建立因素集 $U=\{u_1, u_2, \cdots, u_{36}\}$，将因素集按某种属性分成若干组，即 $U=\{U_1, U_2, \cdots, U_8\}$，使得 $U=\bigcup U_i$，$U_i \bigcap U_j=\phi(i \neq j)$，$i, j=1, 2, \cdots, 8$，称 $U=\{U_1, U_2, \cdots, U_8\}$ 为第一级因素集。

（2）建立权重集

① 设第一级因素集 $U=\{U_1, U_2, \cdots, U_8\}$ 的权重为 $A=(a_1, a_2, \cdots, a_8)$；

② 设第二级因素集 $U_i=\{u_{1(i)}, u_{2(i)}, u_{n_i(i)}\}$ 的权重为 $A_i=\{a_{1(i)}, a_{2(i)}, \cdots, a_{n_i(i)}\}$，$i=1, 2, \cdots, 8$，$n_i$ 为每个一级因素所包含的二级指标因素数；

（3）一级评判

设评判集 $V=\{v_1, v_2, \cdots, v_5\}$，先对第二级因素集 $U_i=\{u_{1(i)}, u_{2(i)}, u_{n_i(i)}\}$ 的 n_i 个因素进行单因素评判，得单因素评判矩阵为

$$R_i=\begin{bmatrix} r_{11}{}^{(i)} & r_{12}{}^{(i)} & \cdots & r_{15}{}^{(i)} \\ r_{21}{}^{(i)} & r_{22}{}^{(i)} & \cdots & r_{25}{}^{(i)} \\ r_{n_i1}{}^{(i)} & r_{n_i2}{}^{(i)} & \cdots & r_{n_i5}{}^{(i)} \end{bmatrix} \tag{4.10}$$

采用模糊评判模型 II，则第 i 类因素的 Fuzzy 综合评判为

$$B_i=A_i \times R_i=(b_{i1}, b_{i2}, \cdots, b_{i5}) \tag{4.11}$$

（4）二级综合评判

再对第一级因素集 $U=\{U_1, U_2, \cdots, U_8\}$ 作综合评判，评判矩阵为一级 Fuzzy 综合评判矩阵

$$R=\begin{bmatrix} B_1 \\ B_2 \\ \vdots \\ B_8 \end{bmatrix}=\begin{bmatrix} A_1 \circ R_1 \\ A_2 \circ R_2 \\ \vdots \\ A_8 \circ R_8 \end{bmatrix} \tag{4.12}$$

采用模糊评判模型 II，于是二级 Fuzzy 综合评判为

$$B=A \cdot R=(b_1, b_2, \cdots, b_5) \tag{4.13}$$

各因素对评判集的评语集合采用隶属函数确定，根据隶属函数的结果建立评判矩阵。

3. 确定权重

权重的确定采用层次分析法，这一过程可由一组专家对所调查的因素进行评判，即把同级各个因子两两相互比较（包括因子自身比较），把比较重要大小在一个九标度表中进行仿数量化，如表 4.4-1 所示。各因子数

量值构成一个"构造判断矩阵",进而用和法求矩阵的特征向量和特征根,并通过一致性检验后,具有满足一致性的判断矩阵对应的特征向量的各分量,即为各个指标所对应的权重,由此可辨识出主要风险因子,剔除次要因素。

九标度各因子重要性大小比较仿数量化表　　　　　　表 4.4-1

标度	两两因子重要性比较结果说明
1	i 因子与 j 因子完全一样重要,或 i 与 i,j 与 j 自身比较
3	i 因子比 j 因子稍微重要一点
5	i 因子比 j 因子明显重要
7	i 因子比 j 因子重要得多
9	i 因子比 j 因子极为重要
2,4,6,8	两两因子重要性比较介于上述标度两值之间
倒数	上述重要性相反情况,即 j 比 i 重要的情况

(1) 层次分析法步骤

① 定义问题,确定要完成的目标。

② 从最高层(管理目标),通过中间层(判断准则)到最低层(方案)构成一个层次结构矩阵。

③ 构造一系列下层各因素对上一层准则的两两比较判断矩阵。

④ 在第 3 步里建立判断矩阵所需要的 $n \times (n-1)/2$ 个判断。

⑤ 完成所有两两比较,输入数据,计算最大正特征值,计算一致性指标 CR。

⑥ 对各层次完成第 3、4、5 步的计算。

⑦ 层次合成计算。

⑧ 若整个层次综合一致性不通过,要对某些判断做适当改善。

(2) 判断矩阵

假设有 n 个风险因子,给定一个准则,利用上面的相对重要度比例标度方法,对于元素 C_i 和 C_j 作相互比较判断,可获得一个表示相对重要度的数字 a_{ij},构成 n 阶判断矩阵:

$$A = \begin{bmatrix} a_{11} & a_{12} & \cdots & a_{1n} \\ a_{21} & a_{22} & \cdots & a_{2n} \\ \cdots & & & \\ a_{n1} & a_{n2} & \cdots & a_{nn} \end{bmatrix} \tag{4.14}$$

根据相互比较特点，有

$a_{ij}>0$，$a_{ij}=1/a_{ji}$，$a_{ii}=1$，i，$j=1$，2，$\cdots$，n。

（3）计算特征向量

计算特征向量采用规范列平均法，计算步骤为：

计算每一列规范化

$$\overline{a}_{ij}=\frac{a_{ij}}{\displaystyle\sum_{k=1}^{n}a_{kj}} \tag{4.15}$$

求规范列的平均

$$w_i=\frac{1}{n}\sum_{j=1}^{n}\overline{a}_{ij} \tag{4.16}$$

向量 $\hat{w}=(w_1，w_2，\cdots，w_n)^T$ 为所求的特征向量。

计算最大特征值

$$\lambda_{\max}=\frac{1}{n}\sum_{i=1}^{n}\frac{(A\hat{W})_i}{\hat{w}_i} \tag{4.17}$$

式中：$(A\hat{W})_i$ 为向量 $A\hat{W}$ 的第 i 个元素。

（4）一致性检验

为了测试评判指标的可靠性或一致性，建立一致性指标。

$$CI=\frac{\lambda_{\max}-n}{n-1} \tag{4.18}$$

当阶数大于 2 时，判断矩阵一致性指标 CI 和同阶平均随机一致性指标 RI 之比称为随机一致性比率，记作 CR。

$$CR=\frac{CI}{RI} \tag{4.19}$$

若 $CR<0.1$，则认为具有满意的一致性。RI 的取值如表 4.4-2 所示。

RI 的取值   表 4.4-2

n	1	2	3	4	5	6	7	8	9	10
RI	0.00	0.00	0.53	0.90	1.12	1.21	1.32	1.41	1.45	1.49

4. 隶属函数

隶属函数的确定采用逐级估量法，又叫模糊集法，首先将风险划分为五级：一级、二级、三级、四级、五级。

给出等级后，就可在给定的全部等级上逐级估量，估量以适当的自信度表示，自信度的分数从 0 到 10 变化。

自信度给出必须遵循的规则：

（1）当最有把握认为该风险因素属于某等级时，此等级的自信度最高，认为完全属于，记为 10 分；认为完全不属于，记为 0 分。

（2）越远离高自信度的等级，等级分数越低，一旦出现 10 分就必有 0 分。

（3）在风险大小分明的情况下，各等级之间的分数应有较大的差别；在难以判定等级大小又彼此相差甚小时，待测因素的自信度为 5。

（4）除毗连等级出现相同的两个最高分数外，只允许单峰存在。

逐级估量法的步骤如下：

（1）在给定的全部等级上作选择，以确定出自己最倾向属于的一个等级，并给出最高自信度分数。

（2）在给出的最高自信度等级的两边作对偶比较与估量，甚至对全部等级都给出适当的自信度为止。

例如：

对某风险因素已确认为"三级"，此后在此等级的两侧对风险因素等级大小作对偶比较，最后给出全部自信度如下：

风险等级：一级、二级、三级、四级、五级

自信度打分：3　6　8　4　1

上述自信度表明，被调查者对该因素评价为"三级"，三级分数为 8 分，在对偶比较时，似乎倾向于二级，故给二级记 6 分，既然已确定对该因素的风险等级为三级并偏向于二级，故五级得分应最小，因此五级分数为 1 分。

（3）将所得分除以常数 10，则变换成在闭区间 [0，1] 上取值的隶属度。

根据上述确定隶属函数的方法，请专家对深埋长隧道 TBM 施工各风险因素打分，采用加权平均法对数据进行处理，可得评判矩阵。

5. 评价集

评价集为 TBM 施工风险的 5 个等级，即

$V=\{v_1, v_2, \cdots, v_5\}=$（一级、二级、三级、四级、五级），具体见表 4.4-3。

风险分级   表 4.4-3

等级	接受准则	控 制 措 施
一级	可忽略的	风险水平最低,风险事故后果可以忽略,不必进行管理、审视
二级	可容许的	引起注意,风险水平较低,有事故发生的可能性,后果轻微,只要对风险常规管理,不需采取风险措施
三级	可接受的	风险水平较高,风险事故后果严重,会对工程造成一定范围的破坏,但没有人员伤亡或人员伤亡较轻,需采取一定的应对措施。应引起重视,需防范、监控措施
四级	不可接受	非常危险,风险水平很高,后果很严重,可能在较大范围内对工程造成破坏,并有人员伤亡,需采取控制措施,花费大量金钱。需重要决策,需控制、预警措施
五级	拒绝接受	灾难性的,风险水平最高的等级,必须予以排除。应立即停止,需整改、规避或预案措施

6. 施工风险评价结果

根据式(4.12)和式(4.13),结合模糊数学中的最大隶属度原则,可以分别得到各二级风险因素的风险等级和 TBM 施工总体风险,对照各风险等级,可采取相应的风险措施。对于深埋长隧道工程可根据工程实际,按风险来源建立两层评价指标体系,然后采用专家调查法等方法对风险进行识别分析。利用 AHP 法和二级模糊综合评判模型,对深埋长隧道工程 TBM 施工风险进行综合评估,不但可以发挥专家经验的作用,而且减少了人为主观臆断带来的偏差,消除了施工过程风险的随机性、模糊性,使评估结果更趋合理。

7. 实例分析

南水北调西线工程深埋长大隧道全长 320km,最长洞段 73km,平均埋深 500m,最大埋深 1150m,以全断面隧道掘进机(TBM)施工为主。TBM 对隧道的地层最为敏感,地质适应性较差。西线工程区地质条件复杂,隧道围岩为砂岩、板岩不等厚互层的岩性,岩性不均一,节理裂隙和断裂带发育,由于高山峡谷的特殊地貌环境、构造活动强烈的特殊地质条件,使隧道埋深大、洞线长、工程地质条件十分脆弱;由于隧道埋深大,隧道围岩处于高地应力、高渗透压和强流变的恶劣地质条件,使施工难度大,塌方冒顶、突水涌泥、围岩大变形、岩爆、高地温等地质灾害频发。工程区海拔 3500～4700m,寒冷、缺氧、经济技术落后。输水隧道施工共选用了 24 台不同直径的掘进机,最大开挖直径达 12m,单机工作面掘进长度控制在 20km 以内，最大长度达 25km，工程区地质条件复杂，有存在有毒有害气体的可能。TBM 属大型专用设备，对隧道的施工场地、运输方案、技术方案等要求较高，施工需要高负荷的电力保证以及高素质的技术人员和管理队伍。

采用前面介绍的模糊综合评判模型对该隧道 TBM 施工风险进行计算，具体计算过程如下：

（1）权重计算

采用层次分析法对风险事件层权重进行计算，第一级因素集的权重为

$$A = [0.320\ 0.054\ 0.033\ 0.208\ 0.143\ 0.089\ 0.058\ 0.094]$$

对于第二级因素集 U_i，权重分别为

地质风险：

$$A_1 = [0.162\ 0.148\ 0.083\ 0.043\ 0.355\ 0.073\ 0.016\ 0.055\ 0.040\ 0.026]$$

自然风险：

$$A_2 = [0.75\ 0.25]$$

环境影响：

$$A_3 = [1]$$

设备风险：

$$A_4 = [0.463\ 0.055\ 0.088\ 0.072\ 0.105\ 0.217]$$

技术风险：

$$A_5 = [0.235\ 0.705\ 0.060]$$

施工管理人员素质：

$$A_6 = [0.104\ 0.058\ 0.228\ 0.065\ 0.099\ 0.445]$$

重大事故风险：

$$A_7 = [0.125\ 0.875]$$

原材料和半成品材料风险：

$$A_8 = [0.452\ 0.149\ 0.106\ 0.043\ 0.047\ 0.204]$$

由以上权重计算可知，风险较大的三项因素依次为：地质风险、机械故障风险和技术风险，而重大事故风险和有毒气体风险虽然影响较大，但发生概率较小，其所占权重不大。在地质风险因素中，塌方、断层破碎

带、高压涌水风险较大。应根据工程实际采用合理的应对措施。

（2）隶属函数的计算

采用逐级估量法，可得到各风险因素对各等级的隶属度，并形成评判矩阵。

地质风险中各风险因素形成的评判矩阵为

$$R_1 = \begin{bmatrix} 0.1 & 0.4 & 0.8 & 0.7 & 0.2 \\ 0.0 & 0.2 & 0.7 & 1.0 & 0.6 \\ 0.2 & 0.6 & 0.8 & 0.5 & 0.1 \\ 0.3 & 0.7 & 0.9 & 0.6 & 0.1 \\ 0.2 & 0.4 & 0.7 & 0.9 & 0.8 \\ 0.2 & 0.4 & 0.6 & 0.8 & 0.3 \\ 0.3 & 0.6 & 0.8 & 0.4 & 0.1 \\ 0.1 & 0.3 & 0.6 & 0.8 & 0.1 \\ 0.3 & 0.8 & 0.5 & 0.3 & 0.1 \\ 0.2 & 0.5 & 0.8 & 0.6 & 0.3 \end{bmatrix}$$

自然风险中各风险因素形成的评判矩阵为

$$R_2 = \begin{bmatrix} 0.7 & 0.9 & 0.3 & 0.2 & 0.1 \\ 0.6 & 0.8 & 0.5 & 0.3 & 0.1 \end{bmatrix}$$

环境风险中各风险因素形成的评判矩阵为

$$R_3 = \begin{bmatrix} 0.1 & 0.2 & 0.5 & 0.9 & 0.8 \end{bmatrix}$$

机械故障风险中各风险因素形成的评判矩阵为

$$R_4 = \begin{bmatrix} 0.6 & 0.8 & 0.5 & 0.3 & 0.1 \\ 0.7 & 0.9 & 0.6 & 0.4 & 0.2 \\ 0.8 & 0.5 & 0.3 & 0.2 & 0.1 \\ 0.5 & 0.7 & 0.4 & 0.3 & 0.1 \\ 0.7 & 0.8 & 0.5 & 0.3 & 0.2 \\ 0.8 & 0.9 & 0.5 & 0.2 & 0.1 \end{bmatrix}$$

技术风险中各风险因素形成的评判矩阵为

$$R_5 = \begin{bmatrix} 0.7 & 0.8 & 0.6 & 0.4 & 0.1 \\ 0.2 & 0.5 & 0.8 & 0.6 & 0.3 \\ 0.3 & 0.7 & 0.5 & 0.4 & 0.2 \end{bmatrix}$$

施工管理人员素质中各风险因素形成的评判矩阵为

$$R_6 = \begin{bmatrix} 0.4 & 0.7 & 0.3 & 0.2 & 0.1 \\ 0.5 & 0.8 & 0.4 & 0.3 & 0.2 \\ 0.1 & 0.5 & 0.8 & 0.6 & 0.2 \\ 0.7 & 0.9 & 0.6 & 0.5 & 0.1 \\ 0.3 & 0.5 & 0.8 & 0.4 & 0.1 \\ 0.2 & 0.5 & 0.6 & 0.7 & 0.4 \end{bmatrix}$$

重大事故风险中各风险因素形成的评判矩阵为

$$R_7 = \begin{bmatrix} 0.3 & 0.5 & 0.7 & 0.9 & 0.8 \\ 0.0 & 0.0 & 0.2 & 0.5 & 0.8 & 1.0 \end{bmatrix}$$

原材料和半成品材料风险中各风险因素形成的评判矩阵为

$$R_8 = \begin{bmatrix} 0.3 & 0.6 & 0.8 & 0.7 & 0.4 \\ 0.4 & 0.8 & 0.6 & 0.3 & 0.2 \\ 0.5 & 0.8 & 0.4 & 0.3 & 0.1 \\ 0.7 & 0.5 & 0.3 & 0.2 & 0.1 \\ 0.4 & 0.6 & 0.8 & 0.5 & 0.2 \\ 0.6 & 0.8 & 0.5 & 0.3 & 0.1 \end{bmatrix}$$

（3）模糊综合评判

将风险事件的评判矩阵与风险事件的权重向量进行模糊计算，得一级模糊综合评判矩阵。

地质风险的一级模糊综合评判矩阵为

$B_1 = \begin{bmatrix} 0.153 & 0.417 & 0.717 & 0.785 & 0.459 \end{bmatrix}$

自然风险的一级模糊综合评判矩阵为

$B_2 = \begin{bmatrix} 0.675 & 0.875 & 0.350 & 0.225 & 0.100 \end{bmatrix}$

环境风险的一级模糊综合评判矩阵为

$B_3 = \begin{bmatrix} 0.100 & 0.200 & 0.500 & 0.900 & 0.800 \end{bmatrix}$

机械故障风险的一级模糊综合评判矩阵为

$B_4 = \begin{bmatrix} 0.670 & 0.794 & 0.481 & 0.275 & 0.116 \end{bmatrix}$

技术风险的一级模糊综合评判矩阵为

$B_5 = \begin{bmatrix} 0.324 & 0.583 & 0.735 & 0.541 & 0.247 \end{bmatrix}$

施工管理人员素质风险的一级模糊综合评判矩阵为

$B_6 = \begin{bmatrix} 0.258 & 0.564 & 0.622 & 0.559 & 0.262 \end{bmatrix}$

重大事故风险的一级模糊综合评判矩阵为

$B_7 = \begin{bmatrix} 0.038 & 0.238 & 0.525 & 0.813 & 0.975 \end{bmatrix}$

原材料半成品材料风险的一级模糊综合评判矩阵为

$B_8 = [0.420\ 0.688\ 0.646\ 0.486\ 0.255]$

将各一级模糊综合评判矩阵组成新的评判矩阵与第一级因素集的权重向量进行模糊运算，得二级综合评判结果

$B = [0.339\ 0.564\ 0.617\ 0.570\ 0.342]$

按最大隶属度原则，可知该深埋长隧道 TBM 总体施工风险等级为三级，其中地质条件引起的施工风险等级为四级，自然因素引起的施工风险等级为二级，环境因素引起的施工风险等级为四级，机械故障引起的施工风险等级为二级，技术因素引起的施工风险等级为三级，施工管理人员素质引起的施工风险等级为三级，重大事故引起的施工风险等级为五级，原材料因素引起的施工风险等级为二级。

由上述分析可知，该深埋长隧道工程 TBM 施工总体风险水平较高，地质风险是影响最大的风险，这与南水北调西线工程实际相符。根据所划分的风险等级，工程实施过程中需设立专门管理机构，对重要风险因素加强监控，做好超前预警预报工作，并制定详细风险应对计划，明确责任，实行严格的动态风险管理。

4.5 风险预警

风险可分为五个等级：可以忽略的、可容许的、不希望的、难以接受的和无法接受的。根据风险的等级把预警等级对应的分成五级：无警、微警、轻警、中警、重警。信号灯颜色依次分为：绿色、蓝色、橙色、黄色和红色，如表 4.5-1 所示。

风险预警等级   表 4.5-1

风险等级	可以忽略的	可容许的	不希望的	难以接受的	无法接受的
警度	无警	微警	轻警	中警	重警
预警信号	绿灯	蓝灯	橙灯	黄灯	红灯

4.6 本章小结

风险评价是在风险估计和风险接受准则的基础上，对工程中遇到的风

险进行综合评价，确定其处于何种程度，为工程处置措施提供依据。本章提出了基于深埋长大隧道施工的隧道风险概率等级和损失等级，提出了深埋长大隧道施工风险接受准则，并提出了基于层次分析-模糊综合评判的 TBM 施工风险综合评价模型。

第5章 深埋长大隧道施工风险应对研究

5.1 引言

通过对深埋长大隧道施工风险进行识别、估计和评价，风险管理的下一步就是针对不同风险采取合适的应对措施，工程中常用的风险应对措施有：风险规避、风险转移、风险缓解、风险自留、风险利用以及他们的组合。对某一风险，可能有多个应对策略或措施，需要根据项目的具体情况以及风险管理者的心理承受及抗风险能力来确定。

5.2 常用的风险应对方法

1. 风险规避

风险规避是采取必要的工程技术措施，防止风险因素发生；若已存在风险因素，立即采取针对性措施，消除已存在的风险。主要规避措施有：

（1）中止法。通过终止（或放弃）项目或项目计划的实施来避免风险。

（2）工程法。以工程技术为手段，消除风险威胁，主要是采取必要的工程措施，避免发生风险，或采取措施消除存在的风险。

（3）程序法。用标准化、制度化、规范化的方式从事工程项目活动，避免可能引发的风险或不必要的损失。

（4）教育法。对项目人员广泛开展教育，提高大家的风险意识。

2. 风险转移

转移风险是将某风险的结果连同应对风险的权利和责任转移给他方，但不能消除风险。主要方式有：

（1）采用担保或履约保函方式转移风险。

（2）采用分包方式转移风险。

（3）采用适当的合同计价方式转移风险。

（4）运用合同条件转移风险。

3. 风险缓解

缓解风险是将工程项目风险的发生概率或后果降低到某一可接受程度的过程，目的是为了减轻风险，降低风险损失。途径有：

（1）降低风险发生可能性。采取各种预防措施，以降低风险发生的可能性。

（2）控制风险损失。在风险损失不可避免的情况下，通过各种措施以遏制损失继续扩大或限制其扩展的范围。

（3）分散风险。通过增加风险承担者，以达到减轻总体风险压力的目的。

（4）后备应急措施。若事先考虑了后备应急措施，则风险的损失将会受到遏制，对工程项目目标的实现不会造成太大影响。

4. 风险自留

自留风险方法：对于不严重的风险，可以接受风险，自行承担风险后果，不改变项目计划去应对风险。需要准备一笔费用，一旦风险发生，将这笔费用用于损失补偿，如果损失不发生，则该费用可节余。

5.3　深埋长大隧道施工风险处置措施

1. 高地应力岩爆处置措施

岩爆一般发生在高地应力下，隧道施工时，岩爆一般会导致如下的后果：砸伤工作人员，破坏设备，损坏刀具、掩埋机体，卡机事故等。对于易于发生岩爆的地段可以采用以下手段进行处置：

（1）掘进前，根据围岩体的岩性、结构特征及地应力大小等相关资料，并结合各种物探方法进行超前地质预报，确定岩爆发生的位置、规模。对于轻微岩爆，可不予处理；当岩爆规模较大时，可利用超前钻孔释放地应力，并在钻孔中注水，湿化岩体。

（2）在掘进过程中，在掌子面喷水湿润岩体，降低岩爆的危害性，并加强监测，避免大规模岩爆的发生，或进行钻孔卸压。

（3）开挖后及时进行支护，尽量减少围岩暴露时间，如可以打超前锚杆，进行喷锚支护。

2. 涌（突）水的处置措施

涌（突）水一般采取"堵排结合，以堵为主"，隧道施工中涌水的处置方法主要有：

（1）如果涌水量较小，可利用 TBM 自身携带的排水设备变被动排水为主动排水，做好排水系统后，TBM 继续掘进。

（2）对于涌水量较大的情况，可利用 TBM 机头所配备的超前钻打排水孔进行排水，并增加适量的排水设备提高排水能力；也可以采用围岩注浆的方法将地下水封堵在洞外围岩内。

具体方法：

（1）堵塞法，一般用于在围岩较完整的情况下，对裂缝或孔洞涌水进行堵塞。使用预先配置的速凝水泥胶浆压入孔中，挤压密实即可；

（2）压注法，适用于破碎的岩体，首先要布置注浆孔，然后在孔内压入能够胶结地层的浆液，形成隔水帷幕；

（3）冻结法，适用于富含地下水的破碎岩体，具体是将低温盐水或液态氨压入冷冻管内并且使之不断循环，使得围岩中的水体固结；

（4）加强监控和超前地质预报；

（5）涌（突）水会导致隧道塌方等，可以采用径向注浆，增设锚杆，加强二次衬砌的支撑能力。

3. 高地应力下围岩大变形处置措施

当 TBM 在软岩地层中掘进时，为了防止 TBM 被困等工程事故的发生，可以采取以下处理措施：

风险等级Ⅰ：无需采用任何措施；风险等级Ⅱ、Ⅲ、Ⅳ都需要采用一定的风险处置措施；风险等级为Ⅴ级时无法接受，因此应当改变施工方法和计划，如采用钻爆法代替 TBM 施工。

以下是常用的大变形超前处置措施：

（1）对变形量进行预测，根据预测的结果，施工时采用 TBM 超挖刀具预留较大的变形量，可适当超挖，把盾壳与开挖面的间隙从通常的 6～10cm 调整到 15～25cm，给围岩变形预留足够空间。

如图 5.3-1 所示。

（2）采用锚杆加固岩体，并配合喷射混凝土或钢筋网进行初期支护，现场的支护如图 5.3-2 所示；

（3）采用 U 形钢支护配合锚喷进行支护，提高初期支护的刚度，U 形钢支护如图 5.3-3 所示；

图 5.3-1　TBM 施工图

（4）提高 TBM 的掘进速度，快速通过大变形地带；

（5）在护盾表面涂上润滑剂，降低护盾与围岩摩擦系数，从而减小 TBM 前进的阻力，图 5.3-4 为双护盾 TBM 的安装调试图。

（6）对于护盾式 TBM，还可以适当提高辅助液压缸推力，必要时采用高压拉

缸，使 TBM 快速通过软岩地层。

图 5.3-2　工程现场的锚喷支护图

图 5.3-3　工程现场的 U 形钢支护

以上的应对措施可以根据风险的等级进行制定和选取，也可以是上述几种方法的组合，例如，如果采用方法（1）即超挖法无法满足需要，同时可以采用方法（2）、（3）、（4）或（5）进行配合。

4. 断层破碎带与围岩塌方

图 5.3-4　双护盾 TBM

（1）如果断层破碎带规模较小，则可以不进行预处理，可以采用低转速、小行程、快速掘进的方法直接掘进通过，尽可能不停机或减少停机时

间，以防 TBM 刀盘被卡。

（2）如果断层破碎带规模较大，当采用直接掘进方法无法通过时，则可先对破碎带进行预处理（如注浆预加固等），然后再缓慢掘进通过。

（3）对于规模很大的断层破碎带，采用以上方法均无法通过时，则可以从旁边开挖支洞，对破碎带地段采用钻爆法进行开挖，施工完毕后，TBM 在空载状态下直接步进通过。

塌方的超前处置措施有：

（1）在开挖时减少对围岩的扰动，如采用不用撑靴的辅助推进缸模式即单护盾掘进模式进行掘进，以减小对围岩的扰动；

（2）进行超前支护，提高围岩的自稳能力，在支护时要确保支护的质量，可以使用超前锚杆、小导管注浆、管棚、深孔注浆、帷幕注浆等，如果埋深较浅可以采用地表注浆。

（3）加强超前地质预报，及时发现破碎岩体或断层破碎区域，围岩的失稳破坏总有一定的先兆，因此在不良地段施工时加强监测，及时反馈分析监测信息，适时进行处置。

（4）选择合理的掘进参数，TBM 掘进时要时刻注意其掘进参数的变化，如刀盘转速、扭矩和主电机电流等，同时结合皮带机的出渣情况，及时调整掘进参数，这样可以减少不必要的塌方。

（5）在破碎带采用较为灵活的钻爆（DB）法进行施工。

上面是超前支护措施，TBM 一旦被困，可以在护盾两侧和上方开挖减压支洞，释放护盾上方和侧向围岩应力。如果塌方导致刀盘被困，则需要采用化学注浆，对破碎的围岩进行加固，在撑靴位置打锚杆加固岩体（图 5.3-5 为现场施工的 TBM 撑靴图），同时调整撑靴的压力，避免出现反力不足。还有就是在撑靴部位进行换填

图 5.3-5 TBM 撑靴

处理，架立钢模板，封闭模板四周，采用混凝土进行换填。

5. 高地温处置措施

高地温恶化了施工人员的作业环境，降低了劳动效率，威胁施工人员

安全等。在施工前应当做好可能出现的高地温的处置工作。通常处置方法有以下几种：

（1）制冰降温法：地面制冰，输送到地下然后将融化的冷水输送到工作面进行喷洒；

（2）加强通风，温度较高时，需要采用独立的制冷系统制冷，通过高压和低压循环系统对工作面进行降温；

（3）减少热源，在围岩壁上涂敷绝热材料。

6. 有害气体的处置措施

有害气体包括有毒气体和易燃易爆气体，常含有 CO、CH_4 等易燃、有害气体，严重地威胁着洞内施工人员的健康和生命安全。因此，当 TBM 掘进到煤系等地层时，应加强洞内通风，还要在 TBM 上安装有害气体检测仪，加强对瓦斯等有害气体的监测，并制定严格的防火措施，确保施工安全。

（1）加强监测，对有害气体排放处及时进行封堵；

（2）加强通风换气，制定易燃易爆气体施工规范，并制定好灭火救护措施。

7. 膨胀性围岩处置措施

膨胀性围岩是指围岩中含有膨胀性矿物，遇水后膨胀。可以采用以下处置措施：

（1）综合治理地下水和控制施工用水：利用超前小导管进行水泥—水玻璃双液注浆，堵塞岩石裂隙，形成止水帷幕，减少地下水的渗流，同时加强排水工作；

（2）及时施作仰拱封闭成环；

（3）加强围岩收敛的监控量测。

8. 岩溶与突水灾害

（1）对于区域地下水位线以上规模较小的溶洞，如果对 TBM 掘进影响不大，则可不予处理继续掘进；待 TBM 通过后，利用管片回填孔对溶洞回填豆砾石，并进行固结灌浆加固。

（2）对于隧道下方规模较大的溶洞，如果溶洞被充填，可以先对溶洞进行超前注浆加固，待 TBM 通过后，通过管片回填孔对溶洞段进行后期高压固结灌浆。如果溶洞无充填或仅部分充填，则可以用豆砾石、砌石、混凝土等材料进行回填并压浆加固，待 TBM 通过后，通过管片回填孔对溶洞段进行后期高压固结灌浆。

（3）对于隧道上方规模较大的溶洞，如果溶洞被充填，可利用掘进机自身携带的超前钻探设备和灌浆设备对溶洞进行全洞周超前注浆处理，以防止 TBM 经过时溶洞充填物塌落；待 TBM 通过后，通过管片回填孔对溶洞段进行高压固结灌浆并施设锚杆。如果溶洞无充填或仅部分充填，则可以采用锚杆加槽钢的半环形钢支撑，用豆砾石、砌石、混凝土等材料进行封堵、回填并压浆加固。

（4）对于含水量较大的溶洞，在掘进前要利用超前钻打排水孔进行排水，并做好排水系统，保证排水畅通；掘进过程中要加强对涌水量的监测，避免灾难性突水将隧道淹没。

5.4 本章小结

对深埋长大隧道施工风险进行识别、估计、评价，主要是为制定风险处置措施提供依据，本章主要介绍了 TBM 施工过程中岩爆、涌水、大变形、塌方、高地温、有害气体和膨胀围岩等的规避或减缓措施。工程中常用的风险应对措施有：风险规避、风险转移、风险缓解、风险自留和风险利用，以及他们的组合，可以为 TBM 施工提供参考。

第6章 超长水底隧道火灾及结构安全风险评估

6.1 引言

　　火灾风险评估技术是现代火灾科学的重要组成部分。火灾风险评价主要是利用历史数据，对现有工程遇到的火灾风险的发生概率及其后果进行定性定量评价，由于水底隧道往往长度长，埋深大，发生险情后果损失比较严重，逃生救援比较困难，因此在建设之前进行火灾风险评价，具有重要现实意义。

　　由于交通事故或车辆起火，酿成隧道火灾并造成伤亡的例子国内外均很多。1999 年 3 月，勃朗峰隧道火灾死 41 人，毁车 43 辆；同年 5 月，陶恩隧道火灾，死 13 人，毁车 34 辆；2001 年 10 月，圣哥达隧道火灾，40 辆车困在洞内，人员逃往相距 40m 的平导避难。1977 年 3 月，我国上海打浦路隧道发生火灾，一辆满载乘客的车燃烧，多人伤亡。

　　据有关资料统计，公路隧道内火灾的产生主要有以下几个原因：

　　（1）隧道本身的电气线路或电气设备短路起火；

　　（2）汽车紧急刹车时制动器起火；

　　（3）汽车相撞或追尾撞击起火；

　　（4）汽车轮打滑或方向失灵与洞壁相撞起火；

　　（5）汽车化油器起火；

　　（6）汽车自身的机电、设备着火；

　　（7）汽车装载的易燃品起火。

　　隧道火灾排烟与散热条件差、烟雾浓度大、能见度低、人员疏散困难、温度高而且上升速度快，消防、救火难度大，损坏程度严重。

　　（1）火灾时产生的大量有毒有害烟雾，不仅降低隧道内的能见度，影响人员和车辆的逃生以及救援工作的开展，同时也是造成人员伤亡的主要原因；

（2）火灾时产生的高温，不仅烧坏隧道内部的装修，会对衬砌产生巨大的损坏，致使结构的承载力降低或完全丧失，而且对隧道防水体系的破坏，会造成隧道不同程度的渗（漏）水，影响隧道的正常运营及功能的发挥；

（3）火灾使隧道内的电气设备与元器件及线路损坏，导致动力、照明用电失供，通信、通风及给排水设备无法运转，致使救援难度增大；

（4）火灾时产生的火风压会极大地影响整个通风系统正常运转，导致隧道内正常的通风系统发生紊乱，致使灾害扩大。

江苏苏锡常南部高速公路跨太湖段采用全隧方案，整个工程从马山穿越太湖至南泉，隧道总长 10590m（马山侧敞开段 350m，暗埋段 9860m，南泉侧敞开段 380m）。在隧道穿太湖段中点设置一个人工岛。隧道为双向六车道，单条车道宽度 3.75m，行车方向右侧预留 3.5m 的紧急停车带。由于隧道有将近 10km 都处于水底，有必要对其火灾风险进行评估。

6.2 火灾风险分析

1. 可能性火源

燃烧并不是随时随地都可以发生的，它必须具备可燃物、助燃物及火源三个条件。一般来说隧道火灾多源于车辆本身的缺陷，车祸、人为疏忽、不良施工或电线短路等，其中与车辆有关的火灾占绝大多数。而火灾中可燃物质也多为车辆内部软性材料和其载有的汽油等。

2. 设计火灾

设计火灾的大小是消防工程分析的基本内容之一。有两种代表性的设计火灾：稳态火及逐渐增长的火。

（1）稳态火

稳态火是假设火灾热释放速率稳定在某一状态，而这一状态火的大小是可燃物所产生的最大热释放率或真实实验所得数据中的最大热释放率。相对于真实火灾情况，采用稳态火得到的评估结果一般来说是非常保守的。这是因为一般火灾情况必经的增长和衰退期都被保守地忽略了。本文采用稳态火灾分析。

（2）逐渐增长中的火

在真实的火灾中火灾热释放速率并不会瞬间到达最大热释放率的峰

值，正在扩大的火可用于仿真现实生活中火的发展过程。它作为一种广泛被接受的方法可以确立火灾热释放速率在不同环境中的增长过程。

现有"时间平方公式"将火灾时间作为公式中的变量，用以计算出真实火灾中的热释放率。其计算出的设计火灾可分为四大类：特快、快、中等及缓慢发展的火。其中的特快火燃烧速度最快，其热释放率也最大，一般来说适用于下列相关情况：大量薄夹板，易燃家具或大量易燃液体如汽油等的燃烧（本文的分析也将保守地采用此特快火）。

3. 分辨风险

隧道火灾通常与隧道中的车辆有关，其发生的原因主要为：

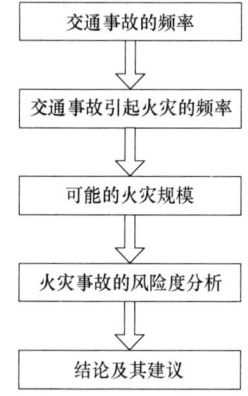

（1）电器缺陷（最常见于轻型车辆）；

（2）刹车过热（根据法国数据显示，60%～70%此类火灾是由大货车引起）；

（3）其他因车辆本身缺陷所引起的自燃；

（4）危险品进入后自燃；

（5）交通事故；

（6）隧道内电路或设备引起的燃烧。

理论上，隧道火灾的频率和隧道本身的长度、车流量、限速和道路倾斜度有关。对于隧道在不同火灾情况下乘客对可能的火灾风险的承受水平应进行评估。评估方法可参照流程图6.2-1。

图6.2-1　评估方法流程图

4. 一般隧道火灾统计分析

大多数的隧道火灾皆是由行经其中的车辆引发，而并非由隧道本身装置或其中的保养工程所引起。但在所有火灾中，大多数严重火灾都明显地是由意外引起；部分由后向前碰撞引起。从过往经验来看，隧道火灾是非常稀有的事件，而在少有的隧道火灾中，更加少有例子造成人员伤亡或隧道本身结构的损坏。

在欧洲几个国家当中，曾发生过几次隧道火灾事件。甚至约40%的隧道从未有火灾发生记录。

一项法国调查将某地下货车专用隧道中26起货车引起的火灾列入研究，各火灾按其对隧道环境造成的影响分类。一般来说，造成隧道损害的火灾热释放速率估计都小于20MW，只有在非常少的情况下，才会考虑到20MW以上的火灾热释放速率。从表6.2-1中可得知，就算考虑所有种类的隧道货车火灾，严重的火灾都还是少数事件。

法国隧道火灾规模　　　　　　表 6.2-1

火灾种类		每 10^8 车公里火灾发生次数
客车	一般火灾	1～2
无危险物品的货车	一般火灾	8
	伤及隧道的火灾	1
	严重火灾	(估计)0.1～0.3
有危险物品的货车	一般火灾	(估计)2
	火扩散及危险物品的火灾	(估计)0.3

5. 交通事故发生率

《公路隧道设计规范》JTG D70—2004 中资料表明：日本隧道事故率取值为百万车公里 0.045，我国隧道百万车公里事故率的取值为 0.1。参考《公路隧道设计规范》JTG D70—2004，取 0.1 为隧道百万车公里事故率设计计算值。

以 2032 年全隧方案为例，隧道内交通事故为：0.1 起/百万车公里×23.07 百万车/年×10.59 公里＝24.43 起/年。

具体预计年交通事故见表 6.2-2。

全隧方案预计年交通事故　　　　表 6.2-2

年份	平均百万车/年	隧道长度(km)	事故发生率（起/百万车公里）	年平均交通事故（起/年）
2013	4.76	10.59	0.1	5.04
2015	6.22	10.59	0.1	6.59
2020	12.44	10.59	0.1	13.17
2025	16.83	10.59	0.1	17.82
2030	21.18	10.59	0.1	22.43
2032	23.07	10.59	0.1	24.43

6.3　逃生分析

1. 逃生路径

隧道，尤其是长大隧道的事故、火灾救援是一个复杂的系统工程，需

191

要隧道越湖工程管理运营部门、消防部门、交通管理部门、医疗救护部门及直属的政府职能机构共同协作，形成分类型、分级别的事故、火灾救援预案。从设计角度来说主要考虑的是人员在火灾事故情况下的安全疏散以及火灾情况下消防救援人员的救援线路。

设计考虑单孔、单点隧道火灾情况，在隧道双孔之间设置全线纵向贯通的消防逃生安全通道，横断面中两孔车道间每隔 120m 均设一个安全门，安全门之间间隔 20m 设置安全疏散指示灯。当一孔隧道内发生火灾事故时，人员可由安全门进入安全逃生通道，至另一孔车道层迅速疏散至地面。

2. 不同火灾情况下的逃生

（1）一般情况

在一般正常情况下（单向行车及通风系统运作良好），火灾的发生通常不会对隧道内的乘客造成任何不良影响，所有乘客皆可安全逃离。

如图 6.3-1 所示，着火车辆之前的车辆可以直接离开，着火车辆后方的车辆因前方去路被阻而被迫停车，但隧道内所采用的纵向通风足以将烟雾吹向前方，使得乘客处于一个无烟/安全的逃生地带。

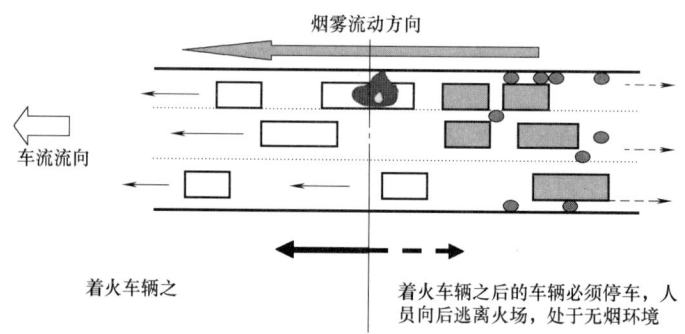

注：深色部分为受影响的车辆

图 6.3-1　一般情况下的火场逃生示意图

（2）双重事故或隧道维修情况

在非常少有的情况下，双重事故可能发生，即前方发生交通事故而同时后方车辆突然着火，在这种情况下，在交通事故和火源之间的乘客将可能受烟气的影响，见图 6.3-2。

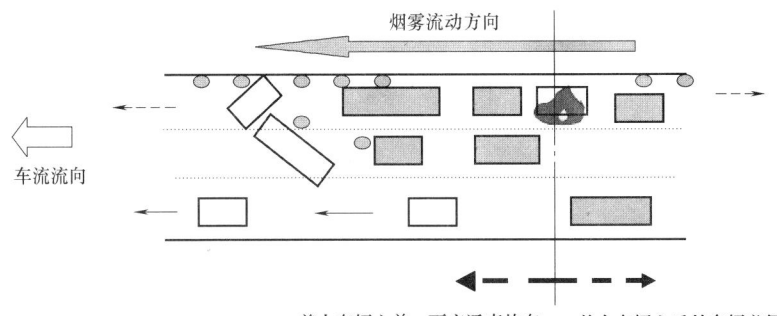

图 6.3-2 双重事故情况下的火场逃生示意图

（3）通风系统失效情况

当通风系统失效时，火灾的发生将会对隧道内的乘客造成严重影响，所有乘客皆须于有烟雾的环境中疏散。

如图 6.3-3 所示，着火车辆之前的车辆可直接往前行，着火车辆后的车辆虽因被阻断前方去路而被迫停车，且因隧道内所采用的纵向通风失效，使得乘客处于一个有烟的逃生地带。

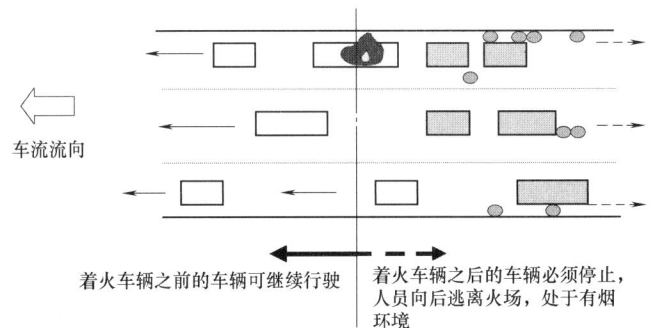

图 6.3-3 通风系统失效情况下的火场逃生示意图

6.4　火灾风险度分析

风险严重度分类如表6.4-1所示。

风险严重度分类　　　　　　　　　　　　　　　　表 6.4-1

后果描述	级别	定　　义	采取相应措施
后果可忽略	1	次要结构很少破坏，人员受伤很小	暂时不采取措施
后果较轻	2	次要结构、发生破坏，有轻度伤人或轻度职业病害	可适当采取措施
后果严重	3	主要结构发生破坏，人员受伤严重、重度职业病	必须采取措施
灾难性后果	4	结构毁坏严重的，人员死亡	必须排除

事故发生频率级别分类见表6.4-2。

事故发生频率级别　　　　　　　　　　　　　　　　表 6.4-2

级　　别	说　　明
F1-极低($0.001>X$)	看来会发生，但可能性极低
F2-低($0.001>X>0.001$)	有理由会发生，可能性较低
F3-中($0.1>X>0.01$)	偶尔发生
F4-高($1>X>0.1$)	多次发生
F5-极高($X>1$)	接二连三地频频发生

将火灾事故发生的概率和相应的后果置于一个矩阵中，该矩阵就称为火灾风险矩阵。风险矩阵可用于定性或定量的风险评估。若将概率粗略以稀少和频繁分类，后果以灾难性的、严重的、较轻的和可忽略的分类，可由风险矩阵表示定性分析的结果。火灾风险评价如表6.4-3所示。

风险评价表　　　　　　　　　　　　　　　　表 6.4-3

风险等级	风险决策准则
Ⅰ级	可接受且不必进行管理审视
Ⅱ级	可接受，同时进行管理审视
Ⅲ级	不希望发生；高层管理决策；接受或拒绝风险（采取行动降低风险）
Ⅳ级	不可接受；停止运营和立即整顿（采取行动降低风险）

本项目火灾风险矩阵如表6.4-4所示。

火灾风险矩阵　　　　　　　表 6.4-4

灾害分类频率	(1)灾难性的	(2)严重的	(3)较轻的	(5)可忽略的
极高				一般情况(小火) 一般情况(中火) 一般情况(大火)
高			隧道维修(小火) 隧道维修(中火) 隧道维修(大火) 通风系统失效(小火) 通风系统失效(中火) 通风系统失效(大火)	
中				
低			双重事故(小火) 双重事故(中火) 双重事故(大火)	
极低				
灾害风险指针	风险决策准则			
	不可接受:必须停止运营和立即整顿			
	不希望发生:需要高层管理决策;接受或拒绝风险			
	可接受,同时进行管理审视			
	可接受且不必进行管理审视			

注：5MW 以下为小火，6~20MW 为中火，21~60MW 为大火。

6.5　消防安全水平分析

　　通过对隧道方案的消防安全风险度分析，影响隧道风险度的最大因素为隧道的长度，隧道的长度也会影响通风系统机械的失效率。因此建议隧道火灾风险管控措施有：

　　(1) 加强安全措施，限制事故数量，从根本上减小火灾发生的频率。如尽可能放宽行车道，减少车辆撞车事故，隧道两侧使用防撞击型侧石，使车辆撞击后不致翻车或反弹到另一条车道，避免发生二次性撞车事故。

　　(2) 从减少火灾时烟雾的毒性考虑，隧道内装器材应选用不易燃烧和不会放出有毒分解物的材料。

（3）为控制烟雾的蔓延距离，减小由其产生的火风压对通风系统的影响，需要设置适当的防火分区和排烟分区。防灾分区的设定要与安全出口和疏散通道等防灾设施的配置设计相适合。

（4）设置紧急情况下的救援、疏散和安全空间的确保系统。

（5）建立可靠的探测和报警系统，建立有效的通信系统，设置合理的消防梯队和消防设施。

（6）设置足够的逃生指示灯、应急照明、应急广播等设施，以便对人员的疏散路线进行合理引导。

（7）对启动、制动性能不良的车辆采取控制措施：载货汽车、大型车辆的启动、制动性能均劣于小型车辆，一旦发生交通事故，人员的伤亡程度和引起的财产损失都很大。建议在运营期间，对大型车辆，尤其是大型载货汽车在车速限制、载重量限制等方面采取严格的允许驶入交通管理措施。

（8）对于运载危险物品的车辆采取管理措施：因运载危险物品发生重大交通事故的概率虽然小，一旦发生将造成严重危害，建议通过交通管理措施，禁止该类车辆通行或对该类车辆采用指定时间、指定路线行驶的管理措施。

（9）建立运行监控管理系统：为避免交通拥挤、减少交通事故风险、提高通车效率，并及时提供准确的气候、环境信息资料，确保通道安全正常运行。建立运营期运行监控管理系统。运用先进的检测手段、控制技术、网络通信技术对车流量、车速、拥挤堵塞、紧急事故发生等事件进行检测、监视、控制、管理。保证车辆畅通无阻的行驶，减少交通事故发生风险以及由此引起的损失，为客户提供优质服务。

（10）通过信息宣传使司乘人员认识到自身行为的重要性；加强行车管理，客货车道分离、不得随意停车和超车、车辆进入通道前需要减速，限制车速、在进口外 1km 处设置观察检查处等；

（11）设置应急设施，确保这些设施的方便性、有效性、预防性和系统性。

6.6　基于有限元法的隧道结构安全性评价

南京长江隧道位于南京长江大桥和长江三桥之间，北起浦口区的宁合高速公路入口，南至南京市主城区的滨江快速路与纬七路互通立交，起止里程 K2＋200～K8＋053，全长 5853m。隧道为双向 6 车道城市快速路、设计速度 80km/h，如图 6.6-1 和图 6.6-2 所示。

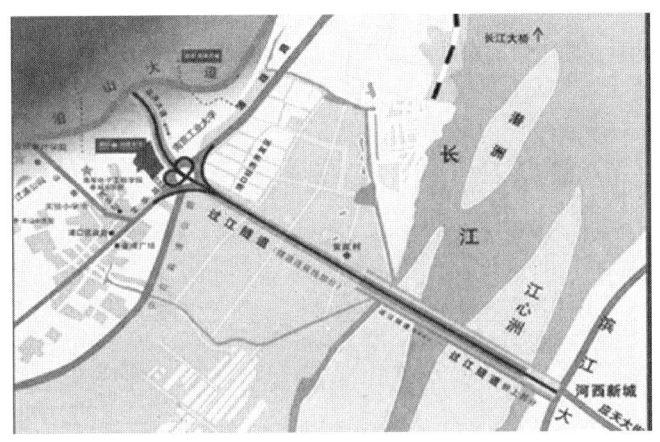

图 6.6-1　项目地理位置图

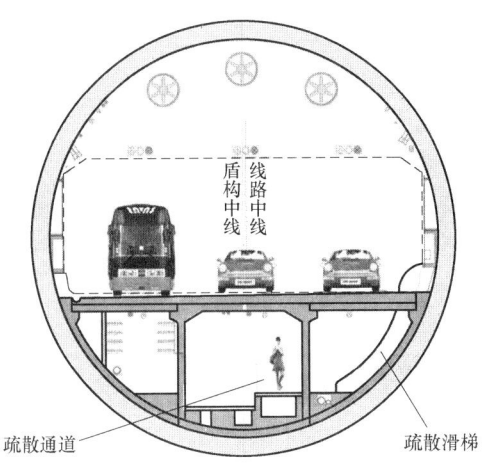

图 6.6-2　隧道横断面设计图

随着使用年限增加、车辆荷载增加、不利环境影响，其结构性能逐渐退化，不可避免地暴露出各种结构损伤（车道板底部混凝土开裂、剥落等），这将导致结构承载能力和耐久性降低，运营状况不能满足要求。本隧道未来将考虑开放部分货车通行，限载提高。公路交通载重和运量的不断增加，给隧道承载能力和通行能力提出了更高要求，因此，评价隧道限载提高后现有结构的安全性，延长隧道的服役寿命，具有重要的经济技术

197

意义。

（1）计算方法与步骤

采用荷载结构法对隧道标准段进行整体计算，确定其内力分布及承载能力。根据荷载组合，确定结构整体受力后的控制截面。同时，根据既有结构的材料强度、结构尺寸及所配钢筋，通过强度控制及裂缝控制，计算结构所能承受的最大内力，即允许内力。将结构实际内力值与允许内力值相比较，即可判断结构的工作状态，进而评估结构的安全性。

（2）计算模型及参数

隧道外径 14500mm，内径 13300mm，衬砌厚 600mm，边箱涵车道板厚 400mm，中间箱涵车道板厚 300mm，下部中隔墙厚 250mm。

隧道标准段结构如图 6.6-3 所示。

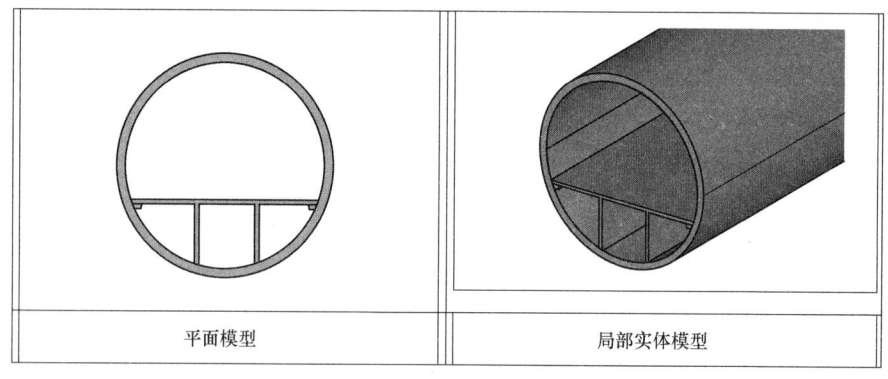

平面模型　　　　　　　　局部实体模型

图 6.6-3　隧道标准断面图

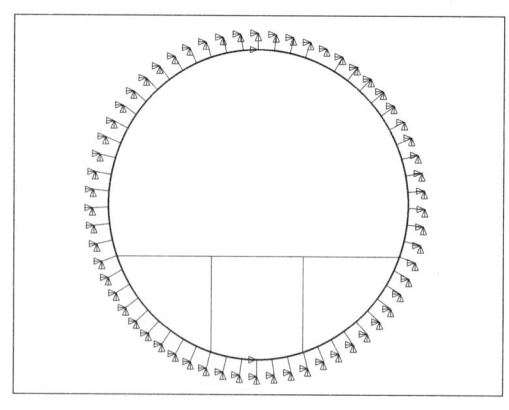

图 6.6-4　计算模型图

1）计算模型

计算模型采用平面杆系有限元模型进行分析。衬砌、"口"形预制节段和现浇车道板等结构均采用梁单元模拟，周边土层采用抗压弹簧单元模拟，如图 6.6-4 所示。

2）计算参数

混凝土强度等级：边箱涵 C35，中箱涵 C40，弹性模量 34.5×10⁹kPa，重度 25kN/m³，泊松比 0.2。

3）计算结果及分析

① 永久荷载

内部结构计算中，考虑如下两种永久恒载：结构自重和二期恒载。车道板的二期恒载主要考虑 35cm 道路铺装层，永久荷载如图 6.6-5 所示，计算结果如图 6.6-6 所示。

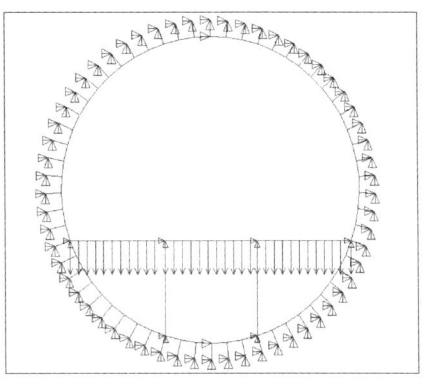

图 6.6-5　永久荷载示意图

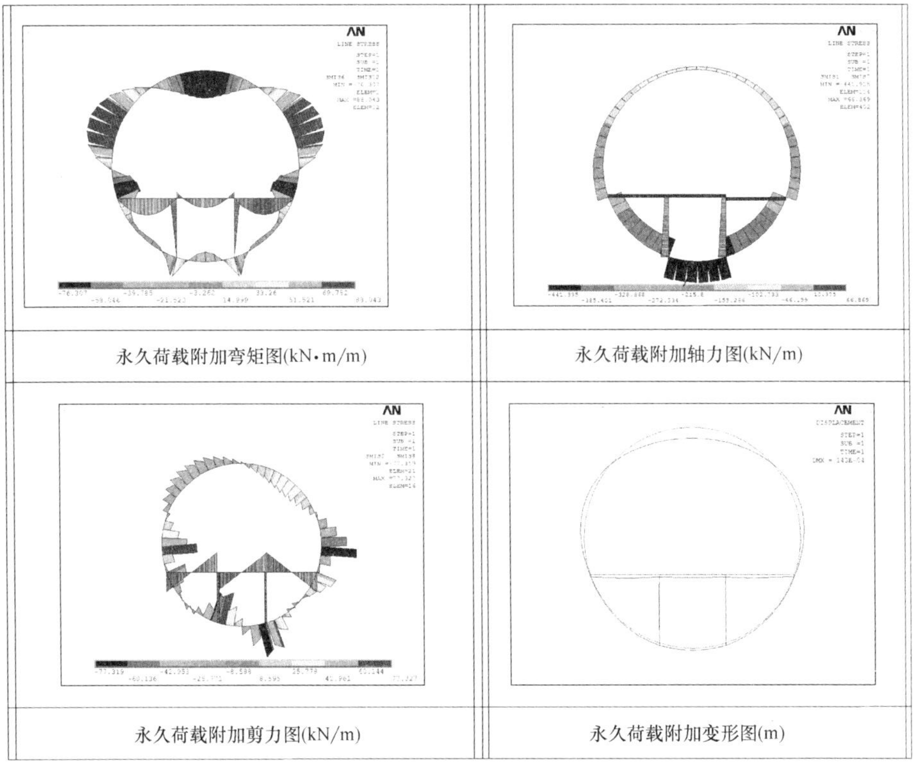

永久荷载附加弯矩图(kN·m/m)	永久荷载附加轴力图(kN/m)
永久荷载附加剪力图(kN/m)	永久荷载附加变形图(m)

图 6.6-6　永久荷载示意图

② 汽车荷载（可变荷载）

隧道车道层采用城—A 级五轴式货车加载，总重 700kN，最大轮重

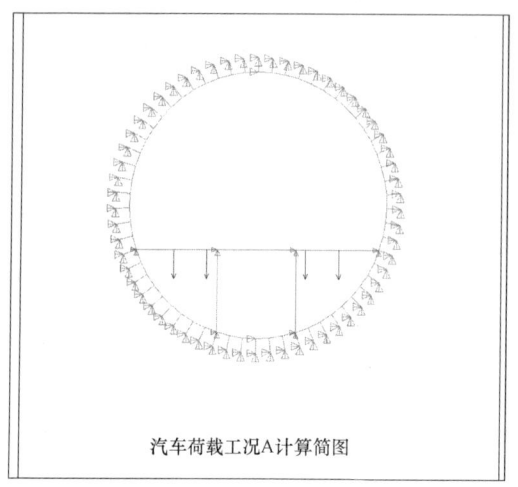

汽车荷载工况A计算简图

图 6.6-7 工况一（边跨最不利）计算示意图

100kN。依据《公路钢筋混凝土及预应力混凝土桥涵设计规范》JTG D62—2004，路面板荷载分布宽度：$a=(a_1+2h)+L/3 \geqslant 2L/3$，边板 $a=2.67$m，中板 $a=2.67$m。取每延米宽度计算，对荷载进行折减。本次计算分别考虑汽车荷载对车道板中间跨最不利和对边跨最不利的两种工况进行分析。

工况一：边跨最不利（见图 6.6-7 和图 6.6-8）

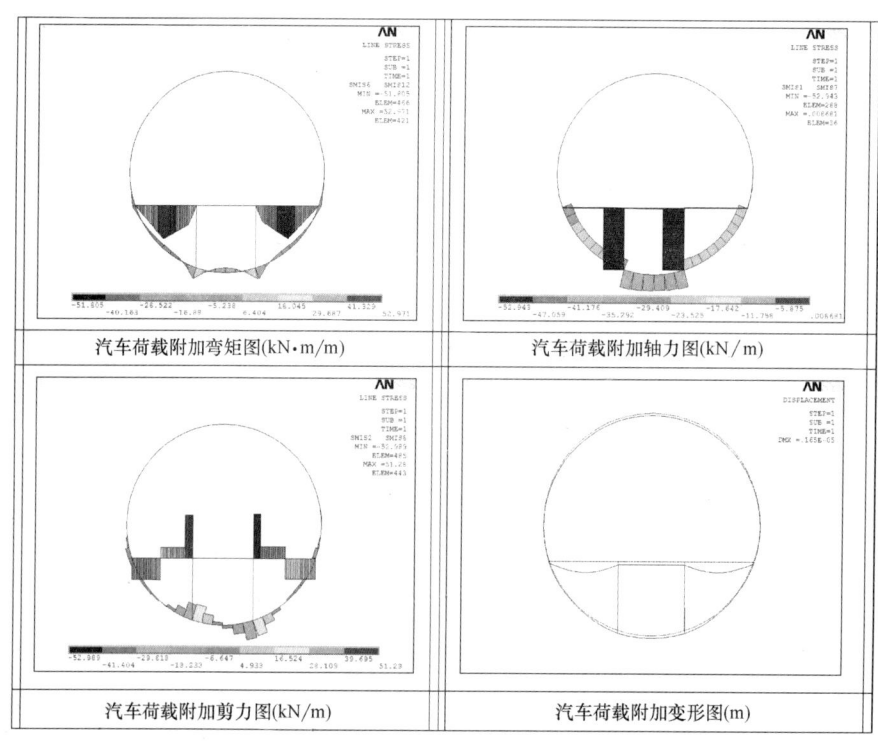

汽车荷载附加弯矩图(kN·m/m)

汽车荷载附加轴力图(kN/m)

汽车荷载附加剪力图(kN/m)

汽车荷载附加变形图(m)

图 6.6-8 工况一（边跨最不利）示意图

工况二：中跨最不利（见图 6.6-9 和图 6.6-10）

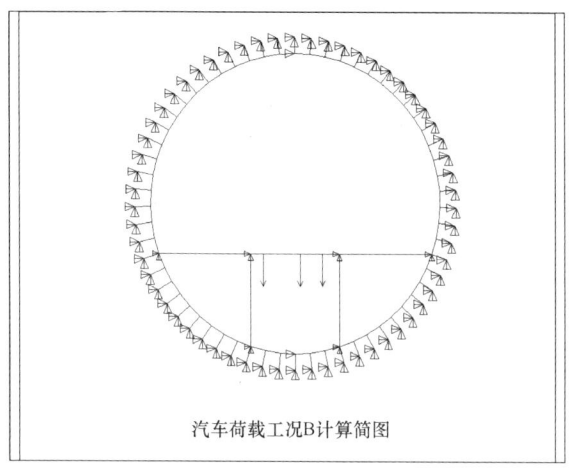

汽车荷载工况B计算简图

图 6.6-9　工况二（中跨最不利）计算图

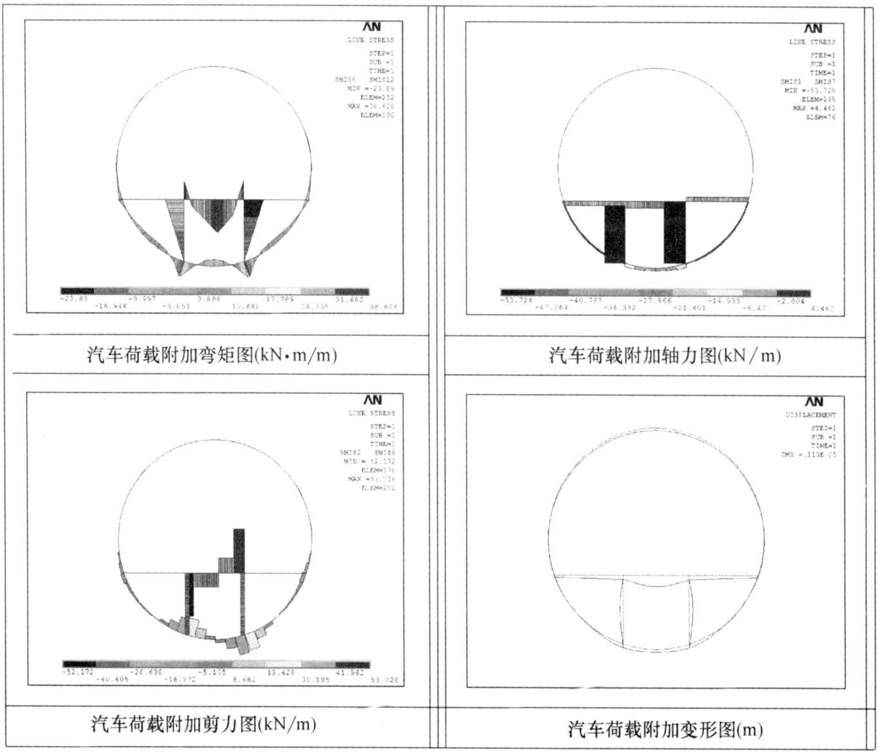

| 汽车荷载附加弯矩图(kN·m/m) | 汽车荷载附加轴力图(kN/m) |
| 汽车荷载附加剪力图(kN/m) | 汽车荷载附加变形图(m) |

图 6.6-10　工况二（中跨最不利）示意图

③ 按强度控制计算内力

对各个控制截面，按强度控制（实际配筋量 Q）反算结构所能承受的允许内力 M_f，与计算内力 M 对比，具体计算值列入表 6.6-1。

按强度控制计算的安全度　　　　　　　　　表 6.6-1

构件		计算内力 M（设计值）（kN·m/m）	实际配筋 Q（mm²）	允许内力 M_f(kN·m)	富余安全度(M_f-M)/M_f（%）
边跨	跨中	112.2	B22@100	337	66
	支座	0	B14@100	145	100
中跨	跨中	72.57	B22@240+B25@240	220	67
	支座	121.3	B14@120+B14@120	170	29

④ 按裂缝控制计算

对各个控制截面，根据计算内力，求得实际裂缝宽度，与顶板处允许的变形量 δ_f 对比（取 $\delta_f=0.3mm$），具体计算值列入表 6.6-2 所示。

按裂缝控制计算的安全度　　　　　　　　　表 6.6-2

构件		计算内力 M（标准值）（kN·m/m）	计算裂缝宽度 δ（mm）	实际配筋（mm²）	允许裂缝宽度 δ_f(mm)	富余安全度$(\delta_f-\delta)/\delta_f$（%）
边跨	跨中	84.53	0.103	B22@100	0.3	65
	支座	0	0	B14@100	0.3	100
中跨	跨中	53.85	0.092	B22@240+B25@240	0.3	69
	支座	90.81	0.175	B14@120+B14@120	0.3	41

注：本计算中箱涵未考虑加腋，若考虑加腋，中跨富余安全度更大。

从计算结果可以看出，隧道行车道板的设计截面和配筋满足规范要求，设计裂缝宽度也在规范要求范围内。

6.7　本章小结

从隧道（通道）工程事故或灾害案例分析可知，公路隧道运营中主要的事故或灾害是车辆交通事故和火灾，随着隧道的长度增加，其面临的潜在灾害或事故风险加大，因此，应重视对长大隧道的运营通风、疏散及防灾分析研究，从工程设计角度系统考虑通道建设防灾需求。

对于水下隧道而言，结构破坏后还存在修复困难等问题。虽然火灾较少导致隧道结构完全失效，但是其修复费用以及修复期间对隧道营运的影响，往往会带来巨大的经济损失，严重降低隧道的使用效率。因此在修建类似工程时，应开展火灾对结构影响的专题研究。

随着车辆荷载的增加、不利环境的影响，隧道结构性能逐渐退化，不可避免地暴露出各种结构损伤，这将导致结构承载能力和耐久性降低，为了分析隧道结构的安全性，以南京长江隧道为例，对隧道标准段进行了整体计算，确定其内力分布及承载能力，研究结果表明，隧道结构安全风险在可控范围。

参 考 文 献

[1] R. G. van der Vegt. Risk management and risk governance of liquefied natural gas development in Gladstone, Australia [J]. The Extractive Industries and Society. 2018, 7 (1): 1-9.

[2] Alin Radu. A Framework for Earthquake Risk Engineering [J]. Procedia Engineering, 2017, 199: 3576-3581.

[3] H. S. B. Duzgun, M. S. Yucemen, C. Karpuz. A probabilistic model for the assessment of uncertainties in the shear strength of rock discontinuities [J]. International Journal of Rock Mechanics & Mining Sciences. 2002, 39 (6): 743-754.

[4] H. S. B. Duzguna, H. H. Einstein. Assessment and management of roof fall risks in underground coal mines [J]. Safety Science, 2004, 42 (5): 23-41.

[5] K. K. Panthi, B. Nilsen. Uncertainty analysis of tunnel squeezing for two tunnel cases from Nepal Himalaya [J]. International Journal of Rock Mechanics & Mining Sciences, 2007, 44 (8): 67-76.

[6] V. Kreinovicha, S. A. Ferson. A new Cauchy-based black-box technique for uncertainty in risk analysis [J]. Reliability Engineering and System Safety, 2004, 85 (7): 267-279.

[7] Azm S. Al-Homouda, Najat Tanash. Modeling uncertainty in stability analysis for design of embankment dams on difficult foundations Engineering Geology [J]. 2004, 71 (9): 323-342.

[8] T. Nilsena, T. Avenb. Models and model uncertainty in the context of risk analysis [J]. Reliability Engineering and System Safety, 2003, 79 (6): 309-317.

[9] Abdallah I. Husein Malkawi, Waleed F. Hassan, Fayez A. Abdulla. Uncertainty and reliability analysis applied to slope stability [J]. Structural Safety, 2000, 22 (3): 161-187.

[10] Armen Der Kiureghian. Analysis of structural reliability under parameter uncertainties [J]. Probabilistic Engineering Mechanics, 2008, 23 (6): 351-358.

[11] V. Carr&J. H. M. Tah. A fuzzy approach to construction project risk assessment and analysis: construction project risk management system [J]. Advances in Engineering Software, 2001, 32 (2): 847-857.

[12] Andrea Grassi, Rita Gamberini , Cristina Mora, et al. A fuzzy multi-attribute model for risk evaluation in workplaces [J]. Safety Science, 2009, 47 (1): 707-716.

[13] Ibrahim A. Motawa, Chimay J. Anumba , Ashraf El-Hamalawi. A fuzzy system

for evaluating the risk of change in construction projects [J]. Advances in Engineering Software, 2006, 37 (8): 583-591.

[14] Mauro Roisenberg, Cíntia Schoeninger , Reneu Rodrigues da Silva. A hybrid fuzzy-probabilistic system for risk analysis in petroleum exploration prospects [J]. Expert Systems with Applications, 2009, 36 (4): 6282-6294.

[15] B. Kayis, G. Arndt , M. Zhou, et al. A Risk Mitigation Methodology for New Product and Process Design in Concurrent Engineering [J]. Projects. Annals of the CIRP, 2007, 56 (1): 167-170.

[16] Kamardeen Imriyas. An expert system for strategic control of accidents and insurers risks in building construction projects [J]. Expert Systems with Applications, 2009, 36 (1): 4021-4034.

[17] G. Emre Gurcanli& Ugur Mungen. An occupational safety risk analysis method at construction sites using fuzzy sets [J]. International Journal of Industrial Ergonomics, 2009, 39 (9): 371-387.

[18] Jason Michael Woodruff. Consequence and likelihood in risk estimation: A matter of balance in UK health and safety risk assessment practice [J]. Safety Science, 2005, 43 (11): 345-353.

[19] Freija H. van Duijne , Dirk van Aken, Evert G. Schouten. Considerations in developing complete and quantified methods for risk assessment [J]. Safety Science, 2008, 46 (6): 245-254.

[20] Andrea Bistacchia, Matteo Massironib, Giorgio V. Dal Piaz, et al. 3D fold and fault reconstruction with an uncertainty model: An example from an Alpine tunnel case study [J]. Computers & Geosciences, 2008, 34 (10): 351-372.

[21] Qihu Qian, Peng Lin. Safety risk management of underground engineering in China: Progress, challenges and strategies [J]. Journal of Rock Mechanics and Geotechnical Engineering, 2016, 8: 423-442.

[22] HOU Zhi-qiang, ZENG Ya-mei. Research on Risk Assessment Technology of the Major Hazard in Harbor Engineering [J]. Procedia Engineering, 2016, 137: 843-848.

[23] Guangli Nie, Lingling Zhang , Ying Liu, et al. Decision analysis of data mining project based on Bayesian risk [J]. Expert Systems with Applications, 2009, 36 (5): 4589-4594.

[24] Aref Majdara, Mohammad Reza Nematollahi. Development and application of a Risk Assessment Tool [J]. Reliability Engineering and System Safety, 2008, 93 (4) : 1130-1137.

[25] Kourosh Shahriar, Mostafa Sharifzadeh, Jafar Khademi Hamidi. Geotechnical

risk assessment based approach for rock TBM selection in difficult ground conditions [J]. Tunnelling and Underground Space Technology, 2008, 23 (5): 318-325.

[26] Ahmet Oztas, Onder Okmen. Judgmental risk analysis process development in construction projects [J]. Building and Environment, 2005, 40 (1): 1244-1254.

[27] Eunchang Lee, Yongtae Park, Jong Gye Shin. Large engineering project risk management using a Bayesian belief network [J]. Expert Systems with Applications, 2009, 36 (7): 5880-5887.

[28] Taejun Cho, Tae Soo Kimb. Probabilistic risk assessment for the construction phases of a bridge construction based on finite element analysis [J]. Finite Elements in Analysis and Design, 2008, 44 (8): 383-400.

[29] Terry Lyons, Martin Skitmore. Project risk management in the Queensland engineering construction industry: a survey [J]. International Journal of Project Management, 2004, 22 (1): 51-61.

[30] Van Truong Luu, Soo-Yong Kim , Nguyen Van Tuan, et al. Quantifying schedule risk in construction projects using Bayesian belief networks [J]. International Journal of Project Management, 2009, 27 (3): 39-50.

[31] Eun-Soo Hong , In-Mo Lee, Hee-Soon Shin, et al. Quantitative risk evaluation based on event tree analysis technique: Application to the design of shield TBM [J]. Tunnelling and Underground Space Technology, 2009, 24 (7): 269-277.

[32] Kwangho You , Yeonjun Park, Jun S. Lee. Risk analysis for determination of a tunnel support pattern [J]. Tunnelling and Underground Space Technology, 2005, 20 (12): 479-486.

[33] R. Sturk, L. Olsson , J. Johansson. . Risk and Decision Analysis for Large Underground Projects, as Applied to the Stockholm Ring Road Tunnels [J]. Tunnelling and Underground Space Technology, 1996, 11 (2): 157-164.

[34] Iman Karimi, Eyke Hüllermeier. Risk assessment system of natural hazards: A new approach based on fuzzy probability [J]. Fuzzy Sets and Systems, 2007, 158 (8): 987-999.

[35] A. G. Benardos, D. C. Kaliampakos. Ametho dology for assessing geotechnical hazards for TBM tunnelling-illustrated by the Athens Metro, Greece [J]. International Journal of Rock Mechanics & Mining Sciences, 2004, 41 (8): 987-999.

[36] Degn Eskesen, Per Tengborg, Jgen Kampmann, et al Guidelines for tunnelling risk management: International Tunnelling Association, Working Group No. 2

[J]. Tunnelling and Underground Space Technology, 2004, 19 (1): 217-237.

[37] Ying-Ming Wang, Kwai-Sang Chin , Gary Ka Kwai Poon, et al. Risk evaluation in failure mode and effects analysis using fuzzy weighted geometric mean [J]. Expert Systems with Applications, 2008, 23 (4): 1-13.

[38] Matthew J. Purvis, Paul D. Bates , Christopher M. Hayes. A probabilistic ethodology to estimate future coastal flood risk due to sea level rise [J]. Coastal Engineering, 2008, 55 (2): 1062-1073.

[39] R. J. Pine, W. J. Roberds. A risk-based approach for the design of rock slopes subject to multiple failure modes-illustrated by a case study in Hong Kong [J]. International Journal of Rock Mechanics & Mining Sciences, 2005, 42 (4): 261-275.

[40] P. McMillan , G. D. Matheson. A two stage system for highway rock slope risk assessment [J]. International Journal of Rock Mechanics & Mining Sciences, 1997, 34 (5): 1-14.

[41] V. M. Trbojevic. Another look at risk and structural reliability criteria [J]. Structural Safety, 2009, 31 (7): 245-250.

[42] B. J. Arends, S. N. Jonkman, J. K. Vrijling, et al. Evaluation of tunnel safety: towards an economic safety optimum [J]. Reliability Engineering and System Safety, 2005, 90 (4): 217-228.

[43] Evert Hoek. Geological risk in the use of TBMs in heterogeneous rock masses-The case of "Metro do Porto" and the measures adopted [C]. Paper for Conference in Aveiro, Portugal, 2004, 4.

[44] Evert Hoek. Big Tunnels in Bad Rock [J]. ASCE Journal of Geotechnical and Geoenvironmental Engineering, 2001, 127 (9): 726-740.

[45] Evert Hoek, Alessandro Palmeiri. Geotechnical risks on large civil engineering projects [C]. Keynote address for Theme I-International Association of Engineering Geologists Congress, Vancouver, Canada, 1998, 9.

[46] H. S. Choua, _ , C. Y. Yanga, B. J. Hsieha, S. S. Changb. A study of liquefaction related damages on shield tunnels [J]. Tunnelling and Underground Space Technology, 2001, 16 (5): 185-193.

[47] J. Reilly, J. Brown. "Management and Control of Cost and Risk for Tunneling and Infrastructure Projects" [C]. Proc. International Tunneling Conference, Singapore, 2004, 5.

[48] Audun Brandser. Risk assessment in the offshore industry [J]. Safety Science, 2002, 40 (9): 231-269.

[49] Herbert Martins Gomes, Armando Miguel Awruch. Comparison of response sur-

face and neural network with other methods for structural reliability analysis [J]. Structural Safety, 2004, 26 (3): 49-67.

[50] Heiko Apel, Annegret H. Thieken, Bruno Merz, et al. A probabilistic modeling concept for the quantification of flood risks and associated uncertainties [J]. Natural Hazards and Earth System Sciences, 2004, 34 (4): 23-28.

[51] Kevin W. Knight. Developing a Risk Management Standard-the Australian experience [J]. Safety Science, 2002, 40 (7): 69-74.

[52] G. Bhattacharya, D. Jana, S. Ojha, S. Chakraborty. Direct search for minimum reliability index of earth slopes [J]. Computers and Geotechnics, 2003, 30 (2): 455-462.

[53] B. Merz, H. Kreibich, A. Thieken, et al. Estimation uncertainty of direct monetary flood damage to buildings [J]. Natural Hazards and Earth System Sciences 2004, 57 (4): 153-163.

[54] Fausto Guzzetti. Landslide fatalities and the evaluation of landslide risk in Italy [J]. Engineering Geology, 2000, 58 (6): 89-107.

[55] L. Dalla Valle, P. Giudici. A Bayesian approach to estimate the marginal loss distributions in operational risk management [J]. Computational Statistics & Data Analysis, 2008, 52 (1): 3107-3127.

[56] Lev V. Utkin. A new efficient algorithm for computing the imprecise reliability of monotone systems [J]. Reliability Engineering and System Safety, 2004, 86 (8): 179-190.

[57] G. Emre Gu rcanli, Ugur Mu ngen. An occupational safety risk analysis method at construction sites using fuzzy sets. International Journal of Industrial Ergonomics, 2009, 39 (5): 371-387.

[58] C. J. Price, N. S. Taylor. Automated muitiple failure FMEA [J]. Raliability Engineering and System Safety, 2002, 76 (8): 1-10.

[59] Aasgeir Helland. Dealing with uncertainty and pursuing superior technology options in riskmanagement-The inherency risk analysis [J]. Journal of Hazardous Materials, 2009, 164 (2): 995-1003.

[60] K. DurgaRao , V. Gopika, V. V. S. SanyasiRao, et al. Dynamic fault tree analysis using Monte Carlo simulation in probabilistic safety assessment [J]. Reliability Engineering and System Safety, 2009, 94 (7): 872-883.

[61] C. Cuadra , M. B. Karkee, K. Tokeshi. Earthquake risk to Inca's historical constructions in Machupicchu [J]. Advances in Engineering Software, 2008, 39 (2): 336-345.

[62] P. C. Teoh, Keith Case. Failure modes and effects analysis through knowledge

modelling [J]. Journal of Materials Processing Technology, 2004, 153 (1): 253-260.

[63] Craig Whitnack, Ashley Heller, Michael T. Frow, et al. Financial risk management in the design of products under uncertainty [J]. Computers and Chemical Engineering 2008, 44 (2): 1-11.

[64] Anand Pillay, Jin Wang. Modified failure mode and effects analysis using approximate reasoning [J]. Reliability Engineering and System Safety, 2003, 79 (3): 69-85.

[65] Lihua Feng, Weihu Hong. On the principle of maximum entropy and the risk analysis of disaster loss [J]. Applied Mathematical Modelling, 2009, 33 (4): 2934-2938.

[66] Chang-Jo Chung, Andrea G. Fabbri. Predicting landslides for risk analysis-Spatial models tested by a cross-validation technique [J]. Geomorphology, 2008, 94 (1): 438-452.

[67] Y. Dutuit, F. Innal, A. Rauzy, et al. Probabilistic assessments in relationship with safety integritylevels by using Fault Trees [J]. Reliability Engineering and System Safety, 2008, 93 (9): 1867-1876.

[68] J. L. Zêzere, R. A. C. Garcia, S. C. Oliveira, et al. Probabilistic landslide risk analysis considering direct costs in the area north of Lisbon (Portugal) [J]. Geomorphology, 2008, 94 (11): 467-495.

[69] G. Sassi, A. Magnetti Vernai, B. Ruggeri. Quantitative estimation of uncertainty in human risk analysis [J]. Journal of Hazardous Materials, 2007, 145 (1): 296-304.

[70] K. Kolowrocki, B. Kwiatuszewska-Sarnecka. Reliability and risk analysis of large systems with ageing components [J]. Reliability Engineering and System Safety, 2008, 93 (2): 1821-1829.

[71] Mark G. Stewarta, David V. Rosowskyb, et al. Reliability-based bridge assessment using risk-ranking decision analysis [J]. Structural Safety, 2001, 23 (3): 397-405.

[72] A. J. Ross, J. B. Davies and M. Plunkett. Relliable Qualitative Data For Safety and Risk Management [J]. Process Safety and Environmental Protection, 2008, 83 (2): 117-121.

[73] Michael Busch, Mark Walderhaug, Brian Custer, et al. Risk assessment and cost effectiveness/utility analysis [J]. Biologicals, 2009, 17 (5): 1-10.

[74] Iman Karimia, Eyke Hüllermeier. Risk assessment system of natural hazards: A new approach based on fuzzy probability [J]. Fuzzy Sets and Systems, 2007,

158 (9): 987-999.

[75] Chao-Chung Kanga, Cheng-Min Feng. Risk measurement and risk identification for BOT projects: A multi-attribute utility approach [J]. Mathematical and Computer Modelling, 2008, 25 (5): 234-237.

[76] P. Lindsay, R. N. Campbell, D. A. Fergusson, et al. Slope stability probability classification, Waikato Coal Measures, New Zealand [J]. International Journal of Coal Geology, 2001, 45 (6): 127-145.

[77] Paolo Bucci, Jason Kirschenbaum, L. Anthony Mangan. Construction of event-tree/fault-tree models from a Markov approach. to dynamic system reliability [J]. Reliability Engineering and System Safety, 2008, 93 (5): 1616-1627.

[78] Marcio de Oliveira Barros, Claudia Maria Lima Werner, Guilherme Horta Travassos. Supporting risks in software project management [J]. The Journal of Systems and Software, 2004, 70 (1): 21-35.

[79] Yet-Pole I, Te-Lung Cheng. The development of a 3D risk analysis method [J]. Journal of Hazardous Materials, 2008, 153 (4): 600-608.

[80] Abdelkader Mokkadem, Mariane Pelletier, Yousri Slaoui. The stochastic pproximation method for the estimation of a multivariate probability density [J]. Journal of Statistical Planning and Inference, 2009, 139 (2): 2459-2478.

[81] Ahmed E. Hassan, Hesham M. Bekhit b, Jenny B. Chapman. Using Markov Chain Monte Carlo to quantify parameter uncertainty and its effect on predictions of a groundwater flow model [J]. Environmental Modelling & Software, 2009, 24 (4): 749-763.

[82] Y. X. Xiao, C. F. Lee, S. J. Wang. Assessment of an equivalent porous medium for coupled stress and fluid flow in fractured rock [J]. International Journal of Rock Mechanics and Mining Sciences, 1999, 36 (5): 871-881.

[83] J. Guggenberger, H. Grundmann. Monte Carlo simulation of the hysteretic response of frame structures using plastification adapted shape functions [J]. Probabilistic Engineering Mechanics, 2004, 19 (5): 81-91.

[84] D. V. Griffiths, F. ASCE and Gordon A. Fenton, et al. Probabilistic Slope Stability Analysis by Finite Elements [J]. Journal of Geotechnical and Geoenvironmental Engineering, 2004, 130 (5): 507-518.

[85] F. W. J. van de Linde, F. B. J. Gijsbers, G. J. Klok. Fire protection for high speed line tunnels: Risk analysis and exceptional robotic application results [J]. Tunnelling and Underground Space Technology, 2006, 21 (2): 289.

[86] K. H. Park , M. M. M. Soe, Y. J. Kim. Planning and development of underground space-A tool for tunneling-induced building damage risk assessment

[J]. Tunnelling and Underground Space Technology, 2006, 21 (3): 463.

[87] Mona Weideborg, Torsten Kallqvist, Knute Odegard, et al. Environmental risk assessment of acrylamide and mechylolacrylolacrylamide from a grouting agent used in the tunnel construction of Romeriksporten, Norway [J]. Water resource, 2001, 35 (11): 2645-2652.

[88] Thomas L. Kniesner, John D. Leeth. Data Mining Mining Data: MSHA Enforcement Efforts, Underground Coal Mine Safety and New Health Policy Implications [J]. The Journal of Risk and Uncertainty, 2004, 29 (2): 83-111.

[89] A. Alivizatos, E. Patelis, F. Nakou. Geotechnical assessment of the Amalias to Syntagma pilot tunnel, Athens Metro [J]. Bull Eng Geol Env, 2001, 60 (2): 1-11.

[90] I. McFeat-Smith, K. W. Harman. IMS risk evaluation system for financing and insuring tunnel projects [J]. Tunnelling and Underground Space Technology, 2004, 19 (7): 334.

[91] Kenji Okazaki, Yoshihiko Ito, Katsuhito Agui, et al. Risk management for the new tunnelling construction using other tunnel records and helicopter borne survey in accretionary complex [J]. Tunnelling and Underground Space Technology, 2006, 21 (4): 244.

[92] Niklas Moller, Sven Ove Hansson. Principles of engineering safety: Risk and uncertainty reduction [J]. Reliability Engineering and System Safety, 2008, 93 (5): 776-783.

[93] Milan Holicky. Probabilistic risk optimization of road tunnels [J]. Structural Safety, 2009, 31 (6): 260-266.

[94] Frank J. Groen, Carol Smidts, Ali Mosleh. QRAS-the quantitative risk assessment system [J]. Reliability Engineering and System Safety, 2006, 91 (3): 292-304.

[95] Bruce R. Ellingwood, Kursat Kinali. Quantifying and communicating uncertainty in seismic risk assessment [J]. Structural Safety, 2009, 31 (1): 179-187.

[96] Sayan Guptaa, C. S. Manohar. Reliability analysis of randomly vibrating structures with parameter uncertainties [J]. Journal of Sound and Vibration, 2006, 297 (4): 1000-1024.

[97] R. Rackwitz, A. Joanni. Risk acceptance and maintenance optimization of aging civil engineering infrastructures [J]. Structural Safety, 2009, 31 (3): 251-259.

[98] Sameh Monir El-Sayegh. Risk assessment and allocation in the UAE construction industry [J]. International Journal of Project Management, 2008, 26 (2): 431-438.

［99］ David Davies. Risk Management-Protecting Reputation ［J］. Computer Law & Security Report，2002，18（6）：414-420.

［100］ A. K. L. Kwong. Risk management of SSDS stage I Tunnel B-tunnelling under the eastern harbour crossing tunnel in Hong Kong ［J］. Tunnelling and Underground Space Technology，2006，21（3）：358.

［101］ Jens Korte. Risk-based emergency decision support ［J］. Reliability Engineering and System Safety，2003，82（6）：235-246.

［102］ Julien Jacquesa，Christian Lavergneb，Nicolas Devictorc. Sensitivity analysis in presence of model uncertainty and correlated inputs ［J］. Reliability Engineering and System Safety，2006，91（2）：1126-1134.

［103］ Chonggang Xu，George Zdzislaw Gertner. Uncertainty and sensitivity analysis for models with correlated parameters ［J］. Reliability Engineering and System Safety，2008，93（4）：1563-1573.

［104］ R. Pintelona，P. Guillaumeb，J. Schoukensa. Uncertainty calculation in (operational) modal analysis ［J］. Mechanical Systems and Signal Processing，2007，21（6）：2359-2373.

［105］ 张驰，黄广龙，李娟. 深基坑施工环境影响的模糊风险分析 ［J］. 岩石力学与工程学报，2013，32（增1）：2669-2675.

［106］ 井文君，程林，杨春和等. 基于可靠度方法的盐岩地下储气库腔体收缩风险分析 ［J］. 岩石力学与工程学报，2012，31（增2）：3673-3680.

［107］ 冯平，王仲珏，刘增明. 长距离输水工程综合水毁风险的估算方法及其应用 ［J］. 水利学报，2007，38（11）：1388-1392.

［108］ 徐卫亚，邢万波，王凯等. 超标洪水下堤防失事风险评价及工程应用 ［J］. 水利水运工程学报，2006，9（3）：39-44.

［109］ 姚怡文，李礼，杨敏. 非开挖地下工程施工风险评估 ［J］. 同济大学学报（自然科学版），2007，35（10）：1337-1341.

［110］ 王多全. 风险管理在建筑现场安全管理中的实际应用 ［J］. 铁道工程学报，2007，67（7）：94-97.

［111］ 陈在铁. 高拱坝失效故障树模型与失效概率 ［J］. 河海大学学报（自然科学版），2006，34（6）：688-692.

［112］ 龙小梅，陈龙珠. 基坑工程安全的故障树分析方法研究 ［J］. 防灾减灾工程学报，2005，25（4）：363-393.

［113］ 范锡峨，胡志根，靳鹏. 基于Monte-Carlo方法的施工导流系统综合风险分析 ［J］. 水科学进展，2007，18（4）：604-608.

［114］ 韩传峰，何臻，马良河. 基于故障树分析的建设工程风险识别系统 ［J］. 自然灾害学报，2006，15（5）：183-187.

[115] 郭章林，贾增科，李晓慧. 建筑工程施工风险接受准则研究 [J]. 西安建筑科技大学学报（自然科学版），2008，40（1）：76-79.

[116] 邬亲敏，冯启民，莫善军. 建筑物地震损失风险与保险费用的确定方法 [J]. 地震工程与工程振动，2004，24（1）：180-185.

[117] 贾超，金峰，张楚汉. 考虑损伤情况下结构风险损失模型的研究 [J]. 吉林大学学报（地球科学版），2005，35（1）：70-73.

[118] 李继清，张玉山，纪昌明等. 突变理论在长江流域洪灾综合风险社会评价中的应用 [J]. 武汉大学学报（工学版），2007，40（4）：26-30.

[119] 王宏伟，孙建峰，吴海欣等. 现代大型工程项目全面风险管理体系研究 [J]. 水利水电技术，2006，37（2）：103-105.

[120] 徐卫亚，邢万波，魏文白等. 堤防失事风险分析和风险管理研究 [J]. 岩石力学与工程学报，2006，25（1）：47-55.

[121] 廖少明，刘朝明，王建华等. 地铁深基坑变形数据的挖掘分析与风险识别 [J]. 岩土工程学报，2006，28（增）：1898-1901.

[122] 姜树海，范子武. 基于Bayes方法的堤坝时变渗流风险概率评估 [J]. 岩土工程学报，2007，29（3）：420-424.

[123] 贾超，张楚汉，金峰等. 可靠度对随机变量及失效模式相关系数的敏感度分析及其工程应用 [J]. 工程力学，2006，23（4）：12-16.

[124] 高欣，欧进萍. 桥梁结构失效模式搜索的分枝-约界法 [J]. 华中科技大学学报（城市科学版），2008，25（4）：227-231.

[125] 陈晖，孙莉，李韬等. 上海典型地质条件变异性引起的基坑工程失效风险分析 [J]. 岩土工程学报，2006，28（增）：1907-1911.

[126] 何锡兴，周红波，姚浩. 上海某深基坑工程风险识别与模糊评估 [J]. 岩土工程学报，2006，28（增）：1912-1915.

[127] 边亦海，黄宏伟. 深基坑开挖引起的建筑物破坏风险评估 [J]. 岩土工程学报，2006，28（增）：1892-1896.

[128] 张贵金，徐卫亚. 岩土工程风险分析及应用综述 [J]. 岩土力学，2005，26（9）：1508-1516.

[129] E. Cardarelli，C. Marrone，L. Orlando. Evaluation of tunnel stability using integrated geophysical methods [J]. Journal of Applied Geophysics，2003，52（3）：93-102.

[130] A. C. W. M. Vrouwenvelder，A. H. M. Krom. Hazards and The Consequences for Tunnel Structures and Human Life [C]. Safe & Reliable Tunnels. Innovative European Achievements，First International Symposium，Prague，2004，37（2）：23-32.

[131] H. Einstein，F. Chiaverio & U. Koppel. Risk analysis for the Alder tunnel

213

[J]. Tunnels & Tunnelling, 1994, 26 (11), 28-30.

[132]　Einstein. H. H. Risk and risk analysis in rock Engineering [J]. Tunnlling and Underground Space Technology, 1996, 11 (2)：141-155.

[133]　张生学. 穿越强岩溶地质条件的隧道安全施工初探-以宜（昌）万（州）铁路岩溶一级风险隧道为例 [J]. 地下空间与工程学报, 2007, 3 (7)：1368-1371.

[134]　安政翃, 季玉国. 大型越江盾构隧道施工安全与风险管理探讨 [J]. 探矿工程（岩土钻掘工程）, 2008, (12)：78-83.

[135]　周红波, 何锡兴, 蒋建军等. 地铁盾构法隧道工程建设风险识别与应对 [J]. 地下空间与工程学报, 2006, 2 (3)：475-479.

[136]　陈亮, 黄宏伟, 胡群芳. 盾构隧道施工风险管理数据库系统开发 [J]. 地下空间与工程学报, 2005, 1 (6)：964-967.

[137]　田林钢, 吴迪. 风险管理技术分析在西甘池隧洞施工中的应用 [J]. 人民黄河, 2008, 30 (4)：70-71.

[138]　郭陕云. 关于隧道及地下工程建设风险管理的实施意见 [J]. 现代隧道技术, 2007, 44 (6)：1-3.

[139]　王燕, 黄宏伟, 李术才. 海底隧道施工风险辨识及其控制 [J]. 地下空间与工程学报, 2007, 3 (7)：1261-1264.

[140]　沈荣喜 吴秀仪 刘长武等. 海底隧道施工过程中突水风险研究 [J]. 武汉理工大学学报（交通科学与工程版）, 2008, 32 (3)：385-388.

[141]　孙吉东. 锦屏引水长隧道 TBM 施工潜在风险预案 [J]. 铁道建筑技术, 2007, 12 (6)：30-33.

[142]　张晓峰. 拉西瓦水电站前期隧洞施工进度风险分析 [J]. 西北水电, 2004, 8 (1)：58-61.

[143]　刘庭金, 房营光, 莫海鸿. 龙头山特大断面隧道施工及运营安全风险分析 [J]. 路基工程, 2008, 46 (6)：84-85.

[144]　崔刚, 焦全喜. 浅议小型有压引水隧洞施工风险管理 [J]. 四川水利, 2008, 8 (5)：46-47.

[145]　陈龙, 黄宏伟. 软土盾构隧道施工期风险损失分析 [J]. 地下空间与工程学报, 2006, 2 (1)：74-78.

[146]　张贵金, 杨松林. 深埋大直径无压引水隧洞基于流变的风险分析 [J]. 水利水运工程学报 2005, 3 (1)：15-22.

[147]　王玉喜. 隧道安全风险分析探讨 [J]. 内蒙古科技与经济, 2008, 3 (6)：284-287.

[148]　毛儒. 隧道工程风险评估 [J]. 隧道建设, 2003, 23 (2)：1-3.

[149]　胡群芳, 黄宏伟. 隧道及地下工程风险接受准则计算模型研究 [J]. 地下空间

与工程学报，2006，2（1）：60-64.

[150] 黄宏伟. 隧道及地下工程建设中的风险管理研究进展 [J]. 地下空间与工程学报，2006，2（1）：13-20.

[151] 郭明香，傅鹤林，沈弘. 隧道施工风险的动态分析 [J]. 采矿技术，2008，8（4）：105-106.

[152] 张云飞，赵云胜. 隧道施工期风险管理体系探讨 [J]. 工业安全与环境，2009，35（2）：55-56.

[153] 路美丽，刘维宁，罗富荣等. 隧道与地下工程风险评估方法研究进展 [J]. 工程地质学报，2006，14（4）：464-469.

[154] 周建昆，吴坚. 岩石公路隧道塌方风险事故树分析 [J]. 地下空间与工程学报，2008，4（6）：991-998.

[155] 张少夏，黄宏伟. 影响隧道施工工期的风险分析 [J]. 地下空间与工程学报，2005，1（6）：936-939.

[156] 王燕，黄宏伟，薛亚东. 钻爆法施工隧道塌方风险分析 [J]. 沈阳建筑大学学报（自然科学版），2009，25（1）：24-27.

[157] 朱合华，闫治国，李向阳等. 饱和软土地层中管幕法隧道施工风险分析 [J]. 岩石力学与工程学报，2005，24（增2）：5549-5554.

[158] 闫玉茹，黄宏伟，胡群芳. 大连湾海底隧道钻爆法施工风险评估研究 [J]. 岩石力学与工程学报，2007，26（增2）：3616-3624.

[159] 侯艳娟，张顶立. 浅埋大跨隧道穿越复杂建筑物安全风险分析及评估 [J]. 岩石力学与工程学报，2007，26（增2）：3718-3726.

[160] 姚浩，周红波，蔡来炳. 软土地区土压盾构隧道掘进施工风险模糊评估 [J]. 岩土力学，2007，27（8）：1753-1756.

[161] 付磊，王志杰，李冬梅. 隧道工程可研阶段地质风险评估 [J]. 路基工程，2009，46（1）：152-153.

[162] 陈龙，黄宏伟. 岩石隧道工程风险浅析 [J]. 岩石力学与工程学报，2005，24（1）：110-115.

[163] 赵延喜，刘中宪，尼珂. 南水北调西线工程深埋隧洞岩爆分析及预测 [J]. 人民黄河，2015，37（12）：92-95.

[164] 赵延喜，徐卫亚. 大变形隧洞稳定性模糊概率分析 [J]. 中国矿业大学学报，2010，39（2）：214-218.

[165] 温森，贺东青，杨圣奇. 隧洞变形引起的 TBM 施工事故综合风险分析 [J]. 岩土力学，2014，36（2）：1727-1734.